영·한 태권도 교범 Ⅱ

팔괘 품세편

TAEKWONDO TEXTBOOK Ⅱ

BASIC TECHNIQUES & PALGWE POOMSE

金正祿 著
by Kim Jeong-Rok

영 · 한 대역 English-Korean

TAEKWONDO TEXTBOOK Ⅲ (English-Korean)
BLACK BELT POOMSE

Published by

Seo Lim Publishing Company
213-1, Jong ro 6-Ga, JongroGu, (Youngan Bldg 101)
Seoul Korea. Tel : 763-1445, 742-7070
Fax : 745-4802

First Edition November 1986
Printed in Korea

태권도를 진심으로 아끼고 사랑하며 아무 말없이 음지에서 오직 태권도 발전만을 위해 연구하고 노력하는 벗들과 세계 각국의 각계 각층에서 나에게 아낌없는 성원을 보내 주고 있는 모든 분들에게.

I dedicate this book to the development and research of Taekwondo and encourage all instructors and students representing various societies and countries of the world to participate with whole-hearted values to further develop Taekwondo around the world.

추 천 사

태권도를 배우는 수련생이나 또 배우고자 하는 사람들을 위하여 알기 쉽고 이해하기 쉽도록 엮어진 《태권도교범》을 한글과 영어로 발간하게 되었음을 먼저 태권도 가족 여러분과 더불어 기뻐하는 바입니다. 더우기 아시아인의 영원한 전진을 다짐하는 '86 아시아경기대회를 목전에 둔 시점에서 이 책자를 발간하게 된 데 더욱 큰 의의가 있다고 하겠읍니다.

이천년의 전통을 지닌 태권도는 한국 민족의 사상과 호국 정신이 행동으로 나타난 것이며, 우리 민족의 생활 속에 융화되어 면면히 이어져 왔읍니다. 비록 어려운 시기가 있었으나 1961년에는 대한태권도 협회가 창설되었고, 1970년대에 이르러 태권도인들이 합심 단결함으로써 국내의 태권도 인구 저변 확대는 물론, 세계 무대를 향해 엄청난 기세로 뻗어갔읍니다.

1972년의 국기원 건립, 1973년의 세계태권도연맹 창설, 1975년 세계태권도연맹의 국제경기연맹(GAISF) 가입, 1976년의 국제군인체육회(CISM)로부터의 공식 경기 채택, 1980년 IOC 승인, 1983년 PAN-AM 게임 정식 종목 채택, 1986년 아시안 게임 정식 종목 채택 및 공식 경기 채택, 1988년 서울 올림픽 시범 경기 종목 채택, 그리고 아홉 번의 세계태권도선수권대회를 개최하였으며 세계태권도연맹(WTF) 산하 112개국 회원국과 이천만이 넘는 세계 태권도 수련 인구를 갖고 있읍니다.

FOREWORD

As President of the World Taekwondo Federation, I am gratified to endorse this publication of the English/Korean bilingual Taekwondo textbook and extend my congratulations to the author of the book on behalf of all the members of the Taekwondo family.

Taekwondo is the martial art which was originated and has been independently developed over 20 centuries in Korea and has developed into a modern international sport. The World Taekwondo Center, KUKKIWON, was built in 1972 and the World Taekwondo Federation was inaugurated in 1973 and affiliated with the GAISF in 1975. Taekwondo was recognized by the International Olympic Committee (IOC) in 1980. It was included in the 1986 Asian Games, 1986 South American Games, 1986 Bolivian Games, 1987 Pan American Games, 1987 All African Games as an official sport and was a demonstration sport in the 1988 Seoul Olympic Games. Taekwondo has also received recognition of CISM and FISU.

The Taekwondo World Championships have been held nine times to date, and there are currently 112 national associations and a total of more than 20 million members within the Taekwondo family. Even though Taekwondo has progressed in many aspects, the federation has a long way to go, to further the development of Taekwondo techniques, and the physical, moral and mental development through improved research and development.

이제 우리는 이것으로 만족하고 안일하게 생각해서는 안될 것이며, 더욱더 굳은 각오로 태권도 정신 함양과 기술 개발을 위해 총력을 경주하여 제 2의 세계화 시대로 전진해야 할 것입니다. 그를 위해선 우리 태권도인들 모두가 화합하여 보다 적극적이고 진취적인 자세로 자기 희생의 촛불이 되어야 할 것입니다.

그리고 우리 앞에는 많은 일들이 산재되어 있읍니다. 이런 일들은 몇몇 특정인의 과제가 아니라 우리 태권도인 모두가 해야 할 사명입니다. 태권도의 기술 개발, 태권도 교육을 통한 자질 향상, 태권도에 관한 기술 서적 발간 등 많은 과제들이 놓여 있읍니다. 특히 86년 아시안게임과 '88 서울올림픽 등 역사적인 대 스포츠 제전을 앞두고 세계의 태권도인이 지켜보는 앞에서 태권도 종주국의 참 모습을 보여줄 수 있는 준비가 되어야 하겠읍니다.

그렇듯이 중대한 시점에서 태권도 인구 저변 확대의 활력소가 될 수 있는 태권도 책자가 내국인은 물론 외국인도 볼 수 있도록 한글과 영어로 발간되었으니 이는 태권도의 보급 발전에 지대한 공헌을 하리라 생각합니다. 그간 어려운 여건 속에서도 85년, 태권도 기술을 종합하여 엮은 《종합 태권도 전서》를 펴냈고, 이어 금년에는 영어로까지 태권도 책자를 엮은 필자인 주한외국인체육관 김 정록 관장에게 이자리를 빌어 그 노고를 치하하는 바입니다. 아울러 본 책자가 국내의 태권도인은 물론 외국의 태권도인에게도 좋은 지침서가 되기를 충심으로 바랍니다.

1986년 8월

세계태권도연맹 총재

김 운용

Mr. Kim, Jeong Rok, the President of the Foreigner's Gymnasium, is also the author of the Detailed Techniques of Taekwondo (Chonghap Taekwondo Junseo) published in 1985. The book has extensive details for teaching Taekwondo. The three volume set will give you clear explanations of the Organization, Poomse, Techniques and Rules of the World Taekwondo Federation. It is my wish that this book will be used do the best advantage by Taekwondo students.

Un Yong KIM

President

THE

WORLD TAEKWONDO FEDERATION

SAN 76 YUKSAMDONG, KANGNAMKU
SEOUL, KOREA (135)
CABLE ADDRESS: WORLD TAEKWONDO SEOUL

TELEPHONE: 566-2505
557-5446

감 수 자

•李 南 石

전 대한태권도협회 부회장
전 세계태권도연맹 감사

Nam Suk Lee

Former Vice president of the Korean Taekwondo Association and Auditor of the World Taekwondo Federation.

•姜 元 植

국기원 태권도 지도자 연수원 부원장
세계태권도연맹 기술위원장

Won Sik Kang

Vice chairman and Taekwondo instructor of the Kukkiwon Training Institute and Chairman of the technical committee, World Taekwondo Federation.

• 金 浩 載

국기원 태권도지도자 연수원 학감
세계태권도연맹 기술부 위원장

Ho Jae Kim

Superintendent instructor of the Kukkiwon Training Institute and Vice chairman of the technical committee, World Taekwondo Federation.

• 林 永 善

미국 텍사스주 애벌린 림스 태권도 아카데미 관장
미국 위스콘신주 밀워키 림스 태권도 아카데미 관장

Young Sun Lim

President of Lim's Taekwondo Academy in Abilene, Texas, USA, and president of Lim's Taekwondo Academy in Milwakee, Wisconsin, USA.

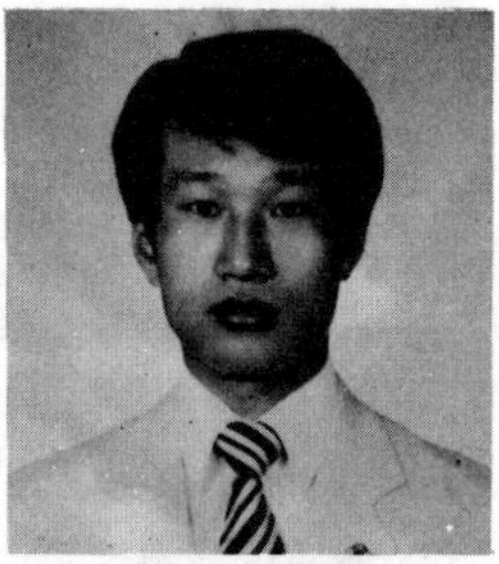

책을 엮고 나서

태권도는 한국의 역사와 함께 발전해 온 조상들의 슬기와 얼이 담긴 한국 고유의 민족 무예로서 전승되어 온 문화 유산이다. 오늘날 국민 체력 향상 정책과 체육인 저변 확대에 발맞추어 국기(國技)로서 국내에서는 물론 해외에서도 태권도 인구가 날로 증가하고 있다. 초·중·고·대학의 체육 과정으로서까지 채택되었을 뿐만아니라 한국의 60만 국군은 의무적으로 수련토록 훈련되었으며 1975년 세계태권도연맹의 국제경기연맹(GAISF) 가입, 1976년 국제군인체육회(CISM)의 공식 경기 채택, 1980년 국제올림픽위원회(IOC)의 승인, 1983년 PAN-AM게임 정식 종목 채택, 아프리카게임 정식 종목 채택, 1984년 아시안게임 정식 종목 채택, 1985년 서울 올림픽 시범 종목 채택, 그리고 세계태권도연맹 산하 112개국의 회원국이 있으며, 아홉번의 세계태권도선수권대회를 개최하였다. 태권도는 무도에서 스포츠화되었으며 지적이고 정신적인 균형을 유지시키는 육체적인 활동을 통하여 이해되었고, 이러한 이상을 구현하는 표현이었던 것으로서 한국 민족의 정신적인 표현으로 오랜 역사를 겪어온 것이다.

이러한 의미에서 태권도는 하나의 본보기가 될 수 있으며 스포츠인 동시에 무도인 것이다. 그리고 태권도는 하나의 예술인 것이다. 즉 그것은 힘의 균형과 동작의 완전 무결한 조화, 또 정신력에 의한 통제 등에 의해서 몸과 마음, 육체적인 것과 정신적인 것과의 조화, 그리고 불가능한 상관 관계를 창조하려는 노력에서 생겨났기 때문이다.

인간이 완전한 건강을 유지하고 있다면 목적을 위한 활동에 있어 그 능률이 좋아질 것이고, 의욕이 솟구칠 것이며, 육체가 건강하지 못한 사람은 의욕을상실할 것이다. 태권도는 전신 운동으로서 인체의 모든 기관에 에너지를 발생시켜 주고 신체를 단련하여 힘차게 실행하는 의욕을 갖게 한다.

Preface

Taekwondo is the Korean martial art that the native Korean people have grown up with throughout history. It has recently become an international amateur sport. Taekwondo has grown increasingly more popular in the world wide community as well as within Korea.

Taekwondo plays a large role in the Korean society; it is integrated into the physical education programs for the elementary, middle and high schools. Taekwondo is a very important part of the physical conditioning programs within the Republic of Korea's military.

In 1975, The World Taekwondo Federation was affiliated with the General Association of International Sports Federations, and was accepted by the Conseil International Du Sports Militaire as an official event of their games. In 1980, the World Taekwondo Federation was accepted by the Pan Am Games and the African Games.

Taekwondo was an official event for the Asian Games held in Seoul in 1986, and was a demonstration event during the 1988 Seoul Olympics.

Currently there are 112 nations listed as members of the World Taekwondo Federation and 9 World Taekwondo Championships have taken place since the federation was established.

Taekwondo is a sport that originally was a martial art. Taekwondo creates spiritual balance through physical activity. It originated from the efforts to balance mind and body through harmony of power, actions and the need to control the mind.

Motivation is believed to originate from good health thus it is important to keep fit, and if motivation is lost it is usually due to a lack of physical conditioning. Taekwondo is a sport that exercises the entire body including the vital organs thus giving the student a high level of motivation, and high moral standards can not be reached without a high level of fitness so a spiritual awakening can not be had.

인체는 작업에 의하여 형태를 변모시키면서 적정한 능률을 올리게 되어 있다. 정신적인 면에서 생각하고, 깨닫고, 이상을 가지는 정신적인 개발의 수련이다. 인간은 육체적인 단련 없이는 건전한 생각과 깨달음, 그리고 이상이 발생할 수 없다.

태권도 협회가 창설된지(1961년 대한태권도협회 창설) 어언 25년이 지났어도 태권도에 관한 기술 참고서가 부족함을 절실히 느끼면서 본인이 태권도에 몸담아 온 모든 경험을 토대로 지난 85년도 4월에 태권도의 기술에 대한 전반적인 것을 다루어 780여 페이지에 달하는 방대한 내용을 독자로 하여금 손쉽게 이해하고 수련할 수 있도록 수 많은 사진과 설명을 곁들여 4년여만에 "종합 태권도 전서"를 이 세상에 내놓게 된 것이다.

태권도가 108개 국가의 회원국이 있고 아시안 게임의 정식 종목이고, 88년 서울 올림픽 경기에서 시범 종목으로 채택된 현 시점에서 영문으로 된 태권도 교본이 있어야 되겠다는 점을 통감하게 되었다. 현재 2가지의 영문판 태권도 책자가 있지만 태권도를 배우는 수련생이나 태권도인에게 자세하지 않아서 많은 사람들이 불편을 느끼고 있는 현실이다. 필자가 경영하는 주한 외국인 체육관에는 각국의 대사관 직원과 주한 유엔군, 주재 상사 직원, 세계 여러 나라 사람들이 태권도를 배우고 있다. 그러다 보니 이 사람들에게 말보다는 체계적으로 정리된 책이 있어야 되겠고 아시안 경기와 올림픽 경기를 앞둔 현 시점에서 영어로 된 태권도 책자가 별로 없다는 것은 우리 모두가 생각해볼 문제이다. 누구의 잘못도 아니며 우리 모두 태권도 인의 일인 것이다.

필자는 자세하고 누구나 손쉽게 배울수 있도록 85년 9월부터 한글과 영어로 태권도 교본을 엮기 시작하였다.

본 책자는 전3권으로 되어 있으며 내용은 다음과 같다.

제1권은 태권도인이 알아야 할 태권도 역사와 태권도인의 예의 규범, 공격부위와 방어 부위, 기본 자세, 그리고 태권도 유급자들이 배우는 태극1장에서 태극8장까지 자세하게 수많은 사진과 함께 엮었다.

제2권에서는 태극 품세와 팔괘 품세, 그리고 유단자 품세인 고려, 금강, 태백, 평원, 십진, 지태, 천권, 한수, 일여에서 나오는 태권도의 모든 기본 동작을 종합으로 지르기, 치기, 찌르기, 막기, 차기 순으로 엮었고, 품세는 팔괘1장에서 팔괘8장까지 엮었다.

Although it has been 25 years since the Taekwondo Association was established, the publications available are still not as advanced as we would like them to be. In attempts to increase the quality of publications, I compiled "The Detailed Techniques of Taekwondo" in April, 1985. The book, which took around 4 years to complete, is 780 pages in length, is clearly defined and easily understood. Since then, however, there is an increased need for an English translation due to the growing interest of the western people. For this reason, Taekwondo Volumes I, II and II were produced. The volumes have real clarity and are filled with specifics regarding each movement. These volumes are bilingual-Korean/English. The first volume consists of the historical background of Taekwondo, etiquette, the parts of the body used for attack and defense, basic stances, and a clearly defined picture of the Taeguek 1 Jang through Taegeuk 8 Jang for beginners. The second volume consists of all of the movements within the Taegeuk Poomse, Palgwe Poomse, and the black belt level Poomse from 1 Jang to 8 Jang. The third volume consists of the black belt level Poomse, (Koryo, Gumgam, Taebaek, Pyongwon, Sipjin, Jitae, Chonkwon, Hansoo, Ilyo) and a complete list of all the rules and regulations to include a list of Taekwondo terminology.

I am also preparing two more books covering Taekwondo kicks (Taekwondo competition) and self defense. I would like to thank the people who made the volumes possible for me to write by their unlimited efforts and support. Un Young Kim (The President of the World Taekwondo Federation), Jong Ho Bae (General secretary of the World Taekwondo Federation) Nam Suk Lee, Won Sik Kang, Young Sun Lim, Hui Sok Cho, Chang Mu Lee (Photographer), Kyung Ho Lee, Chang Uck Lee, Jae Uk Lee, Chan Uck Song, Samuel and all of the foreign students. I sincerely hope that this book will be of benefit to all Taekwondo students around the world. It is my wish that this book will be of valuable assistance to the students of Taekwondo.

Jeongrok Kim

Jeong Rok Kim

제3권에서는 유품자나 유단자가 배워야 할 고려, 금강, 태백, 평원, 십진, 지태, 천권, 한수, 일여까지 유단자 품세 9개를 엮었고, 태권도인들이 알아야 할 규약을 부록으로 실었으며, 그리고 태권도 용어도 알기 쉽게 한글과 영어로 정리해 놓았다. 만권의 책을 읽기 보다는 한권의 책을 만들기란 쉬운 일이 아니며, 본인이 최대한의 노력으로 책을 집필하였다.

그리고 필자는 태권도 보급과 발전을 위하여 "태권도 발차기 기법(태권도 경기)", "태권도 호신술(남성, 여성)"을 정리 중이니 머지않아 이책도 여러분 앞에 내놓게 될 것이다.

끝으로 이책이 나오기까지에는 이자리를 빌어 감사하지 않으면 안 될 수많은 사람들의 격려와 뜻이 숨어 있다.

책을 엮는데 적극적인 격려와 후원을 해 주신 김 운용 총재님과 세계태권도연맹 배 종호 사무총장님 그리고 감수자인 이 남석 관장님과 강 원식 국기원 태권도 지도자 연수원 부원장님, 김 호재 학감님, 임 영선 관장님께 본 지면을 통해 감사를 드립니다. 그리고 세계 태권도연맹 조 희석 국제부장님께 감사하오며 또한 사진 촬영에 수고를 한 이 창무씨와 나의 제자이자 평소 아끼는 주한 외국인 체육관의 이 경호, 이 창욱, 이 재욱, 송찬욱, 사무엘 그리고 태권도를 배우는 주한 외국인들의 성원에 감사한다.

아울러 이책이 국내 태권도인은 물론 외국의 태권도인에도 좋은 교재가 되길 바라며 많은 발전과 도움이 되길 바란다.

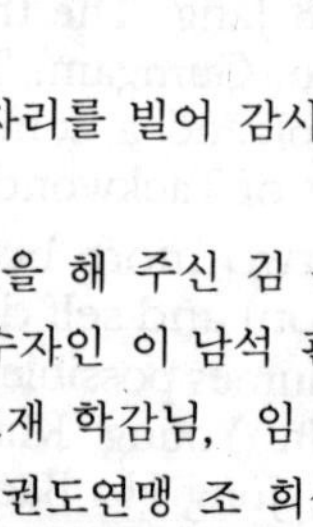

1986년 8월 6일

남산에서

지은이 金 正祿 씀

태권도 찬가

한 규 인 작사
강 영 화 작곡

힘차고 씩씩하게

흰 도 복 기합 소리 천 지를흔 든 다
단 군 자 손 백의 민족 정 의 의 사 도
태 극 기 휘날 리며 세 계로향 한 다
태 권도 는 국 — 기 우 리 의 자 랑
열 과성 을 다 하 여 나 — 라 — 사랑하 — 세

태권도 발전을 위한 개혁 그 무엇인가?

태권도(跆拳道)를 사랑하고 아끼는 태권도 지도자(指導者)와 동호인(同好人) 여러분, 그리고 태권도의 발전(發展)을 위해 불철 주야(不徹晝夜) 연구(研究)하고 있는 호형 호제(呼兄呼弟) 여러분!

그동안 일선(一線)의 태권도 지도자들을 비롯하여 태권도에 관심(關心)있는 수많은 사람들과, 태권도계에서 중추적으로 정책 결정(政策決定)과 행정(行政)을 보시는 분들을 위하여 태권도가 어떻게 하면 발전할 수 있는가에 대한 방안과 개혁(改革)에 관해 생각해 보고자 한다.

평소 필자는 태권도 종주국인 한국이 태권도에 관한 모든 것을 중추적으로 연구하고 발전시켜 다른 나라로 보급시키며 그 주도국이 되어야 한다고 생각해 왔다. 또한 이제 태권도의 밝은 미래와, 그리고 한국의 아들, 딸들에게 우리의 훌륭한 문화 유산을 물려줄 수 있도록 다같이 소신과 신념을 가지고 총력 질주할 때라고 생각한다.

그런 의미에서 한국의 태권도 지도자들은 과거에 너무 집착하지 말고 오늘의 현실을 냉철히 직시하여 미래 지향적이며 합리적인 사고로 태권도의 명예와 발전을 위해 최선을 다하도록 노력해야 할 것이다.

1 태권도 연구소의 설립

오랜 역사(歷史)와 전통(傳統)을 가지고 있다고 해도 계속된 연구(研究)가 없이는 발전(發展)할 수 없으며 좋은 경기를 보여 주기란 어렵다. 과거(過去)에야 한국(韓國)이 우승(優勝)을 독점(獨占)해 왔지만 날이 갈수록 점점 어려워지고 있으며, 세계적(世界的)으로 기술(技術)의 평준화(平準化)가 이루어지는 현시점(現示點)에서 볼 때 태권도 종주국(宗主國)인 한국에서 태권도에 관해 연구(研究)할 연구소(研究所) 하나조차 없다는 것은 안타깝고 유감스러운 일이다. 지금 이 시간에도 외국(外國)에서는 얼마나 열심히 기술을 분석(分析)하고 연구하고 있는지 알고 있는가?

국기원의 연구분과, 대한태권도협회의 연구분과에서 연구, 노력하고 있지만 좀더 과학적인 방법과 장비를 갖추고 폭넓은 시야로서 체계적으로 연구할 필요가 있다고 본다. 태권도의 전반적인 기술 개발과 태권도의 발전을 위해서는 하루빨리 최첨단 과학 장비를 갖추어 전문 연구진이 연구할 수 있는「태권도 연구소」가 설립되어야 하는 것이다.

또한 숨은 인재를 발굴하여 태권도의 역사, 기술 개발, 경기, 품새, 격파(시범), 행정 및 정책, 이론과 과학, 트레이닝 등등 각 분야별로 연구진을 구성하여 이들에게 충분히 연구(硏究)에 전념할 수 있도록 재정적 지원을 충분히 해줘야 한다. 과거와 달라서 장비를 갖춘 연구 시설과 연구비 등 뒷받침이 없는 연구는 거의 불가능하다고 본다.

분명히 단언하지만 종주국인 한국에서 연구를 게을리 하고 안일하게 미래에 대처한다면 머지 않아 외국에서 태권도 기술을 배워 와야 하는 기이한 현상이 일어날 것이다. 그러나 지금이라도 늦지 않았다. 늦었다고 생각할 때가 빠른지도 모른다.

태권도의 백년 대계를 위해 연구할 수 있는 전당인「태권도 연구소」를 만들자. 그리고 힘차게 뛰자.

2 현행 경기 규칙을 발전적으로 개정할 것

현재 실시되고 있는 태권도의 경기 규정은 오히려 태권도 경기 발전과 기술 개발에 퇴조를 불러일으킬 뿐만 아니라 경기 판정에 있어서도 많은 불만과 시비가 일고 있다.

예컨대 몸통 부위를 차는 경우에도 득점 1점, 얼굴 득점 부위를 차서 득점을 해도 1점인 현행 경기 규정은 무리가 있다고 본다.

현행 경기 규정의 장점도 물론 있다. 선수 보호적인 측면도 있고 체력과 체격이 유럽이나 서양에 비해 열세인 한국 선수에게 유리할지는 모르나 한국의 태권도인도 그렇고 세계 각국의 태권도 지도자들이 같은 관심을 갖고「차등 점수제」로 바뀌기를 바라고 있다.

경기 규정이야 세계태권도연맹 총회에서 해야 하지만 한국 내에서만이라도 실시해 보며 현행 경기 규정과「차등 점수제」를 비교 검토한 다음 태권도 경기와 발전을 위하는 방향으로 개정해 봄이 어떨까?

차등 점수제란 득점 부위에 따라, 기술의 난이도에 따라 점수를 다르게 하여 판정을 가리자는 것이다. 예를 들어 몸통 부위는 1점, 얼굴은 몸통보다 높고 차기가 힘들므로 2점, 또한 뛰어서 차면 3점, 이렇게 부위별, 기술별 난이도를 정하는 것이다.

이렇게 경기 규정이 바뀌게 되면 태권도 경기는 지금보다 더욱 활성화될 것이고, 현재 보이고 있는 기술보다 더 많은 기술이 보급되며, 고급 기술로 발전할 수 있을 것이다.

또한 경기 내용뿐 아니라 관중들도 선수와 같이 호흡을 할 수 있으며, 소극적인 경기에서 박진감 넘치고 활기찬 경기로 변모해 가리라 확신한다. 좋은 경기와 발전을 위한 것이라면 좋은 방향으로 개정하는 것이 바람직스럽다고 본다.

3 프로 태권도의 창단

어찌된 영문인지 한때는 프로 태권도의 활성화를 위해 동분서주하는 듯하더니 지금은 감감 무소식이다.

우리 나라의 국기라고 한다면 태권도와 씨름을 들 수 있다. 이 두 경기의 장단점이야 각각 다르겠지만 투기 경기 종목이라는 점에서는 똑같다. 그런데 태권도는 씨름보다 일찌기 국제적인 경기로 급성장하여 아시안 게임, 서울 올림픽 경기 시범 종목과 92년 스페인의 바르셀로나 올림픽 경기에서도 두번째 시범 종목으로 채택되어 전 세계인의 스포츠로 각광받고 있다. 그럼에도 불구하고 태권도는 아마추어의 틀에서 벗어나지 못하고 있다는 데에 필자는 심히 유감스럽다.

제5공화국이 들어서면서 프로 축구, 프로 야구, 프로 씨름이 급부상하여 텔레비전이나 라디오에서는 수많은 시간을 활애하여 중계를 하고, 심지어 프로 야구에 관한 기사를 얼마나 잘 쓰느냐에 따라 일간 신문들의 판매 부수가 늘고 준다고 하니 세계 120 개국의 회원국과 수련 인구가 제일 많은 태권도가 아직까지 아마추어로서 머물고 있다는데 태권도인들은 다시 한 번 생각해 봐야 할 것으로 여겨진다.

흔히 투기 종목을 하는 사람들이 누구보다도 배타적이고 오로지 한 가지만을 고집하는 경우가 있다. 그렇다고 아무것이나 받아들이자는 것이 아니다. 타무술이나 다른 스포츠의 장단점을 비교 연구는 해봐야 되지 않겠느냐는 것이 필자의 평소 생각이다. 그래서 이 부분에 대해 깊은 관심을 가지고 태권도와 다른 투기 종목 및 일부 다른 스포츠에 관해서 연구를 오래도록 해왔다. 그로 인하여 일부 태권도인들의 오해를 산 적도 있었으나 거기에 관해서는 각자가 알아서 판단할 일이다.

다만 필자가 말하고자 하는 것은 학교나 일선 체육관에서 배출되는 선수, 지도자, 코치, 사범들의 진로 문제와 태권도를 업으로 삼고 있는 직업 태권도인들의 문제로서, 아마추어만 고집할 것이 아니라 과감하게 프로 태권도를 창단할 수 있도록 홍보와 유도는 물론 이에 따른 물질적, 행정적 배려를 해줘야 하지 않겠는가 하는 것이다.또한 세계 태권도 타이틀 매치도 개최함으로써 직업 선수들의 사기 진작과 장래에 대해 더한층 기여할 수 있다고 확신한다.

이에 관한 모든 문제는 별도의 위원회 또는 프로태권도연맹을 구성하여 구체적으로 실천 방안을 강구하여야 될 것이다.

[4] 태권도 박물관 건립

태권도가 한국의 역사와 함께 발전해 온 조상들의 슬기와 얼이 담긴 한국 고유의 민족 무예로서 자랑스런 문화 유산이라고 태권도인들은 누구나 말하고 있다. 그럼에도 그 자랑스런 태권도를 고대로부터 현재에 이르기까지 변천 과정을 한눈에 볼 수 있는 태권도 박물관이 없다.

각 시대의 사회적, 시대적 배경을 고찰하여 태권도에 관련된 유물이나 사적 자료들을 집대성하여 전시는 물론 태권도의 학습장이 될 만한 박물관 하나쯤은 있어야 하지 않을까? 그리고 그곳을 세계 각국의 태권도 지도자, 사범, 코치, 수련생 또는 태권도에 관심이 있는 사람들이 종주국을 방문했을 때 꼭 찾아볼 수 있는 명소로 만드는 것이다.

[5] 태권도 연수원

국기원 내에는 태권도 지도자 연수원을 비롯하여 세계태권도연맹 사무국, 국기원 사무국이 있다. 비좁은 국기원에서 모든 교육과 태권도에 관련된 업무를 총

괄하고 있는 것이다.

이렇게까지 된 것만도 수많은 사람들의 노력과 숨은 공로가 깃들어 있기는 하지만 지금은 모든 것이 하루가 새롭게 발전해 가고 있다. 이런 현시점에서는 태권도 지도자 연수원의 독립이나 혹은 기구의 확대가 필요하다고 본다. 국기원에 있는 연수원을 그 규모에 걸맞게 태권도 지도자 교육은 물론 심판 교육, 보수 교육, 각종 연수와 세미나를 열 수 있도록 신축 또는 독립했으면 하는 것이다.

연수원의 신축이나 독립은 국기원이 아니더라도 괜찮다. 오히려 서울 근교나 외곽 지역에 최신 기자재를 갖추어 시청각 교육을 할 수 있는 강의실, 세계 각국의 태권도 지도자나 연수생들을 위해 한국어와 국제 공용어인 영어가 동시 통역될 수 있는 시스템, 락카룸, 샤워장, 기숙사, 다목적으로 사용할 수 있는 체육관 등이 있는 연수원을 세워야 한다. 이러한 연수원이 언제 어느 방법으로 신축될지는 모르겠지만 하루빨리 연수원 신축 건립 기금을 마련하는 방안이 모색되었으면 한다.

다음은 연수원의 역활에 있어 교육과 각종 연수에 대하여 생각해 보자. 현재까지는 일반 태권도 지도자 교육, 경기 지도자 2급 과정 연수, 3급 생활(사회) 체육 지도자 연수 등 3가지 교육을 담당하고 있다.

필자는 태권도에 관한 한 모든 교육과 연수는 태권도 연수원에서 주관하고 제도화해야 한다는 생각이다. 일반 태권도 지도자 교육, 2급 경기 지도자 교육, 3급 생활 체육 지도자 교육은 물론 국내 심판 교육, 국제 심판 교육, 각종 교육과 연수를 태권도 연수원에서 체계적이고 합리적으로 실시함으로써 태권도 교육의 질을 향상시킬 수 있을 것이다.

또한 세계 각국의 해외 태권도 지도자들의 교육과 연수도 태권도 종주국인 한국의 태권도 연수원에서 꼭 받도록 해야 된다. 그러기 위해서는 연수원의 조건과 규모는 확대되어야 한다.

이렇게 되기까지 많은 시행 착오가 따르겠지만 태권도 종주국이라면 이 정도는 감수해야 되며, 그렇지 않는 한 태권도 종주국의 면모는 차츰차츰 사라지게 될 것이다.

6 태권도 지도자 양성의 개선

태권도 지도자가 되는 과정은 지도자의 개개인에 따라 조금씩 다르겠지만 크게 두 가지 형태를 나눌 수 있다.

첫째는 대학에서 태권도를 전공하여 지도자가 되는 것이며, 둘째는 고등학교 이상의 학력 소지자로 4단 이상이 되면 국기원에서 실시하는 지도자 교육을 10일간 이수한 뒤 소정의 시험에 합격하면 「태권도 사범 지도자 자격증」을 취득함과 동시에 태권도 사범이 된다.

그러나 일선에서 태권도를 지도하고 있는 사람 중에는 무자격자인 2단, 3단의 유단자들이 사범이라는 직함을 가지고 태권도 수련생들을 가르치는 경우가 간혹 있다. 굳이 이런 문제점을 지적하는 이유는 무엇보다도 태권도 지도자들의 질을 향상시키고 체계적이고 단계적으로 교육을 시켜 명실상부한 지도자를 양성하자는 것이다.

그리고 국제 태권도 사범 지도자도 양성해야 한다. 과거에는 국기원에서 받은 사범 자격증을 갖고 해외로 나갈 때는 소정의 수수료만 납부하면 국제 사범 자격증을 교부해 주었다. 앞에서도 언급했듯 연수원 시설이 완벽하게 갖추어지면 국내 태권도 지도자는 물론 해외의 태권도 지도자들도 한국의 태권도 연수원에서 국제 태권도 사범 지도자 교육을 받도록 해야 된다고 본다. 물론 국제 사범 자격증을 가진 사람은 세계 어느 곳을 가더라도 인정받고 통용될 수 있도록 제도화가 되어야겠다. 태권도 종주국인 한국의 사범이 해외로 나가서 제3국에서 다시 심사를 받아야 된다니 웃지 못할 아이러니가 아닌가.

필자는 지도자 양성을 다음과 같은 방법으로 하는 것이 좋겠다고 감히 제안하는 바이다.

예를 들어 조교, 교사, 사범 순이라고 할 때 조교는 2단 이상자로서 ○일간의 교육을 수료하고 소정의 조교 자격 시험에 합격한 사람에게 조교 자격증을, 교사는 3단 이상자로 조교의 자격증을 소지한 사람이 ○일간 교육을 수료하고 소정의 교사 자격 시험에 합격한 사람에게 교사 자격증을, 사범은 조교와 교사 과정을 거친 4단 이상자로 ○일간의 교육과 자격 시험에 합격한 사람에게 태권도 사범의 자격증을 주는 것이 바람직하다고 본다.

그리고 사범도 그 실력에 맞게 등급제로 실시하였으면 한다. 물론 이것은 단지 예일 뿐이며 실제로 실행되기 위해서는 좀도 구체적이고 제도적으로 만들어져야 하겠다. 또한 이러한 제도는 전 세계가 공통적으로 실시되어야 하며, 반드시 한국의 태권도 연수원에서 이루어져아 할 것이다.

7 태권도 품새의 다양화와 기술 개발

태권도의 현재 품새 종류를 살펴보면 유급자 과정인 태극1장에서 태극8장까지의 8개 품새와 유(품)단자 품새인 고려, 금강, 태백, 평원, 십진, 지태, 천권, 한수, 일여의 9개 품새, 그리고 태극 품새가 새로이 제정되기 이전의 팔괘1장에서 팔괘8장까지 8개 품새로서 총25개 품새뿐이다. 그러나 현재는 팔괘 품새가 승급 및 승·품·단 심사에서 제외된 관계로 17개 품새만 수련하고 있다.

그동안 필자는 기회가 있을 때마다 품새의 다양화와 기술 개발에 대하여 역설해 왔다. 그러면 그에 관한 내용을 간략하게 독자들이나 태권도인에게 제시해 보고자 한다.

첫째, 남녀노소 누구든지 성별의 구분없이 각 품새를 똑같이 수련하는 문제점이다. 아동, 중·고생, 대학생 및 일반 성인과 또 신체가 약한 사람이나 강한 사람이 할 경우 모든 품새의 수련이 똑같아서는 안 된다고 본다. 그러므로 각 신체와 성별에 맞춰 품새를 수련할 수 있는 방법과 알맞은 품새 수련 시간이 연구되어야 한다.

둘째, 품새의 다양성이다. 품새의 구성도 신체 발달에 알맞게 어린이는 어린이에게 알맞게, 또 각 청소년, 성인, 남자, 여자에게 알맞게 품새가 구성되어야 하며 다양해야 한다. 현재 수련하고 있는 품새는 누구나 똑같고 남자든 여자든 어린이든 모두 똑같이 수련하고 있다.

그렇다고 이것저것 중구난방으로 품새를 많이 만들자는 것은 아니다. 앞으로 새 품새를 새로이 제정할 때는 초보자에서 상급자에 이르기까지 위로 올라갈 수록 태권도 기술의 난이도가 잘 구성되도록 연구하여 만들어져야 한다는 것이다.

현 품새를 살펴보면 그 구성과 난이도 면에서 유급자 품새인 태극 품새가 유(품) 단자보다 난이도가 높고 구성이 복잡한 것도 있다. 좀더 과학적이고 합리적으로 품새를 제정하여 보급해야겠다.

그리고 품새의 구분과 종류에 있어서도 강한 기술과 빠른 속도를 필요로 하는 강성의 품새와 부드러우면서도 느린 동작으로 구성되어 있는 유성의 품새를 급과 단에 맞게 난이도를 잘 구성하여 다양하게 만들어져야 하리라 본다.

셋째, 현재 각 품과 단별로 한 개씩인 품새를 각 품, 단의 수련 년한(승단 년한)에 따라 더 많은 품새를 만들어서 보급해야 한다. 한 품새를 1년, 2년,…… 오랫 동안 수련을 하면 기술 습득과 향상에는 도움이 될지는 모르나 기술 발전에는 다양한 품새를 수련하는 것이 더 유익할 것이다.

네째, 태권도의 기술 개발이다. 태권도의 기본 동작인 막기, 치기, 찌르기, 지르기, 차기 등의 기술과 품새의 구성은 99.9%가 강성의 기술이며 거의가 직선적인 기술이다. 때문에 공격과 방어의 조화가 잘 이루어지지 않고 있다. 꾸준히 연구하고, 또한 발전을 위해 과감히 투자함으로써 개혁이 이루어져야 할 것이다.

품새도 전면적으로 재검토하고 연구하여 새로이 제정, 보급해야 된다. 앞에서 말한 대로 태권도에 관한 기술과 품새에 먼저 손을 대보자. 그리고 연구진을 구성하여 다같이 머리를 맞대고 직선적인 강한 기술은 무엇이며 원적인 유한 기술은 무엇인지, 또 품새의 구성은 어떻게 해야 되는지 심혈을 기울여 연구해 보자.

8 태권도 경기는 겨루기 경기, 품새 경기, 시범(격파) 경기로

현재 태권도의 경기는 겨루기(시합 겨루기)로만 경기를 하고 있는 것이 현실이다.

태권도 분야 중 겨루기 경기는 명실 공히 세계적인 스포츠로 성장하여 세계 태권도 선수권 대회가 10회, 두번째 올림픽 시범 종목으로 채택되었다. 태권도 종주국의 태권도인들로서 긍지를 가지고 그 본래의 기술을 찾아 연구, 개발하여야 하겠다.

태권도 경기는 크게 겨루기 경기, 품새 경기, 시범(격파) 경기의 3가지로 구분하여 실시할 수 있는데 오로지 겨루기 경기(현재 실시하고 있는 경기를 말함) 만을 실시하는 것은 무슨 이유일까?

해외에서는 품새 경기, 시범(격파) 경기도 개최하여 많은 태권도 수련생의 참여와 발전을 꾀하여 모든 사람이 참여하고 즐기는 경기, 즉 스포츠로 발전시키고 있는 데 비해 한국에서는 얼마나 많은 노력을 해왔나 다시 한 번 생각해 보자. 태권도가 어느 체육 종목보다 우수하다 하더라도 관중이 외면한다면 스포츠로 발전하기는 어렵다.

처음에는 무수한 시행 착오가 따르기 마련이다. 그러나 태권도의 발전을 위해 과감하게 실시하면서 단계적으로 그 체계를 잡아가면 될 것이다. 태권도 경기가 겨루기 경기(현재 경기 방법),품새 경기, 시범(격파) 경기로써 이루어진다 해도 태권도 그 본래의 순수성을 찾을 수 있고 오히려 태권도를 더욱 발전시키는 역할을 할 것이다.

그러면 겨루기 경기(현 경기)에 대해서는 별도의 항에서 설명을 했으므로 생략하고 품새 경기, 시범(격파) 경기에 대해서만 간략히 생각해 보자.

첫째, 품새 경기의 실시 방향은 지정 종목, 선택 종목, 창작 종목의 3가지로 구분하여 실시해야 한다.

지정 종목은 경기 출전자 전원이 협회 또는 연맹이 제정한 품새를 실시하도록 하고 선택 종목도 지정 종목과 같이 협회 또는 연맹이 제정한 품새 범위 내에서 실시하는 것을 원칙으로 한다. 이는 태권도 품새 경기를 통하여 통일되게 제정된 품새를 올바르게 보급하기 위함이다.

창작 종목은 품새를 연구, 발전시킬 목적으로 실시하며, 본능적 동작, 자연의 섭리, 역학적 원리, 그리고 태권도의 모든 기본 동작과 기법을 합리적이고 체계적으로 구성하여 안무하는 것을 원칙으로 한다. 그리하여 우수한 창작 품새는 기술 심의를 거쳐 널리 보급하면 좋을 것이다.

둘째, 시범(격파) 경기는 높이차기, 넓이차기, 창작(묘기)의 3가지로 구분하여 실시한다.

높이차기는 뛰어앞차기와 같은 방법으로 높이 차는 기술을 말한다. 이 때 높이차기는 측정 기구를 사용하여야 하며 신장을 측정하고, 높이를 측정할 수 있도록 측정 기구를 갖춰 경기를 치르도록 한다.

넓이차기는 뛰어옆차기와 같은 방법으로 높게 멀리 차는 기술을 말하는데, 이 경기도 앞에서 설명한 바와 같이 측정 기구를 이용하여 넓이와 높이를 측정할 수 있도록 하여 경기를 실시한다. 높이차기와 넓이차기도 격파를 실시하지만 창작 격파는 한번 점프(Jump)하여 목표물을 향해 상체와 하체를 빠른 동작으로 움직여 2방, 3방, 4방, 5방 ……격파를 하는 경기를 말한다.

격파 경기는 공격과 방어 부위인 상체와 하체 부위를 사용하여 실시하며, 경기는 남자부와 여자부로 나누고, 이는 또 국민학생부, 중학생부, 고등학생부, 대학 및 일반부로 구분하여 개인전과 단체전으로 치르도록 한다.

이에 관한 경기 방법, 경기 규정, 채점 방법 등에 관한 사항은 태권도의 특성을 감안하여 연구, 검토되어야 할 것이다.

9 태권도 기술과 용어 통일

태권도의 기술과 용어가 아직 제대로 통일되어 있지 않는 것이 현실이다. 지도자(사범)에 따라 용어가 다르고 기술을 서로 다르게 가르치고 있기 때문이다. 이 문제가 어제 오늘의 일이 아니건만 아직도 개선점이 보이지 않고 있다. 오래 전부터 발행되고 있는 여러 종류의 태권도 교본이 있음에도 용어와 기술의 통일이 안 되는 것은 참으로 이상한 일이다.

필자가 국기원 심사위원으로 위촉받아 심사를 집행하노라면 내심 가슴 아픈 일이 한두 번이 아니다. 다른 많은 태권도인들도 느꼈으리라 생각하지만, 막기 기술, 치기 기술, 찌르기 기술, 차기 기술 그밖의 모든 기술이 어디서부터 시작해야 되고 어느 위치에 있어야 되는 것인지, 그리고 손과 발, 몸은 어떻게 해야 정확한 것인지 명확한 해답을 얻기가 매우 힘들다.

지도자(사범) 교육에 나온 강사마다 동작의 설명과 용어가 제각기 다르고 그동안 배출된 사범만 해도 수 천명인데 어떻게 일관성이 있기를 바라겠는가? 또한 시대와 사회의 변화에 따라 기술과 용어는 바뀌기도 하고 변형되기도 하며 소멸되기도 한다. 태권도 기술과 용어는 하루빨리 통일되어야 하고 정리되어야 한다.

품새도 마찬가지이다. 똑같은 품새일 경우에도 제각기 다른 체육관에서 수련하는 수련생들이 내가 배운 것이 진짜고 최고라는 식으로 언쟁을 하는가 하면 우리 체육관에서 배우는 것이 전통적인 방법이라며 서로 으르렁대니 마냥 이대로 방치만 해서 되겠는가?

마지막으로 태권도의 전문 기술과 용어를 일반인의 언어 감각에 맞도록 대중화하는 작업이 필요하다. 또 이러한 태권도 기술과 용어를 일목요연하게 해설한 태권도 용어 사전도 필요하다.

태권도 종주국인 한국에서 태권도의 기술과 용어를 정리, 통일시켜 세계 모든 태권도인들에게 일관성있게 통용되도록 하는 것이 시급하다.

10 태권도 커리큘럼(Curriculum)의 개발

태권도 수련 내용은 크게 품새, 겨루기, 호신술, 시범의 4가지로 나눌 수 있다. 품새는 그런대로 통일되어 공통적으로 지도(해외에서는 아직까지 통일되어 있지 않음) 하고 수련하지만 겨루기, 호신술, 시범에 관해서는 지도자의 임의대로 지도하고 있으며 그 내용 또한 천차만별이고 보면 이 문제 역시 심각하다. 필자는 태권도의 수련 내용과 과정을 체계적이고 합리적으로 만들어 과거 구전으로 가르치고 배웠던 지도 방법을 이제는 과학적인 방법으로 접근하여 태권도의 커리큘럼을 개발하여야 한다고 본다.

첫째, 품새 부분에 관해서는 별도로 언급을 했으므로 생략하고, 겨루기에 관해 생각해 보자.

겨루기에는 시합 겨루기, 맞춰 겨루기, 한번 겨루기, 두번 겨루기, 세번 겨루기가 있다. 시합 겨루기는 출전 선수의 실력과 자질에 따라 다르므로 제외하고 맞춰 겨루기, 한번 겨루기, 두번 겨루기, 세번 겨루기는 초급자에서 유급자, 일단에서 고단으로 올라갈수록 체계적이고 합리적인 수련 과정과 지도 방법이 개발되어야 한다고 본다.

둘째, 호신술과 시범(격파) 부분의 개발이다. 호신술이나 시범(격파)은 진일보한 기술로서 일상 생활에서 상대방이 무기 없이 또는 무기를 가지고 기습해 올 때 자신을 보호하기 위한 기술이다.

그리고 교재 문제이다. 지도자가 교재 하나 없이, 또 태권도 수련생이 태권도 책 하나 갖추지 않고 배울 때 얼마나 큰 효과를 거둘지는 각자가 알아서 판단할 일이지만 교재와 병행하여 가르치는 것이 더 효과적이고 방법론에서도 더 나으

리라 본다. 다 알고 있는데 무엇하러 책을 사느냐고 하는 지도자가 있는데 그러다 보니 모든 것이 진취적이지 못하므로 발전은커녕 후퇴할 수밖에 없지 않나 하는 생각이 든다.

11 태권도 전문학교 또는 태권도 대학교의 설립

현재 몇 개 대학에 태권도 학과가 있지만 태권도만 전문으로 가르치는 태권도 전문학교나 태권도 대학교는 아직 없다.

물론 태권도 학교를 설립하려면 여러 가지 문제점이 있고 세밀한 계획이 필요하다. 개교를 위한 예산 확보, 입학 자격, 몇 년제로 할 것인가, 졸업 후 진로를 보장해 줄 수 있는 방안 제시, 운영 방안, 우수한 교수진 확보 등 구체적 방안이 있어야 한다.

이 모든 방안을 면밀히 검토하여 명실 공히 세계 최초이자 최고의 태권도 학교가 설립되어 태권도 발전에 획기적인 변화가 일어나길 바랄 뿐이다.

12 기타

앞에서 언급한 것 외에도 여러 가지 개혁안이 있다. 그러나 지면 관계상 세부적으로 모든 것을 다 열거할 수는 없다. 그러므로 간단하게 그에 관한 사항만 열거하기로 한다.

첫째, 현재 대한태권도협회에서 발간하고 있는 계간지는 좀더 빠르고 알차게 시사성 있는 월간지로 발행되었으면 한다. 그리고 그 내용도 태권도에 국한시키지 말고 폭넓은 내용으로 다양하게 구성되어야 한다.

둘째, 각 대학교나 일선에서 배출되는 태권도 지도자나 선수들의 진로 문제와 취업에 관해 다각도로 연구가 되어야 한다고 본다.

셋째, 야구, 축구, 씨름 등 기타 스포츠의 텔레비전이나 라디오 중계에 비해 태권도 경기는 스포츠 뉴스 시간에, 그것도 잠깐 나오는 것으로 끝이다. 앞으로 국기인 태권도 경기를 다른 스포츠 경기 못지않게 활성화될 수 있도록 대책을 수립해야 한다.

넷째, 세계태권도연맹, 대한태권도협회, 국기원, 각 시도 협회의 사업과 예산, 수입과 지출(모든 임직원들의 급여, 상여금, 판공비, 기타) 에 관한 것은 그 세부 사항까지 대의원 몇몇 사람만이 알고 있을 일이 아니라 일반 태권도인에게 공개해야 한다. 이제는 과거와 다르다. 모든 행정은 공개 행정으로 집행되어야 하고 건설적인 방향으로 나가야 한다.

다섯째, 현재 실시하고 있는 승급 심사 제도, 승품 심사 제도, 승단 심사 제도를 전 세계적으로 일관성있게 통일시키며 높고 낮음에 따라 심사 제도와 난이도를 개선해야 한다고 본다.

아무튼 이 모든 것이 하루 아침에 이루어질 것은 아니므로 태권도의 백년 대계를 위하여 직위 고하를 막론하고 모든 태권도인이 일심 단결하여 총력 질주해야 할 것이다.

마지막으로 필자는 「태권도 발전을 위한 개혁 그 무엇인가?」에 대한 후속 조치가 하루빨리 나오기를 빌며 태권도 발전을 위한 개혁위원회나 또는 심사위원회가 구성되어 활발히 활동하기를 바란다. 아울러 앞에서 언급한 사업을 해나가는 데 모든 태권도인들의 적극적인 협조와 참여가 있기를 간절히 바라며 보잘것없는 글을 끝까지 읽어 주신 모든 분들께 진심으로 감사하는 바이다.

1992년 8월

남산 중턱의 주한외국인체육관에서

저자 김 정 록 씀

차 례

제 1편

CONTENTS

PART I

제 2 편

팔괘 품세

PART Ⅱ

WHAT IS PALGWE?

영·한 태권도 교범 제 I 권

태극 품세편

차 례

제 1 편

제 2 편

TAEKWONDO TEXTBOOK VOL. I

TAEGEUK POOMSE

CONTENTS

PART I

PART II

PART Ⅲ

제 4편

PART Ⅳ

영 · 한 태권도 교범 제3권

유단자 품세편

차 례

제 1 편

TAEKWONDO TEXTBOOK VOL. Ⅲ

BLACK BELT POOMSE

CONTENTS

제 2 편

PART Ⅱ

PART I
Basic Movements

1. 지르기 — Punching
2. 치기 — Striking
3. 찌르기 — Thrusting
4. 막기 — Blocking
5. 발차기 — Kicking

1. 지르기 동작

1 지르기에 대하여

지르기는 상대의 위치와 또 공격하고자 하는 부위에 따라 그 방법과 명칭이 다르다. 지르기를 그 공격 부위에 따라 크게 나누면 얼굴지르기, 몸통지르기, 아래지르기로 구분되며 공격의 방향에 따라서는 옆지르기, 뒤지르기, 앞지르기, 돌려지르기, 내려지르기, 제쳐지르기로 구분된다. 또한 지르기에는 반대지르기와 바로지르기가 있는데 앞에 나가 있는 발과 같은 쪽의 주먹으로 지르는 것을 "반대 지르기"라 하고, 앞에 나가 있는 발과 반대쪽의 주먹으로 지르는 것을 " 바로 지르기"라고 한다.

지르기에 사용되는 부위는 집게손가락과 가운데손가락의 첫째 관절의 튀어나온 부위이다. 공격의 목표는 주로 얼굴, 인중, 명치, 가슴, 턱, 복부, 옆구리 등이며 태권도 경기에서는 발과 같은 비중을 차지한다.

2 지르기의 종류

① 얼굴 바로지르기
② 얼굴 반대지르기
③ 몸통 바로지르기
④ 몸통 반대지르기
⑤ 아래지르기
⑥ 옆지르기
⑦ 세워지르기
⑧ 두주먹 몸통 제쳐지르기
⑨ 내려지르기
⑩ 치지르기
⑪ 돌려지르기
⑫ 금강 앞지르기
⑬ 금강 옆지르기
⑭ 첫다리 지르기
⑮ "ㄷ"자 지르기
⑯ 뒤지르기
⑰ 당겨 턱지르기

1. Punching

1 About the Punch

There are many different types of punches used in Tae Kwon Do. The type of punch used depends upon the position of the puncher, the position of the opponent, and the desired effects.

The punches are identified by the way that a punch is thrown and the point of impact of the punch.

The different ways that punches may be thrown are identified by one of seven terms: side, back, front, round, straight, upward, or downward. The different points of impact of a punch are identified by one of four terms: low section, middle section, high section, or back. Additionally the punch type may refer specifically to the part of the body to be punched: the raphe of the upper lip, jaw, chest, abdomen, or side.

It is important to remember that for every punch there is a reverse punch, and is identified by the position of the puncher's feet.

In Tae Kwon Do competition, the punch is as important as the kick.

2 The Types of Punches

1. The High Section Straight Punch
2. The High Section Reverse Straight Punch
3. The Middle Section Straight Punch
4. The Middle Section Reverse Straight Punch
5. The Low Section Punch
6. The Side Punch
7. The Verticle Punch
8. The Double Fist Middle Section Upper Punch
9. The Downward Punch
10. The Uppercut Punch
11. The Round Punch
12. The Diamond Shape Front Punch
13. The Diamond Shape Side Punch
14. The Horizontal Twin Side Punch
15. The "U" Shape Punch
16. The Back Punch
17. The Tug & Punch Jaw

3 주의 사항

① 지를 때는 주먹이 허리에서부터 나가도록 한다.

② 허리에 있는 주먹은 제쳐진 주먹이 되며 180°로 주먹을 돌리며 목표에 맞는 순간 엎어진 상태가 되도록 한다.

③ 지르기 쪽의 팔굽 관절은 완전히 뻗는다.

④ 주먹은 단단히 말아쥐고 어깨와 팔의 불필요한 힘을 뺀다.

⑤ 한 주먹이 목표를 향하여 지를 때 다른 주먹은 허리로 당긴다.

⑥ 나가는 주먹과 당기는 주먹은 다같이 점차 가속도를 붙여 목표에 맞는 순간과 허리에 닿는 순간을 가장 빠른 속도로 한다.

⑦ 양주먹이 서로 교차할 때 어깨와 허리를 틀어 줌으로써 더욱 강한 힘이 발휘되도록 한다.

⑧ 지른 주먹이 목표에 닿는 순간 당김으로써 상대에게 손을 잡히지 않도록 한다.

3 Helpful Hints for Punching

1. All punches originate with the fist at the waist.
2. When the fist is at the waist, the palm side of the fist is positioned upward, and when the punch has reached the target, the palm side of the fist is positioned downward.
3. When the punch is thrown and the fist has reached the target, do not have the elbow bent.
4. When punching, the fist should be clenched tightly, and the arm and shoulders should be relaxed.
5. Simultaneously while punching, pull the non-punching fist to the side.
6. While punching, concentrate on having a burst of acceleration with the punching fist and the pulling fist (non-punching fist).
7. When pulling the non-punching fist, and extending the punching fist, and the fists are adjacent, begin to rotate the waist and shoulders to create follow through power.
8. Immediately after striking the opponent with a punch, move the fist back to the start position so that he can not grasp your arm or wrist.

4 지르기

1) 몸통 반대지르기

몸통 반대 지르기는 앞에 나가 있는 발과 같은 쪽의 주먹으로 지르며, 또한 상대의 명치 높이에 주먹이 닿도록 한다. 이 때 주먹은 중앙에 위치한다.

4 Description of the Punches

1) The Middle Section Reverse Straight Punch

This punch starts with the same side foot to the front, and the punch will be thrown to the solar plexus of the opponent's body. The fist should be even with the center of your body.

• 용법 / The punch with actual contact

1. 준비 / Ready 2. 지르려고 한다 / The mid motion 3. 지른다 / The punch

2) 몸통 바로지르기

몸통 바로지르기는 앞에 나가 있는 발의 반대쪽 주먹으로 상대의 몸통 부위를 공격하는 것으로 주먹은 중앙의 위치에 오도록 한다.

2) The Middle Section Straight Punch

This punch starts with the opposite foot to the front, and the punch will be thrown to the middle section of the opponent's body.

• 용법 / The punch with actual contact

1. 준비 / Readv 2. 지르려고 한다 / The mid motion 3. 지른다 / The punch

3) 얼굴 반대지르기

얼굴 반대지르기는 앞에 나가 있는 발과 같은 쪽의 주먹으로 상대의 인중 높이를 공격하는 것을 말한다. 이 때 주먹은 중앙의 위치에 있도록 한다. 수련을 할 때는 자신의 인중 높이로 주먹을 지르도록 한다.

3) The High Section Reverse Straight Punch

This punch starts with the opposite foot to the front, and the punch will be thrown to the raphe of the upper lip of the opponent. When practicing this punch, the punch should be thrown at the same height as your raphe of the upper lip, and centered on your body.

• 용법 / The punch with actual contact

1. 준비 / Ready   2. 지르려고 한다 / The mid motion   3. 지른다 / The punch

4) 얼굴 바로지르기

얼굴 바로지르기는 앞으로 나가 있는 발의 반대쪽 주먹으로 상대의 인중 높이를 지르는 것을 말한다. 수련을 할 때에는 자기의 인중 높이로 주먹을 지른다.

4) The High Section Straight Punch

This punch starts with the opposite foot to the front, and the punch will be thrown to the raphe of the upper lip of the opponent's body. When practicing this punch, the punch should be thrown at the same height as the raphe of your upper lip.

• 용법 / The punch with actual contact

1. 준비 / Ready 2. 지르려고 한다 / The mid motion 3. 지른다 / The punch

5) 옆지르기

몸은 정면에 있고 몸의 옆방향으로 지르는 것을 말한다. 공격의 목표는 주로 얼굴, 몸통, 옆구리 등이 되며 주로 주춤서기, 뒷굽이에서 많이 쓰인다. 시선은 지르는 쪽의 주먹을 바라본다.

5) The Side Punch

This punch starts with the feet side by side and shoulder width apart, and is thrown to the side to hit the face, trunk, or side of the opponent's body. This punch is usually used while in the Riding Stance or the Back Stance.

• 용법 / The punch with actual contact

1. 준비 / Ready 2. 지르려고 한다 / The mid motion 3. 지른다 / The punch

6) 두주먹 몸통 제쳐지르기

두주먹 몸통 제쳐지르기는 두주먹으로 복부 또는 양옆구리를 공격하는 기술로써 지금까지 한 주먹으로 공격하던 것을 두주먹으로 공격하는 것이다. 두 주먹을 제쳐서 질렀을 경우 주먹등은 아래로, 손바닥은 위로 향하게 한다. 이는 가까이 있는 상대는 물론 떨어져 있는 상대도 유효적절하게 공격할 수 있다.

6) The Double Fist Middle Section Upper Punch

This punch starts with either foot forward, and is thrown to hit the opponent's abdomen or sides with both fists. Prior to the punch, the fists should be palm side up. This punch is useful for short or long distance.

• 용법 / The punch with actual contact

1. 준비 / Ready 2. 지르려고 한다 / The mid motion 3. 지른다 / The punch

7) 당겨 턱지르기

당겨 턱지르기는 상대의 가슴을 잡아 당기며 다른 한손으로 상대의 턱을 지르는 것을 말한다. 상대가 아주 가까운 거리에 있을 때 사용한다.

7) The Tug & Punch Jaw

This punch starts by pulling the opponent's chest garment toward you then punching his jaw with the other fist. This punch is useful while in close proximity.

• 용법 / The punch with actual contact

1. 준비 / Ready 2. 지르려고 한다 / The mid motion 3. 지른다 / The punch

8) 쳇다리 지르기

쳇다리 지르기는 몸통 부위의 두급소를 동시에 공격할 때 지르는 방법으로써, 질렀을 때 한쪽 팔은 펴지고, 다른 팔은 직각이 되게 구부리되, 두 팔은 위나 아래가 평행이 되게 한다.

공격의 목표는 주로 몸통이며, 두 상대를 공격하는데 적합하다.

8) The Horizontal Twin Side Punch

This punch is used to attack a vital point of two opponents simultaneously, or to attack two vital points of one opponent. One arm is straight and the other is bent at the elbow 90°. The arms should be parallel. This punch is useful for attacking the trunk.

• 용법 / The punch with actual contact

1. 준비 / Ready 2. 지르려고 한다 / The mid motion 3. 지른다 / The punch

9) 금강 앞지르기

금강 앞지르기는 상대가 얼굴을 공격해올 때 한팔목으로 얼굴을 막고, 다른 한주먹으로 얼굴이나 몸통을 동시에 지르는 것을 말한다. 이는 공격과 방어가 동시에 이루어지도록 하며 주로 앞굽이에서 많이 사용한다.

9) The Diamond Shape Front Punch

This punch starts in the Forward Stance, and is used for first blocking an opponent's punch then punching the opponent's face. It is a defensive and offensive technique.

• 용법 / The punch with actual contact

1. 준비 / Ready 2. 지르려고 한다 / The mid motion 3. 지른다 / The punch

10) 금강 옆지르기

금강 옆지르기는 상대가 얼굴을 공격해올 때 얼굴을 올려막음과 동시에 옆 방향으로 얼굴, 몸통 또는 옆구리를 공격하는 것을 말한다. 얼굴막고 옆지르기를 할 때 제쳐진 주먹은 허리에서 부터 엎어서 지른다. 금강 옆지르기는 주로 주춤서기에서 쓰인다.

• 용법 / The punch with actual contact

10) The Diamond Shape Side Punch

This punch starts in the Riding Stance, and is used for blocking an opponent's punch to your face then throwing a punch to the opponent's face, trunk, or side. Your face is covered with one arm, then throw the punch with the other fist. The punch should start at the side of your body, and the back of the fist should be used to strike the opponent.

1. 준비 / Ready 2. 지르려고 한다 / The mid motion 3. 지른다 / The punch

11) 뒤지르기

뒤지르기는 어깨 너머로 상대의 얼굴 또는 가슴을 공격하는 것을 말한다. 상대가 아주 근접 거리에 있을 때 사용하는 방법으로 한팔굽은 뒤로 치고, 다른 한주먹은 얼굴을 지른다. 뒤지르기는 주로 주춤서기에서 사용된다.

• 용법/The punch with actual contact

11) The Back Punch

This punch starts in the Riding Stance. One fist is brought to a position directly over your opposite shoulder to strike an opponent that is behind you, the elbow of the opposite arm is then driven into the opponent's middle section. This technique is used while in close proximity.

1. 준비/Ready 2. 지르려고 한다/The mid motion 3. 지른다/The punch

2. 치기 동작

1 치기에 대하여

치기는 크게 등주먹치기, 메주먹치기, 팔굽치기, 손날치기, 무릎치기의 다섯 가지로 분류하며 이들은 공격의 형태에 따라 다양하게 응용된다.

등주먹치기는 주먹등으로 상대를 공격하는 것이다. 이에는 등주먹 얼굴 앞에 치기 등주먹 옆(바깥)치기가 있다. 공격시의 주먹 높이는 자기의 인중 높이가 되도록 한다. 등주먹 옆(바깥)치기는 새끼손가락이 아래를 향하고, 엄지손가락쪽이 위로 향하게 하여 주먹등이 바깥쪽으로 향하게 한다. 등주먹치기의 공격 목표는 주로 인중, 관자놀이 등의 얼굴 부위와 명치, 복부 등이다.

메주먹치기는 새끼손가락과 손목 관절 사이의 근육이 많은 부분으로 상대를 공격하는 것으로, 메주먹 바깥(옆)치기로 구분하며 공격의 목표는 주로 머리, 얼굴, 인중, 턱, 복부 등이다.

팔굽치기는 팔을 안으로 구부려서 팔굽으로 상대를 공격하는 것을 말한다. 팔굽치기에는 팔굽 올려치기, 팔굽 옆치기, 팔굽 뒷치기, 팔굽 돌려치기, 팔굽 내려치기가 있다. 공격의 목표는 주로 상대의 얼굴, 턱, 복부, 옆구리 등이다.

손날치기는 편 손날로 상대를 공격하는 것을 말하며 손날 목치기, 엎은 손날 바깥치기, 엎은 손날 안치기, 제비품 목치기가 있다. 공격의 목표는 주로 목, 얼굴, 옆구리 등이다.

무릎치기는 무릎으로 상대를 공격하는 것을 말하며 무릎을 올려서 치게 된다. 공격의 목표는 주로 상대의 얼굴, 명치, 복부, 낭심 등이다.

2 치기의 종류

① 손날 목치기(제친 손날)

2. Striking

1 About the Strike

There are different categories of strikes: the Back Fist, Elbow, Knife Hand, Knee, and the Hammer Fist Strike. There are many variations to these strikes and how they may be used. For example,there are variations to the Back Fist Strike:the Back Fist Strike is when the back of the fist is used for the attack. There are different places that the strike may be used: the Back Fist Face Front Strike, the Back Fist Side (outward) Strike. The Back Fist (outward) Strike should be thrown with the palm of the fist upward, and should be thrown at the same height as the raphe of the upper lip. The Back Fist Strike is useful for attacking the raphe of the upper lip, the temple, the solar plexus, and the abdomen.

The Hammer Fist Strike variations are: the Hammer Fist Downward Strike, the Hammer Fist Outward (side) Strike. The Hammer Fist Strike is thrown using the fatty part of the hand (between the wrist and the little finger). The Hammer Fist Strike is useful for attacks to the head, face, the raphe of the upper lip, jaw, and abdomen.

The Elbow Strike is used with the bent elbow. The variations are: the Elbow Upward Strike, the Elbow Side Strike, the Elbow Back Strike, the Elbow Round Strike, and the Elbow Downward Strike. The Elbow strike is used for attacking the side, abdomen, face, and jaw.

The Knife Hand Strike is used with the hand unfisted. The variations are: the Knife Hand Neck Strike, the Flat Knife Hand Outward Strike, the Flat Knife Hand Side Strike, and the Swallow Shape Knife Hand Neck Strike. The Knife Hand Strike is used for attacking the neck, face, or side.

The Knee Strike is when attacking with the knee, and is useful for attacks to the face, solar plexus, abdomen, and jaw.

2 The Types of Strike

1. The Knife Hand Strike

② 모은손날 바깥치기
③ 등주먹 얼굴 앞에치기
④ 등주먹 얼굴 바깥치기
⑤ 등주먹 튕겨 앞에치기
⑥ 등주먹 거들어 얼굴 앞에치기
⑦ 메주먹 바깥치기
⑧ 메주먹 내려치기
⑨ 바탕손 턱치기
⑩ 제비품 목치기
⑪ 제비품 턱치기
⑫ 팔굽 몸통치기
⑬ 팔굽 얼굴 돌려치기
⑭ 팔굽 올려치기
⑮ 팔굽 옆치기
⑯ 팔굽 뒤치기
⑰ 두 메주먹 양옆구리치기
⑱ 밤주먹 솟음치기
⑲ 무릎치기
⑳ 등주먹 당겨 턱치기
㉑ 멍에치기
㉒ 아금손 목치기(칼제비)

2. The Flat Knife Hand Outward Strike
3. The Back Fist Face Front Strike
4. The Back Fist Face Outward Strike
5. The Back Fist Flip Front Strike
6. The Back Fist Guarding Face Front Strike
7. The Hammer Fist Outward Strike
8. The Hammer Fist Downward Strike
9. The Palm Fist Jaw Strike
10. The Swallow Shape Knife Hand Neck strike
11. The Swallow Shape Palm Fist Jaw Strike
12. The Elbow Middle Section Strike
13. The Elbow Face Round Strike
14. The Elbow Upward Strike
15. The Elbow Side Strike
16. The Elbow Back Strike
17. The Double Hammer Fist Ribs Strike
18. The Double Chestnut Fist Spring Strike
19. The Knee Strike
20. The Back Fist Tug Jaw Strike
21. The Double Elbow(Yoke) Strike
22. The Arc Hand Neck Strike

3 치기 동작

1) 손날 목치기(제친손날)

손등이 아래로, 손바닥이 위로 향하게 하여 바깥쪽에서 안쪽으로 상대의 목을 치는 것을 말한다. 공격의 목표는 목이며, 공격의 형태에 따라 얼굴, 옆구리 등도 공격할 수 있다. 팔굽과 손목을 곧게 펴고 강하게 상대의 목을 친다.

3 *Description of the Strikes*

1) The Knife Hand Strike

This strike starts with the back of the hand oriented downward, and is done from the outside inward. The strike is useful for attacking the neck, face, and the side.

• 용법/The strike with actual contact

1. 준비/Ready 2. 치려고 한다/The mid motion 3. 친다/The strike

2) 엎은손날 바깥치기

손등을 위로, 손바닥은 아래로 향하게 하여 안쪽에서 바깥쪽으로 치는 것을 말한다. 공격의 목표는 주로 목, 얼굴 등이다.

• 용법 / The strike with actual contact

2) The Flat Knife Hand Outward Strike

This strike starts with the palm of the hand oriented downward, and is done from the inside outward. The strike is used for attacking the neck and face.

1. 준비 / Ready 2. 치려고 한다/The mid motion 3. 친다 / The strike

3) 등주먹 얼굴 앞에치기

등주먹 얼굴 앞에치기는 등주먹으로 얼굴 또는 인중을 공격하는 것을 말하며 상대를 공격했을 때 주먹의 등쪽이 상대의 얼굴을 향하게 한다.

3) The Back Fist Face Front Strike

With this strike, the back part of the fist will hit the target. The strike is used for attacking the raphe of the upper lip or the face.

• 용법/The strike with actual contact

1. 준비/Ready 2. 치려고 한다/The mid motion 3. 친다/The strike

4) 등주먹 얼굴 바깥치기

등주먹 얼굴 바깥치기는 등주먹으로 안쪽에서 바깥쪽으로 공격한다. 공격할 때는 새끼 손가락쪽이 아래로 향하게 하여 어깨쪽에서 바깥쪽으로 친다. 공격의 목표는 얼굴 또는 가슴이 된다.

• 용법 / The strike with actual contact

4) The Back Fist Face Outward Strike

This strike is done with the palm side of the fist oriented downward, and is done from the inside outward. The strike starts at the opposite shoulder toward the outside, and is used to attack the face or chest.

1. 준비 / Ready 2. 치려고 한다/The mid motion 3. 친다 / The strike

5) 등주먹 튀겨 앞에치기

주먹으로 반원 또는 원을 그리며 상대의 얼굴 또는 인중을 치는 것을 말한다. 이 때 상대의 공격을 바탕손으로 막은 다음 공격을 한다.

5) The Back Fist Flip Front Strike

With this strike, one fist and arm is used for protection of the midsection while the other fist is used for the attack of the opponent's raphe of the upper lip or face. The strike is done by bringing the arm slightly across the body and rotating the fist so that the back side of the fist will make contact with the opponent.

• 용법/The strike with actual contact

1. 준비/Ready 2. 치려고 한다/The mid motion 3. 친다/The strike

6) 등주먹 거들어 얼굴 앞에 치기

등주먹 얼굴 앞에치기와 같은 방법으로 등주먹으로 상대의 얼굴 또는 인중을 공격하는바, 다만 다른 한 손으로 거들어 공격하는 것이 다르다. 공격할 때는 주먹등이 상대를 향하게 하고 다른 한 손은 직각이 되게 한다. 주로 꼬아서기에서 쓰이며 상대에게로 깊숙이 뛰어들어가 공격을 한다.

6) The Back Fist Guarding Face Front Strike

This strike is the same as the Back Fist Face Front Strike except that as the striking arm and fist make contact with the opponent, the other arm and fist are in the guarding position; bent at 90°, and is brought across the body. This strike is used while in close proximity of the opponent, in the Cross Stance, and is used for attacking the raphe of the upper lip or the face.

• 용법/The strike with actual contact

1. 준비/Ready 2. 치려고 한다/The mid motion 3. 친다/The strike

7) 메주먹 바깥치기

메주먹 바깥치기는 주먹등이 위로, 손바닥은 아래를 향하게 하여, 공격하는 손의 반대쪽 어깨에서 시작하여 바깥쪽으로 공격하는 것을 말한다. 공격의 목표는 주로 얼굴, 가슴, 몸통, 옆구리 등이며 안으로 구부렸던 팔은 곧게 펴면서 공격한다.

7) The Hammer Fist Outward Strike

This strike starts with the palm oriented downward and positioned to start from the opposite shoulder, and the elbow should be bent slightly. As the strike is done, the elbow is straightened. This strike is used for attacking the face, chest, trunk, or side.

• 용법/The strike with actual contact

1. 준비/Ready 2. 치려고 한다/The mid motion 3. 친다/The strike

8) 메주먹 내려치기

엄지손가락이 위로, 새끼손가락 쪽은 아래로 향하게 하여 위에서 아래로 내리치는 것을 말한다. 이는 공격과 방어에 모두 사용될 수 있는 기술로 낮은 위치에 있는 상대를 공격하는데 적합하다. 주로 상대의 머리 또는 어깨를 공격하며 상대가 주먹이나 발로 몸통을 공격당할 때의 방어에도 쓰인다.

• 용법 / The strike with actual contact

8) The Hammer Fist Downward Strike

This strike is done with the fatty part of the hand oriented downward, and is done with the striking arm in a low position. The strike may be used for either offense or defense depending on the situation. If the opponent is in a low posture, it can be used for attacking the face, neck, or chest. When the opponent is attacking your midsection, it may be used for a block.

1. 준비 / Ready 2. 치려고 한다/The mid motion 3. 친다 / The strike

9) 바탕손 턱치기

바탕손 턱치기는 바탕손으로 상대의 턱을 치는 것을 말하며 공격의 목표는 턱이다. 그러나 공격의 형태에 따라 가슴, 명치, 복부 등도 공격할 수 있다.

9) The Palm Fist Jaw Strike

When doing this strike, the palm of the hand is used. In most instances, the jaw is the target, however, it may be used to strike the chest, solar plexus, or abdomen.

• 용법/The strike with actual contact

1. 준비/Ready　2. 치려고 한다/The mid motion　3. 친다/The strike

10) 제비품 목치기

제비품 목치기는 상대가 얼굴을 공격해 올 때 손날로 얼굴을 막고 다른 한 손으로는 바깥쪽에서 안쪽으로 손날로 목을 치는 것을 말한다. 이 때 방어와 공격이 동시에 이루어져야 한다.

10) The Swallow Shape Knife Hand Neck Strike

This strike is a combination block and strike; when the opponent attacks the face, it can be blocked with the knife hand, simultaneously the other hand is used for a strike to the opponent's neck. The strike is done from the outside inward.

• 용법/The strike with actual contact

1. 준비/Ready 2. 치려고 한다/The mid motion 3. 친다/The strike

11) 제비품 턱치기

제비품 목치기와 같은 방법으로 상대가 얼굴을 공격할 때 손날로 얼굴을 막고 다른 한 손으로는 바탕손으로 턱치기를 하는 것을 말한다. 동시에 방어와 공격이 이루어져야 한다.

• 용법/The strike with actual contact

11) The Swallow Shape Palm Fist Jaw Strike

This strike is also a combination block and strike. When the opponent attacks your face, it is blocked with the knife hand, simultaneously the palm fist is used to strike the opponent's jaw.

1. 준비/Ready 2. 치려고 한다/The mid motion 3. 친다/The strike

12) 팔굽 몸통치기

팔굽으로 상대의 몸통 명치 또는 복부 등을 공격하는 것을 말한다. 팔굽을 구부려 바깥쪽에서 안쪽으로 치며, 공격의 형태에 따라 한 손으로 또는 공격하는 쪽의 주먹을 감싸며 공격을 하는데 체중을 실어서 공격하도록 한다.

12) The Elbow Middle Section Strike

This strike may be done one of two ways. The first way is to hold the fist with the opposite hand, or you may decide not to hold the fist. In either case, it is important to put the body weight into the strike. The strike is used for attacking the solar. plexus or abdomen, and should be done from the outside inward.

• 용법 / The strike with actual contact

1. 준비 / Ready 2. 치려고 한다/The mid motion 3. 친다 / The strike

13) 팔굽 얼굴 돌려치기

팔굽으로 상대의 얼굴을 공격하는 것을 말한다. 팔굽 몸통치기와 같은 방법으로 팔굽을 몸통치기보다 높게 올려 얼굴 높이가 되도록 한다. 이 때 공격하는 쪽의 어깨와 허리를 틀면서 공격하도록 한다.

13) The Elbow Face Round Strike

In this strike, the elbow is rotated and held the same height as your face, then the waist and shoulders are rotated, and the elbow is used to strike the opponent's face. The strike is done from the outside inward.

• 용법 / The strike with actual contact

1. 준비 / Ready　2. 치려고 한다/The mid motion　3. 친다 / The strike

14) 팔굽 올려치기

팔굽 올려치기는 팔굽으로 상대의 턱을 공격하는 것을 말한다. 옆구리 쪽에서 위로 올려칠 때 주먹등이 바깥쪽을 향하게 한다. 근접 거리에 있는 상대를 공격하는데 적합하다.

14) The Elbow Upward Strike

This strike is done from the elbow low postion upward, and is used for attacking the opponent's jaw. When the strike is completed, the fist should be in a palm downward position over the shoulder of the striking arm. This strike is most effective while in close proximity to the opponent.

• 용법 / The strike with actual contact

1. 준비 / Ready 2. 치려고 한다/The mid motion 3. 친다 / The strike

15) 팔굽 옆치기

팔굽을 옆쪽으로 공격하는 것을 말한다. 공격의 목표는 가슴, 명치, 복부, 옆구리 등이며 팔굽을 옆으로 칠 때 다른 한 손으로 밀어 주어 공격력을 가중시킨다.

15) The Elbow Side Strike

This strike is done by striking the elbow to the side, assisted by the non-attacking hand. The strike is used for attacking the opponent's chest, solar plexus, or abdomen.

• 용법/The strike with actual contact

1. 준비/Ready 2. 치려고 한다/The mid motion 3. 친다/The strike

16) 팔굽 뒤치기

주먹등이 아래로, 손바닥쪽이 위로 향하게 하여 앞쪽에서 뒤쪽으로 공격하는 것을 말한다.

상대가 아주 근접 거리에, 또 공격자의 뒤쪽에 있을 때만 가능하다. 팔굽 뒷치기를 할 때 다른 한 손으로 주먹을 감싸 뒤로 밀어 주어 강한 공격을 할 수 있게 한다. 공격의 목표는 주로 명치와 복부이다.

16) The Elbow Back Strke

This strike is used for attacking an opponent who is on your back. The strike starts with the palm of the attacking arm oriented downward, and is assisted by the non-attacking hand for increased power. The strike is used for attacking the opponent's solar plexus or abdomen.

• 용법 / The strike with actual contact

1. 준비 / Ready　2. 치려고 한다/The mid motion　3. 친다 / The strike

17) 두 메주먹 양 옆구리치기

두 메주먹 양 옆구리치기는 좌우의 메주먹으로 상대의 양옆구리를 바깥쪽에서 안쪽으로 치는 것을 말한다.

17) The Double Hammer Fist Ribs Strike

This strike is used to attack both sides of the opponent. The fatty part of the fists are used to strike the opponent's sides.

• 용법 / The strike with actual contact

1. 준비 / Ready
2. 치려고 한다/The mid motion
3. 친다 / The strike

18) 밤주먹 솟음치기

밤주먹 솟음치기는 두 밤주먹으로 좌우의 옆구리에서 시작하여 상대의 턱 또는 가슴, 명치 등을 공격하는 것을 말한다. 공격 부위는 가운데손가락 관절이나 집게손가락 관절의 밤주먹이며 주먹 등이 상대쪽을 향하게 한다.

• 용법/The strike with actual contact

18) The Double Chestnut Fist Spring Strike

This strike is done by protruding the knuckle of either the index or the middle finger to attack the throat of the opponent. When the attack is done, the back of the fist will be pointed toward the opponent. The jaw, chest, or solar plexus may also be attacked with this strike.

1. 준비/Ready 2. 치려고 한다/The mid motion 3. 친다/The strike

19) 무릎치기

무릎 관절을 이용하여 상대의 얼굴이나 가슴, 명치를 공격하는 기술이다. 이 때 상대를 두 손으로 잡아서 밑으로 내리거나 당기면서 친다.

19) The Knee Strike

This strike is used to attack the head, chest, or solar plexus. Both of the hands are used to assist in bringing the opponent into the striking knee.

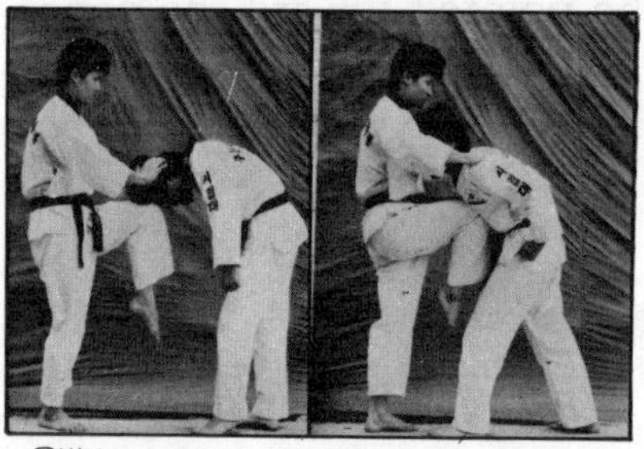

• 용법/The strike with actual contact

1. 준비/Ready 2. 치려고 한다/The mid motion 3. 친다/The strike

20) 등주먹 당겨 턱치기

한 손으로 상대의 가슴을 잡고 다른 한 손으로는 등주먹으로 상대의 얼굴 또는 인중을 공격하는 것을 말한다. 이때 상대를 잡은 손은 자기 몸쪽으로 당기며 동시에 공격하도록 한다. 그리고 주먹등은 상대의 얼굴을 향하고 잡아당기는 손은 공격한 손의 팔굽 밑에 있도록 한다.

• 용법/The strike with actual contact

20) The Back Fist Tug Jaw Strike

In this strike, the opponent is pulled with the non-striking hand, and hit simultaneously with the attacking hand. The back of the fist should be pointed toward the opponent when the attack is done. This strike is used for attacking the raphe of the upper lip or the jaw.

1. 준비/Ready 2. 치려고 한다/The mid motion 3. 친다/The strike

21) 멍에치기

멍에치기는 두 주먹등이 위로 향하게 하고 좌우의 팔굽을 옆으로 치는 공격을 말한다. 이 때 어깨와 양팔의 높이는 수평이 되게 한다. 상대가 뒤에서 잡거나 껴안을 때 적합한 공격이다.

21) The Double Elbow Yoke Strike

This strike is done with both elbows, and is used for striking an opponent on your back. The elbows are to be thrown back, the arms should be parallel with the ground and shoulder level, and the back of the fists are to be oriented upward.

• 용법/The strike with actual contact

1. 준비/Ready 2. 치려고 한다/The mid motion 3. 친다/The strike

22) 아금손 목치기(칼제비)

손을 펴서 엄지손가락을 벌려 반달 모양처럼 만들고 나머지 네 손가락은 모아서 힘을 주어 상대의 목을 공격하는 것을 말한다. 공격의 형태에 따라 목을 조이는데도 사용한다.

일명 "칼제비"라고도 한다.

22) The Arc Hand Neck Strike

In this strike, the fingers are joined, and put in a halfmoon position. The thumb is brought away from the fingers to form an arc. The strike is used for either chocking or striking the opponent's neck. This strike is sometimes called "the Swallow Knife."

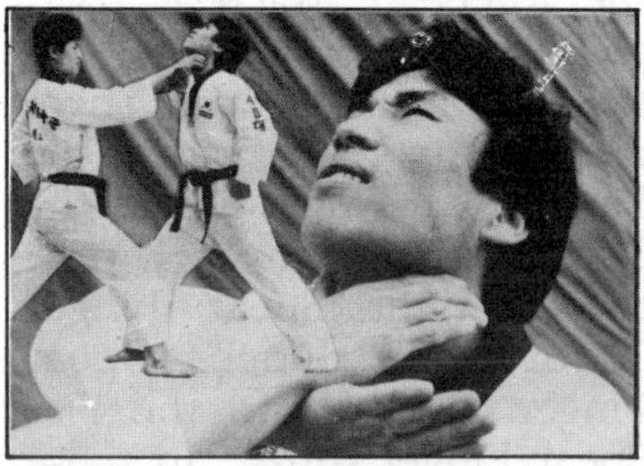

• 용법 / The strike with actual contact

1. 준비 / Ready 2. 치려고 한다/The mid motion 3. 친다/The strike

3. 찌르기 동작

1 찌르기에 대하여

찌르기는 손끝 부위를 사용, 인체의 급소인 미간(눈)과 숨통, 명치, 복부 등을 공격하는 기술이다. 찌르기의 종류는 한손끝지르기, 가위손끝찌르기, 편손끝 세워찌르기, 편손끝 제쳐찌르기, 편손끝 엎어찌르기의 5종류가 있다. 손끝찌르기는 주먹과 달리 손끝으로 공격을 하기 때문에 팔굽과 손목, 손가락의 관절을 모두 곧게 펴야 한다.

2 찌르기 종류

① 편손끝 세워찌르기
② 편손끝 엎어찌르기
③ 편손끝 제쳐찌르기

3. Thrusting

1 About the Thrust

The thrust is an attack technique used for attacking the vital points of the body: the forehead, trachea, solar plexus, and abdomen with the end of the finger(s). There are a variety of thrusts: the Single Spear Finger Thrust, the Scissors Spear Finger Thrust, the Straight Spear Finger Thrust, the Upper Spear Finger Thrust, and the Flat Spear Finger thrust. In these thrusts, the end part of the fingers are used, so the elbow, wrist,and fingers must be kept straight.

2. The Types of Thrust

① The Spear Finger Straight Thrust
② The Spear Finger Flat Thrust
③ The Spear Finger Upper Thrust

3 찌르기 동작

1) 편손끝 세워찌르기

편손끝 세워찌르기는 손날을 아래로 하여 손을 수직으로 세워서 찌르는 것을 말하며 공격의 목표는 주로 명치, 복부가 된다. 편손끝 세워찌르기는 한 손으로 즉시 공격할 때나 상대의 공격을 눌러 막고, 다른 손으로 명치 또는 복부를 찌르는데 사용된다.

3 Description of the Thrusts

1) The Spear Finger Straight Thrust

This thrust is done with the fatty part of the hand oriented downward. The thrust may be used in conjunction with a block, and is used for attacking the solar plexus or abdomen.

• 용법/ The thrust with actual contact

1. 준비 / Ready 2. 찌르려고 한다 / The mid motion 3. 찌른다 / The thrust

2) 편손끝 엎어찌르기

편손끝 엎어찌르기는 손바닥이 아래로 향하고 손등이 위를 향하게 하여 찌르는 것을 말한다. 주로 눈이나 숨통, 명치, 복부 등을 공격하는데 쓰인다.

• 용법/ The thrust with actual contact

2) The Spear Finger Flat Thrust

This thrust is used for attacking the trachea, eyes, solar plexus, or abdomen. The palm of the hand should be oriented downward.

1. 준비 / Ready 2. 찌르려고 한다 / The mid motion 3. 찌른다 / The thrust

3) 편손끝 제쳐찌르기

편손끝 제쳐찌르기는 편손끝 엎어찌르기의 반대 기술로써 손등이 아래로 향하고 손바닥이 위로 향하게 하여 찌르는 것을 말한다. 공격의 목표는 주로 명치, 복부, 낭심등을 공격한다.

3) The Spear Finger Upper Thrust

This thrust is used for attacking the solar plexus, abdomen, or groin area. The palm of the hand should be oriented upward.

• 용법/ The thrust with actual contact

1. 준비 / Ready 2. 찌르려고 한다 / The mid motion 3 찌른다 / The thrust

4. 막기 동작

1 막기에 대하여

막기란 상대로부터 공격을 받았을 때의 방어 동작을 말한다. 방어는 막기와 피하기로 크게 분류되며, 막기에서는 주로 손을 많이 사용한다. 그러나 공격자의 발 공격이나 주먹 공격의 형태에 따라 막기도 여러가지로 달라진다. 즉 막는 방법에 따라 안팔목, 바깥팔목, 손날, 손날등 그리고 발날과 발안쪽 등 다양하다.

이동할 때는 항상 반신을 유지하여 상대의 공격을 막음과 동시에 반격할 수 있도록 상대의 움직임을 살피도록 한다. 또 실전에 사용할 수 있도록 각각의 막기 동작을 정확하게 수련한다.

2 막기의 종류

막기의 종류는 사람의 인체를 얼굴, 몸통, 아래로 3등분하여 구분하며 크게 얼굴막기, 몸통막기, 아래막기로 나눈다.

막는 부위에 따라 팔목으로 막으면 팔목막기, 손날로 막으면 "손날막기 , 손날등으로 막으면 "손날등막기"가 된다. 막는 방향에 따라 바깥막기, 안막기, 옆막기로 구분한다.

위와 같은 방법에 따라 막기는 다음과 같이 구분될 수 있다.

① 얼굴막기
② 몸통막기
③ 아래막기
④ 바깥막기
⑤ 안막기
⑥ 옆막기
⑦ 눌러막기
⑧ 팔목막기
⑨ 손날막기
⑩ 헤쳐막기
⑪ 거들어막기
⑫ 가위막기

4. Blocking

1 About the Block

The block is a defensive action used to stop an opponent's attack, also included in the defensive actions are movements for avoiding contact intended by the opponent. There are many different forms for blocking the opponent's attack. The most frequently used techniques are with the hands and arms. The blocking technique used depends upon the opponent's forms and technique. It is important to watch the opponent's movements in order to choose the correct type of block to use. For example: the inner wrist, outer wrist, knife hand, knife foot, or the inside of the foot.

2 The Types of Blocks

For blocking purposes, the body is divided into three sections: the high section, the middle section, and the low section. When you are blocking a strike to the face for example, it is called the High Section Block. The blocks are also named after the parts of the body used to block the opponent's strike or kick. For example the Wrist Block and the Reverse Knife Hand Block. The blocks are also named after the direction in which a block is delivered. The Outward Block, the Inside Block and the Side Block. The names of the blocks are as follows:

1. The High Section Block
2. The Middle Section Block
3. The Low Section Block
4. The Outward Block
5. The Inside Block
6. The Side Block
7. The Press Block
8. The Wrist Block
9. The Knife Hand Block
10. The Wedge Block
11. The Guarding Block
12. The Scissors Block
13. The Wrist Cross Block
14. The Diamond Block
15. The Mountain Shape Block
16. The Bull Block

⑬ 팔목 엇걸어막기
⑭ 금강막기
⑮ 산틀막기
⑯ 황소막기 등 여러가지가 있다.

3 주의 사항

① 막기를 할 때 필요 이상 자기 위치에서 벗어나지 않도록 한다.

② 상대의 공격을 막을 때는 일단 구부려서 막기(방어)의 형태에 따라 뻗는다.

③ 막는 부위를 충분히 단련하며 충격없이 상대의 공격을 막을 수 있도록 한다.

④ 막기에서는 발의 동작이 매우 중요하다. 따라서 피할 때의 보법을 정확히 익히도록 한다.

⑤ 상대의 공격을 막음과 동시에 반격을 할 수 있도록 한다.

⑥ 상대의 공격을 거리, 속도, 시간, 중심, 자세 등에 따라서 막을 수 있도록 한다.

3 Helpful Hints for Blocking

1. Don't change your posture, or move too far from your initial position.
2. When blocking with the arm for example, first cock the arm and spring it forward to the desired blocking position.
3. Condition the parts of the body used for blocking so that when it is used for the block you will not be injured.
4. Learn well the movements to be used when blocking so that the block will be most effective.
5. Learn how to use the counter attack in conjunction with the blocks.
6. When practicing blocks, learn how to properly gauge distance from the opponent as well as timing and speed of the block.

4 아래막기 동작

1) 팔목 아래막기

팔목 아래막기는 바깥팔목으로 허리 밑의 아래 부분을 어깨쪽에서 시작하여 바깥쪽으로 막는 것을 말한다. 주먹을 단단히 쥐고 팔을 구부려 반대쪽 어깨로 가져가 팔굽을 펴면서 아래쪽으로 막는다. 주로 상대의 낮은 발공격을 막는데 적합하다.

4 The Low Section Block

1) The Wrist Low Section Block

This block is used for defending the parts of the body below the waist with the outer wrist. Bend the elbow and position it in the direction of the opposite shoulder, clench the fist, and swiftly move the arm from the opposite shoulder outward while straightening the elbow. This block is used for blocking low kicks.

• 용법 / The block with actual contact

1. 준비 / Ready
2. 막으려고 한다 / The mid motion
3. 막는다 / The block

2) 한손날 아래막기

한손날 아래막기는 팔목 아래막기와 같은 방법으로 손가락을 펴서 팔을 구부려 반대쪽 어깨에서 시작하여 아래쪽으로 막는 것을 말한다. 이 때 구부렸던 팔을 펴면서 손날로 막는다. 이는 상대가 허리 아래를 공격해 왔을 때 적합한 방법이다.

2) The Knife Hand Low Section Block

This block is used for defending against an attack to the parts of the body below the waist. The block is similar to the Wrist Low Section Block except the fingers are extended and joined. The block starts from the opposite shoulder, and the elbow is bent. When blocking, the arm is straightened and moved to the blocking position to defend.

• 용법 / The block with actual contact

1. 준비 / Ready

2. 막으려고 한다 / The mid motion

3. 막는다 / The block

3) 팔목 거들어 아래막기

상대가 발이나 손으로 허리 아래를 공격해 올 때 두 주먹을 반대쪽 어깨쪽으로 올려 위에서 아래로 막음과 동시에 다른 한 팔목은 막는 팔목을 거들어 직각이 되도록 한다. 막는 부위는 바깥팔목이며 위로 두 팔을 올렸을 때 주먹과 주먹이 마주보도록 한다.

3) The Wrist Guarding Low Section Block

This block is used for defending against a strike to the parts the body below the waist. This block starts with holding the fists of both hands toward the shoulder of the non-blocking arm, then move the arms to the center position so that the fists are oriented toward each other, the blocking arm is then moved to the blocking position, and is assisted by the other hand. The outer wrist should be used for the block, and should be at 90° from the assisting arm.

• 용법 / The block with actual contact

1 준비 / Ready　2. 막으려고 한다 / The mid motion　3. 막는다 / The block

4) 손날 아래막기

손날 아래막기는 팔목 거들어 아래막기와 같은 방법으로 두 손을 반대쪽 어깨로 올려 위에서 아래로 막음과 동시에 다른 한 손은 막는 손을 거들어 직각이 되도록 한다. 이 때 거들어 주는 손은 바닥이 위로 향하게 하고 두 손을 올렸을 때는 두 손바닥이 마주보도록 한다.

• 용법 / The block with actual contact

1. 준비 / Ready 2. 막으려고 한다 / The mid motion 3. 막는다 / The block

4) The Double Knife Hand Low Section Block

This block is also used for defending against a strike or kick to the parts of the body below the waist. It is similar to the Wrist Guarding Low Section Block. The difference is that the hands are open, the fingers are extended and joined, and during the second step the palms of both hands are parallel to each other. The blocking arm is at 90° to the other hand in the last step.

5) 팔목 엇걸어 아래막기

팔목 엇걸어 아래막기는 두팔목을 X자로 엇걸어서 허리 아래의 공격을 막는 것을 말한다. 이는 양쪽 허리에서 시작하여 자기몸의 중심 하복부 앞에서 X자로 교차하여 막으며 주로 상대가 앞차기로 공격해 왔을 때 적합한 막기이다.

5) The Wrist Cross Low Section Block

This block is used for defending against an attack to the parts of the body below the waist. The wrists are crossed in front of the abdomen, then the block may be completed.

• 용법 / The block with actual contact

1. 준비 / Ready
2. 막으려고 한다 / The mid motion
3. 막는다 / The block

6) 손날 엇걸어 아래막기

팔목 엇걸어 아래막기와 같은 방법으로 두 손을 허리에서 시작하여 자기 몸의 중심 하복부 앞에서 X자로 교차시켜 손날로 막는 것을 말한다. 상대가 강하게 공격해 올 때 두 손날을 사용하여 막는다.

• 용법 / The block with actual contact

6) The Knife Hand Cross Low Section Block

This block is used for defending the parts of the body below the waist, and is very similar to the Cross Wrist Low Section Block. The fingers are extended and joined, and are placed in the same manner as the Wrist Cross Low Section Block.

1. 준비 / Ready

2. 막으려고 한다 / The mid motion

3. 막는다 / The block

7) 두팔목 아래 헤쳐막기

두팔목 아래 헤쳐막기는 두 상대가 양 옆에서 공격해 왔을 때 두팔목을 목높이에서 X자로 교차시켜 위에서 아래로 헤쳐 막는 것을 말한다. 막는 부위는 바깥팔목이며 막았을 때 주먹 등이 바깥쪽을 향한다. 위에서 아래로 헤칠 때 특히 힘있게 한다.

7) The Wrist Low Section Wedge Block

This block is used for defending against two aggressors,one on each side. The wrists are crossed in front of the neck, then moved down, and out to the blocking positions. The block should be done with power and speed.

• 용법 / The block with actual contact

1. 준비 / Ready

2. 막으려고 한다 / The mid motion

3. 막는다 / The block

8) 두손날 아래 헤쳐막기

두손날 아래 헤쳐막기는 두팔목아래 헤쳐막기와 같은 방법으로 두 상대가 양 옆에서 아래를 공격했을 때 두손을 목높이에서 X자로 엇걸어 위에서 아래로 손날로 헤쳐막는 것을 말한다.

8) The Knife Hand Low Section Wedge Block

This block is also used for blocking the kicks of two aggressors on the sides. The hands are open, and should be conducted with power and speed.

• 용법 / The block with actual contact

1. 준비 / Ready

2. 막으려고 한다 / The mid motion

3. 막는다 / The block

9) 팔목 아래 옆막기

팔목 아래 옆막기는 옆으로부터 허리 이하를 상대가 발이나 손으로 공격했을 때 팔을 구부려 반대쪽 어깨에서 시작하여 자기 몸의 옆으로 팔굽을 펴면서 막는 것을 말한다. 이 때 몸은 옆으로 바르게 하고 막는 팔목은 옆구리쪽에 있다. 막는 부위는 바깥팔목이 된다. 시선은 막는 쪽을 향한다.

9) The Wrist Low Section Side Block

This block is used to stop an attack to the side of the body. The elbow is bent and brought up to the opposite shoulder, then the arm is straightened, and moved to the side into the blocking position. The outer wrist will be used for the block. The eyes should follow the direction of the block.

• 용법 / The block with actual contact

1. 준비 / Ready
2. 막으려고 한다 / The mid motion
3. 막는다 / The block

10) 팔목 금강 아래막기

한 팔목은 얼굴을 막고 다른 한 팔목은 아래를 막는 것을 말한다. 즉 얼굴막기와 아래막기가 한 동작이 된다. 아래를 막는 팔목은 반대쪽 어깨에서 시작하여 구부린 팔굽을 펴면서 아래를 막고 얼굴을 막는 팔목은 반대쪽 옆구리에서 시작하여 얼굴을 막는다. 얼굴막기와 아래막기 모두 바깥팔목을 사용한다.

10) The Wrist Diamond Low Section Block

This block is used to defend against two opponents. One opponent attacking the face, and the other attacking the side. The two blocks must be done at the same time. The upper block is done by placing the arm in a position that is on the opposite side of the body, then move it into a blocking position just above the head. The block for the side is done by first positioning the arm near the neck on the opposite side of the body, then powerfully moving it to the blocking position. The outer wrist is used for both of the blocks.

• 용법 / The block with actual contact

1. 준비 / Ready 2. 막으려고 한다 / The mid motion 3. 막는다 / The block

11) 손날 금강 아래막기

팔목 금강 아래막기와 같은 방법으로 한손날은 얼굴을 막고 다른 한손날은 아래를 막는 것을 말한다. 이 역시 얼굴막기와 아래막기가 한 동작이 된다.

11) The Knife Hand Diamond Low Section Block

This block is the same as the Wrist Diamond Low Section Block except that the knife hand is used for both of the blocks.

• 용법 / The block with actual contact

1. 준비 / Ready

2. 막으려고 한다 / The mid motion

3. 막는다 / The block

5 몸통 막기 동작

1) 안팔목 몸통 바깥막기

상대가 발이나 손으로 몸통 부위를 공격해 올 때 몸통 안쪽에서 바깥쪽으로 안팔목을 휘둘러 막는 기술이다. 막았을 때 주먹의 높이는 자기의 어깨높이가 되고 주먹등이 앞을 향하도록 한다.

• 용법 / The block with actual contact

5 The Middle Section Block

1) The Inner Wrist Middle Section Outward Block

This block is used for defending against a strike to the trunk. The block is done by using the inner side of the wrist, and is done from the inside outward. After the block, the fist should be the same height as the shoulder.

1. 준비 / Ready

2. 막으려고 한다 / The mid motion

3. 막는다 / The block

2) 바깥팔목 몸통 안막기

상대가 발이나 손으로 몸통 부위를 공격해 올 때 바깥쪽에서 몸 안쪽으로 바깥팔목으로 막는 기술이다. 즉 주먹을 귀 옆으로 가져가 손바닥쪽이 앞으로 향하게 한 다음 팔목을 약간 안쪽으로 틀면서 주먹등이 앞을 향하게 하고 바깥팔목으로 막는 것이다.

• 용법 / The block with actual contact

2) The Outer Wrist Middle Section Inside Block

This block is used for defending against a strike to the trunk. The block is done by using the outer wrist, and is done from the outside inward. In the first step, position the fist next to the ear with the palm pointed toward the front. When executing the movements of the block, rotate the wrist so that the palm is pointed toward yourself.

1. 준비 / Ready
2. 막으려고 한다 / The mid motion
3. 막는다 / The block

3) 바깥팔목 몸통 바깥막기

상대가 손이나 발로 몸통 부위를 공격해 올 때 몸통 안쪽에서 바깥쪽으로 바깥팔목을 사용하여 막는 것을 말한다. 막았을 때 주먹의 높이는 자신의 어깨 높이가 되도록 한다. 즉 손바닥쪽이 자신의 몸을 향하게 한 다음 팔목을 약간 바깥쪽으로 틀면서 주먹등이 위로 향하게 하여 바깥팔목으로 막는다.

3) The Outer Wrist Middle Section Outward Block

This block is used for defending against a strike to the trunk. The block is done from the inside outward using the outer wrist. The block starts by crossing the wrists in front of the chest with the palm of the blocking hand pointed toward yourself, then position the arm to the side, rotating the wrist so that the palm of the hand is facing away from you. The other arm is positioned at the waist.

• 용법 / The block with actual contact

1. 준비 / Ready　2. 막으려고 한다 / The mid motion　3. 막는다 / The block

4) 한 손날 몸통 바깥막기

상대가 손이나 발로 몸통부위를 공격해 올 때 한 손날로 몸통을 막는 것을 말한다. 막았을 때 손끝의 높이는 어깨 높이가 되도록 하고 손바닥은 앞을 향하게 된다. 즉 손바닥을 자기 몸쪽으로 향하게 하여 손을 바깥쪽으로 틀면서 손날로 몸통을 막는다. 이 때 막는 손의 손가락은 곧게 펴서 손날을 만들고 엄지손가락을 약간 굽혀 둘째 손가락에 붙이도록 한다.

4) The Knife Hand Middle Section Outward Block

This block is used to defend against an attack to the trunk. The palm of the hand is pointed toward the front, and the outer knife hand is used to block. The block is done with the thumb supporting the index finger. The knife hand should be shoulder height when starting this block.

• 용법 / The block with actual contact

1. 준비 / Ready 2. 막으려고 한다 / The mid motion 3. 막는다 / The block

5) 한 손날 몸통 안막기

상대가 손이나 발로 몸통 부위를 공격해 올 때 손날을 바깥쪽에서 몸 안쪽으로 막는 것을 말한다. 막았을 때 손끝의 높이는 어깨 높이가 되며 손바닥은 위로 향하도록 한다. 즉 손가락을 펴 손바닥이 위로 향하게 하여 귀 옆에서부터 자기 몸 안쪽으로 막는 것이다.

• 용법 / The block with actual contact

5) The Knife Hand Middle Section Inside Block

This block is used for defending against an attack to the trunk. The block should be done with the hand at the same level as the shoulder, and the palm pointing downward, then rotate the arm so that the palm is pointed upward, and move the arm into the blocking position from the outside inward.

1. 준비 / Ready
2. 막으려고 한다 / The mid motion
3. 막는다 / The block

6) 안팔목 거들어 몸통 바깥 막기

상대가 몸통 부위를 공격해 올 때 안팔목으로 몸통을 막고 다른 팔목으로는 막는 팔목을 거들어 주는 것을 말한다. 이 때 거들어 주는 팔목은 직각이 되도록 한다. 이 때 두 팔목 모두 주먹등이 위로 향하게 한다. 뒤쪽에서 앞방향으로 막되 밑에 있는 팔목은 바깥쪽으로 틀면서 막고 위에 있는 팔목은 막는 팔목을 거든다.

6) The Inner Wrist Guarding Middle Section Outward Block

This block is used for defending against an attack to the trunk. The inner wrist is used for the block from inside outward, and is assisted by the other arm and fist. The blocking arm should be at 90° to the assisting arm.

• 용법 / The block with actual contact

1. 준비 / Ready

2. 막으려고 한다 / The mid motion

3. 막는다 / The block

7) 바깥팔목 거들어 몸통 바깥 막기

상대가 손이나 발로 몸통 부위를 공격해 올 때 바깥팔목을 바깥쪽으로 비틀어 막는다. 동시에 다른 팔목으로 이를 거들어 몸통 바깥막기를 한다. 막았을 때 주먹의 높이는 어깨 높이가 되며 거드는 팔목은 직각이 된다. 또한 가슴과 거드는 팔목 사이는 주먹 하나 정도가 들어가도록 사이를 띄운다. 손바닥과 손바닥은 마주 향한다.

• 용법 / The block with actual contact

7) The Outer Wrist Guarding Middle Section Outward Block

This block is used for defending against an attack to the trunk. The outer wrist is used for the block from the inside outward. The other arm is in the guarding position. In the second step, the palms are oriented toward each other. When the block is completed, the blocking fist should be the same height as the shoulder.

1. 준비 / Ready
2. 막으려고 한다 / The mid motion
3. 막는다 / The block

8) 손날 몸통막기

상대가 손이나 발로 몸통 부위를 공격해 올 때 한손날로 몸통을 막고 다른 한손날로는 막는 손을 거들어 막는 것을 말한다. 막았을 때 손끝의 높이는 어깨 높이가 되며 손바닥은 앞쪽으로 향하게 한다. 즉 손바닥과 손바닥이 마주 향하도록 하여 밑에 있는 손을 바깥쪽으로 틀면서 손날로 몸통을 막고 위에 있는 손은 막는 손날을 거들어 준다. 거들어 주는 손은 가슴으로부터 주먹하나 사이를 띄운다.

• 용법 / The block with actual contact

8) The Knife Hand Middle Section Guarding Block

This block is used for defending against an attack to the trunk. The block is done from the inside outward with the outside part of the wrist. In the second step, the blocking and guarding fist are oriented toward each other. In the last step, the blocking hand is rotated and should be at shoulder height when completed. The guarding hand is positioned in front of the abpositioned in front of the abdomen, palm up at one fist

1 준비 / Ready 2. 막으려고 한다. / The mid motion 3. 막는다 / The block

9) 바탕손 몸통 안막기

상대가 손이나 발로 몸통 부위를 공격해 올 때 바탕손으로 허리쪽에서 몸 안쪽으로 막는 것을 말한다. 막았을 때 바탕손은 복부 앞 중앙에 있도록 하고 손끝은 위로 향한다.

9) The Palm Fist Middle Section Inside Block

This block is used for defending against an attack to the trunk. The block is done with the palm fist from the outside inward. When the block is completed, the blocking hand should be pointing upward.

• 용법 / The block with actual contact

1. 준비 / Ready

2. 막으려고 한다 / The mid motion

3. 막는다 / The block

10) 바탕손 몸통 눌러막기

상대가 손이나 발로 몸통 부위를 공격해 올 때 바탕손으로 허리에서부터 몸 안쪽으로 눌러 막는 것을 말한다. 막았을 때 손은 몸 중앙에 있도록 한다. 이 때 손등은 위를 향한다.

• 용법 / The block with actual contact

10) The Palm Fist Middle Section Press Block

This block is used for defending against an attack to the trunk. The block is done with the palm fist from the outside toward the inside with a slightly downward motion. The block starts from the waist.

1. 준비 / Ready

2. 막으려고 한다 / The mid motion

3. 막는다 / The block

11) 안팔목 몸통 헤쳐막기

상대가 양손으로 어깨를 잡거나 두 주먹으로 동시에 공격해 올 때 두 팔목을 X자로 교차시켜 밑에서부터 위쪽으로 안팔목을 헤치며 막는 것을 말한다. 이 때 손바닥은 자기 몸쪽으로 향하게 교차시키고 막았을 때의 주먹은 어깨 높이가 된다. 또한 두 팔목의 사이는 어깨 넓이로 벌려진다.

11) The Inner Wrist Middle Section Wedge Block

This block is used to defend against an opponent that grabs you in the shoulder or chest area. The block starts by crossing the arms in front of the chest at the wrists. The arms are then uncrossed in an upward motion. When the block is completed, the upper arms should be to the side of the body.

• 용법 / The block with actual contact

1. 준비 / Ready 2. 막으려고 한다 / The mid motion 3. 막는다 / The block

12) 바깥팔목 몸통 헤쳐막기

상대가 두손이나 어깨 또는 목을 잡거나 양주먹으로 공격해 올 때 두 팔목을 X자로 가슴앞에서 엇갈려 바깥팔목으로 막는 것을 말한다. 즉 두 팔목을 X자로 엇갈렸을 때 주먹등이 앞을 향하게 하고 두 팔목을 바깥쪽으로 틀면서 주먹등이 위로 향하게 한다. 이 때 주먹은 어깨 높이가 되고 막았을 때 두 팔목의 사이는 자기 어깨 넓이가 되도록 벌린다.

12) The Outer Wrist Middle Section Wedge Block

This block is also used to defend against an attack to the chest or shoulders. The arms are crossed at the wrists in front of the neck, palms toward the body. Then uncross the arms, and rotate the wrists so that the palms will be pointed downward. The block is done from the inside outward, and the outer wrists will be used for the block. When the block is completed, the fists should be shoulder width apart.

• 용법 / The block with actual contact

1. 준비 / Ready 2. 막으려고 한다 / The mid motion 3. 막는다 / The block

13) 손날등 몸통 헤쳐막기

안팔목 몸통 헤쳐막기와 같은 방법으로 상대가 어깨를 잡거나 두 주먹으로 공격해 올 때 두 손을 X자로 교차시켜 손날등을 바깥쪽으로 헤쳐 막는 것을 말한다. 두 손날등의 넓이는 자기 어깨 넓이가 된다. 이 때 손끝은 어깨 높이에 있다. 즉 두 손바닥을 몸쪽으로 향하게 하여 X자로 교차시킨 다음 손바닥이 위로 향하도록 헤쳐 막는다.

• 용법 / The block with actual contact

13) The Reverse Knife Hand Middle Section Wedge Block

This block is used for defending against an attack to the chest or shoulders. The knife hand is used for the block. Both wrists are first crossed in front of the abdomen, and the palms of the hands are toward the body. In the second step, rotate the arms upward in front of the neck using the wrists as a pivot. The final step is done by moving the arms outward keeping the palms up. When the block is completed, the hands should be at shoulder height, and shoulder distance apart.

1. 준비 / Ready
2. 막으려고 한다 / The mid motion
3. 막는다 / The block

14) 팔목 금강 몸통막기

두 상대가 얼굴과 몸통 부위를 공격해 올 때 한 팔목으로는 몸통을 막고 다른 한 팔목으로는 얼굴을 동시에 막는 것을 말한다. 두 주먹등 모두 위를 향한다. 뒤쪽으로 나가 있는 손을 위로 올리면서 바깥팔목으로 얼굴을 막고 옆구리 쪽에 있는 손은 바깥쪽으로 틀며 안팔목으로 몸통 바깥막기를 동시에 한다.

• 용법 / The block with actual contact

14) The Wrist Diamond Middle Section Block

This block is used for blocking two attacks; one to the face, and the other to the trunk by two separate opponents. The blocks are done by using the wrists. The wrist blocking the attack to the face, and is done from the outside inward while the wrist blocking the attack to the trunk, is done from the inside outward. Both blocks are done by using the outer part of the wrist.

1. 준비 / Ready
2. 막으려고 한다 / The mid motion
3. 막는다 / The block

15) 손날 금강 몸통막기

팔목 금강 몸통 막기와 같은 방법으로 상대가 얼굴과 몸통 부위를 공격해 올 때 한손날은 얼굴을 막고 다른 한 손날은 동시에 몸통을 막는 것을 말한다. 막는 부위는 손날이고 얼굴막기와 몸통막기는 동시에 이루어져야 한다.

• 용법 / The block with actual contact

15) The Knife Hand Diamond Middle Section Block

This block is used to defend against two separate opponents in the same manner as is done in the Wrist Diamond Middle Section Block. The only difference is that the hands form the knife hand instead of the fist.

1. 준비 / Ready
2. 막으려고 한다 / The mid motion
3. 막는다 / The block

16) 손바닥 거들어 몸통 바깥 막기

상대가 강하게 몸통 부위를 공격해 올 때 막는 팔의 바깥 팔목에 손바닥을 대어 안팔목을 사용하여 바깥쪽으로 막는 것을 말한다. 막는 부위는 안팔목이고 주먹은 어깨 높이가 되게 한다. 즉 상대의 강한 공격을 한 팔목으로는 막고 다른 한 손으로는 막는 손을 거들어 효과적으로 막기 위한 방법이다.

16) The Palm of the Hand Guarding Middle Section Outward Block

This block is used for defending against an attack to the trunk, usually a kick. The block is done from the inside toward the outside using the outer wrist, and is assisted by the other hand. When the block is completed, the blocking palm of the hand should be shoulder height.

• 용법 / The block with actual contact

1. 준비 / Ready
2. 막으려고 한다 / The mid motion
3. 막는다 / The block

6 얼굴막기 동작

1) 팔목 얼굴막기

상대가 손이나 발로 얼굴 부위를 공격해 올 때 막는 손의 반대쪽 옆구리에서 이마 위로 팔목을 비틀어 올려 '바깥팔목으로 얼굴을 막는 것을 말한다. 막았을 때 이마와 팔목은 주먹 하나가 들어갈 정도로 사이를 띄운다.

6 The High Section Block

1) The Wrist High Section Block

This block is used for defending against a strike to the face. The block is done by using the outer part of the wrist from the inside toward the outside. The blocking fist is positioned underneath the other fist, then is moved outward in a slightly upward motion. When the blocking wrist passes the other fist, it should be no more than one fist distance apart.

• 용법 / The block with actual contact

1. 준비 / Ready
2. 막으려고 한다 / The mid motion
3. 막는다 / The block

2) 바깥팔목 얼굴 바깥막기

상대가 손이나 발로 얼굴 부위를 공격해 올 때 바깥팔목으로 어깨와 팔꿈치가 수평이 되게 자기 몸의 앞쪽으로 막는 것을 말한다. 얼굴막기와 같이 바깥팔목을 바깥쪽으로 비틀며 손바닥쪽이 앞을 향하게 막는다.

2) The Outer Wrist High Section Outward Block

This block is used to defend against an attack to the face. The outer part of the wrists are used to do the block. The block is done from the inside toward the outside. When the block is completed, the fists should be head level, and the shoulders should be parallel to the ground.

1 준비 / Ready

2. 막으려고 한다 / The mid motion

3. 막는다 / The block

3) 팔목 엇걸어 얼굴막기

상대가 얼굴 부위를 공격해 올 때 허리에서부터 시작 이마 위에서 X 자로 팔목을 교차시켜 얼굴을 막는 것을 말한다. 막았을 때 팔목의 교차점이 이마 앞 중앙에 있도록 한다. 이마와 팔목의 사이는 주먹 하나 들어갈 정도로 띄운다.

3) The Cross Wrist High Section Block

This block is used to defend against an attack to the face. The block is done from the inside toward the outside. In the first step, the arms are crossed at the wrists just in front of the neck. The arms then are rotated toward the outside, and the block is done with the outside part of the wrists.

1. 준비 / Ready
2. 막으려고 한다 / The mid motion
3. 막는다 / The block

4) 안팔목 거들어 얼굴 바깥막기

상대가 얼굴 부위를 공격해 올 때 안팔목을 바깥쪽으로 틀며 막는 얼굴을 것을 말한다. 막았을 때 막은 팔의 팔꿈치는 어깨 높이와 수평이 되게 하고 손바닥은 자기 얼굴을 향하도록 한다. 그리고 거드는 팔은 직각이 되도록 하고 자기 몸과 거드는 팔의 사이는 주먹 하나 들어갈 정도로 띄운다.

• 용법 / The block with actual contact

4) The Inner Wrist Guarding High Section Outward Block

This block is used to defend against an attack to the face. The block is done from the inside toward the outside, and is done with the outer part of the wrist. The opposite arm is brought back in the first step, and is then moved across the body to create momentum and power for the blocking arm. The blocking arm is to be parallel to the ground when the block is completed.

1. 준비 / Ready

2. 막으려고 한다 / The mid motion

3. 막는다 / The block

5) 한손날 얼굴막기

상대가 손이나 발로 얼굴 부위를 공격해 올 때 손날을 막는 손의 반대쪽 옆구리에서부터 얼굴 위로 올려 막는 것을 말한다. 막았을 때 이마 위로 주먹 하나 정도 올려서 막는다.

• 용법 / The block with actual contact

5) The Knife Hand High Section Block

This block is used to defend against an attack to the face. The block starts with the blocking hand being placed under the other hand while in the Back Stance, then the blocking arm is moved from the inside to the outside. The outer part of the hand is used for the block. When the block is completed, the hand should be above the forehead.

1. 준비 / Ready
2. 막으려고 한다 / The mid motion
3. 막는다 / The block

6) 한손날 얼굴 바깥막기

상대가 손이나 발로 얼굴 부위를 공격해 올 때 손날을 막는 손의 반대쪽 옆구리에서부터 몸 앞으로 올려 막는 것을 말한다. 몸을 틀며 막았을 때 팔꿈치가 어깨와 수평이 되게 한다. 손등은 바깥쪽을, 손끝은 위를 향하게 한다.

6) The Knife Hand High Section Outward Block

This block is used to defend against an attack to the face. The blocking hand forms the knife hand, and the other hand forms a fist. The block is done from in front of the body forward. The outside part of the hand is used for the block. When the block is completed, the elbow should be the same height as the shoulder.

• 응법 / The block with actual contact

1. 준비 / Ready

2. 막으려고 한다 / The mid motion

3. 막는다 / The block

7) 손날 엇걸어 얼굴막기

상대가 손이나 발로 얼굴 부위를 공격해 올 때 두 손날을 양옆구리에서부터 얼굴 위로 X자로 교차시켜 얼굴을 막는 것을 말한다. 막았을 때 두 손날의 교차점은 이마의 중앙이다. 머리와 막는 손의 간격은 위로 주먹 하나 들어갈 정도를 띄운다.

7) The Knife Hand Cross High Section Block

This block is used to defend against an attack to the face or head. The block is done by crossing the arms at the wrists in front of the chest, and then lifting them upward. The outer wrists will be used to do the block. When the block is completed, the crossed wrists will be approximately one fist distance from the forehead.

• 용법 / The block with actual contact

1. 준비 / Ready

2. 막으려고 한다 / The mid motion

3. 막는다 / The block

7 기타 막기 동작

1) 가위막기

한 팔목으로는 아래를 막고 다른 한 팔목으로는 몸통을 막는 것을 말한다. 아래를 막는 팔목은 반대쪽 어깨쪽으로 가져가되 몸통을 막는 팔목을 반대쪽의 옆구리에서 들어올려 두 팔목을 교차시킨다. 그 다음 아래를 막는 팔목은 바깥팔목으로, 몸통을 막는 팔목은 안팔목으로 동시에 막도록 한다.

7 Miscellaneous Blocks

1) The Scissors Block

This block is used to block against a strike to the trunk and a strike to the lower body simultaneously. The Low Section Block is done with the outer wrist, and is first positioned to the opposite side of the body. The block will be done from the inside toward the outside. The Middle Section Block is done with the inner wrist from the inside toward the outside.

• 용법 / The block with actual contact

1. 준비 / Ready

2. 막으려고 한다 / The mid motion

3. 막는다 / The block

2) 산틀막기

상대가 얼굴 부위를 공격해 올 때 한 팔목은 안팔목으로, 다른 한 팔목은 바깥팔목으로 얼굴을 막는 것을 말한다. 막았을 때는 山자의 모양이 되게 하며 좌우의 팔꿈치와 양 어깨가 수평이 되게 하고 양팔은 평행이 되도록 한다. 이 때 두 손바닥이 마주 향하도록 한다.

2) The Mountain Shape Block

This block is used to defend against an attack to the face. The arms are parallel with each other, and the block is done from one side of the body toward the center. The inner part of the wrist will be used for the block for the leading wrist, the trailing wrist will use the outer part. When the block is completed, the elbows will be shoulder height.

• 용법 / The block with actual contact

1. 준비 / Ready

2. 막으려고 한다 / The mid motion

3. 막는다 / The block

3) 엇걸어 산틀막기

두 팔을 X자로 교차시켜 좌우로 벌려서 안팔목으로 얼굴 부위를 힘차게 막는 것을 말한다. 막았을 때는 양 어깨와 팔꿈치가 수평이 되게 하며 두 팔은 나란하도록 한다. 그리고 두 주먹은 손바닥이 마주 향하도록 한다.

3) The Mountain Shape Cross Block

This block is used to defend against an attack to the face. The wrists are first crossed in front of the neck, then uncrossed and moved to the blocking position to the sides. When the block is completed, the elbows are shoulder level, and the palms are facing each other.

• 용법 / The block with actual contact

1. 준비 / Ready
2. 막으려고 한다 / The mid motion
3. 막는다 / The block

4) 외산틀막기

외산틀막기는 한 팔목으로는 아래를 막고 다른 한 팔목으로는 얼굴을 막는 것을 말한다. 아래를 막는 팔목은 바깥 팔목으로 막고, 얼굴을 막는 팔목은 안팔목으로 막는다. 얼굴을 막은 쪽의 팔꿈치는 어깨와 수평이 되게 하고 주먹등은 바깥쪽을 향하게 한다.

• 용법 / The block with actual contact

4) The Part Mountain Shape Block

This block is used to defend against an attack to the face and an attack to the trunk simultaneously. The High Section Block is done with the outer wrist from the inside toward the outside, and when completed, the elbow is shoulder height. The Middle Section Block is done with the inner wrist from the opposite shoulder toward the outside. When completed, the fist should be pointed downward.

1. 준비 / Ready
2. 막으려고 한다 / The mid motion
3. 막는다 / The block

5) 멍에빼기

5) The Raise Elbow Escape

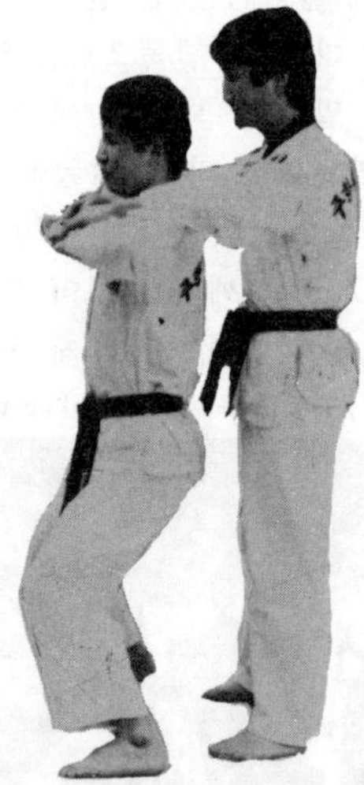

• 용법 / The Raise Elbow Escape with actual contact

1 2 3

6) 바위밀기

6) The Push Boulder

1 2 3

7) 큰 돌쩌귀

7) The Large Hinge Shape

1 2 3

8) 작은 돌쩌귀

8) The Small Hinge Shape

1 2 3

9) 보주먹
9) The Covering Fist

10) 겹손
10) The Pile of Palm Fist

보주먹 / The Covering Fist

겹손 / The Pile of Palm Fist

KOR

5. 발차기 동작

1 발차기에 대하여

태권도에 있어서의 발차기는 특히 다양하고 좋은 묘기술(妙技術)을 구사할 수 있으며 다른 무술보다 뛰어난 기술이다. 발차기는 주로 공격에 사용되나 방어에도 다양한 기술이 있으며, 이에 숙달되기 위해서는 무엇보다도 많은 노력이 필요하다. 또한 발차기에는 무엇보다도 유연성(柔軟性), 중심(中心), 안전성(安全性), 민첩성(敏捷性) 등이 요구된다.

태권도 경기에서 70% 이상을 차지하는 발차기 기술은 제자리에서, 움직이면서, 뛰어서, 4 방향차기, 공중 연속차기 등이 있다.

발차기는 앞축, 발끝, 발등, 발날, 뒤축, 발안쪽으로 차는데 발차기의 특색에 따라 차는 부위도 달라지게 된다. 그러므로 정확하게 익혀야 하며, 처음에는 무리가 가지 않도록 충분한 준비 운동을 하고 수련에 들어가도록 한다.

2 주의 사항

① 차고자 하는 목표를 정한다.

② 목표에 대한 거리 조정을 정확히 한다.

③ 발을 찬 후에는 즉시 발을 회수하여 상대에게 잡히지 않도록 하며 다음 동작을 위하여 준비 자세를 취한다.

④ 시선(視線)은 목표물을 끝까지 주시한다.

⑤ 발을 찰 때 두 손은 자기 몸에서 벗어나지 않도록 하여 상대의 공격을 방어할 수 있도록 한다.

⑥ 중심(中心)을 잃지 않도록 한다.

⑦ 무릎에서 나오는 탄력(彈力)을 최대한으로 이용한다.

⑧ 차는 순간 서 있는 발은 고정시키고 발뒤꿈치가 위로 들리지 않도록 한다.

⑨ 서 있는 다리는 완전히 펴지 않고 약간 구부리도록 한다.

3 발차기의 종류

발차기에는 다음과 같은 종류가 있다.

① 앞차 올리기

5. Kicking

1 About the Kick

There are many types of kicks and kicking forms in Tae Kwon Do. Tae Kwon Do is based predominantly on kicking more than any other martial art. Mostly the kicks are used for attacking, however, there are many techniques, some of which are defensive in nature. In order to be an expert kicker much time must be spent practicing. Some of the traits of a good kicker are: flexibility, correct distribution of body weight, stability and quickness. During competition, 70% of the total grading score is computed from the style, form, and variety of the kicks. There are many different types of kicks: the standstill kicks, moving kicks, running kicks, four directional kicks, and flying kicks. All of the aforementioned kicks have variations. There are also variations for the area of the feet used for each kick: the front sole, the toes, the instep, the knife foot, the back sole, and the inside of the foot. It is imperative that prior to the kicking practice a warm up and stretching session is done.

2 Helpful Hints for Kicking

1. Aim at the target.
2. Estimate the distance between you and the target.
3. Immediately after the kick, retract the foot so that the opponent can not grab the foot, and be ready for the next movement.
4. Keep your eyes fixed on the target.
5. Ensure that while kicking, it is still possible to block with the hands.
6. Maintain balance while kicking.
7. Use the knee to its maximum flexibility.
8. Keep the balancing foot flat on the floor while kicking.
9. The standing leg should be slightly bent at the knee while kicking.

3. The Types of Kicks

1. The Front Rising Kick
2. The Front Snap Kick
3. The Turning Kick

② 앞차기
③ 돌려차기
④ 옆차기
⑤ 찍어차기
⑥ 뒤차기
⑦ 몸돌려 차기
⑧ 후려차기
⑨ 반달차기
⑩ 비틀어차기
⑪ 잡고차기
⑫ 밀어차기
⑬ 거듭차기
⑭ 뛰어 앞차기
⑮ 뛰어 돌려차기
⑯ 뛰어 옆차기
⑰ 뛰어 몸돌려차기
⑱ 모듬발 앞차기
⑲ 모듬발 옆차기
⑳ 일자차기
㉑ 가위차기
㉒ 굴러 앞차기
㉓ 굴러 돌려차기
㉔ 굴러 옆차기

4. The Side Kick
5. The Hook Kick
6. The Back Kick
7. The Back Turn Around Kick
8. The Whip Kick
9. The Cresent Kick
10. The Twist Kick
11. The Holding (Grasp) Kick
12. The Pushing Kick
13. The Double Kick
14. The Jump Front Snap Kick
15. The Jump Turning Kick
16. The Jump Side Kick
17. The Jump Turn Around Kick
18. The Double Foot Close Front Snap Kick
19. The Double Foot Close Side Kick
20. The One Word Kick
21. The Scissors Kick
22. The Rolling Front Snap Kick
23. The Rolling Turning Kick
24. The Rolling Side Kick

4 발차기의 동작

1) 발올리기

발올리기는 앞차올리기와 옆차올리기로 구분하며 근육을 단련하는데 쓰인다. 또한 다른 발차기를 위한 발차기로도 사용되며, 방어에도 이용된다.

4 Description of the Kicks

1) The Front Rising Kick

This kick is used mostly to condition the muscles for more difficult kicks. The kick has two forms: the Front Rising Kick,the Side Rising Kick. The kicks are used mostly for defense.

1. 준비/ Ready 2. 올린다/Raising the leg 3. 찬다/The kick 4. 내린다/Lowering the leg 5. 준비 자세로/ Return to the Re stance

• 용법 / The kick with actual contact

2) 찍어차기

찍어차기는 안에서 밖으로 또는 밖에서 안으로 발을 높이 들어 발바닥이나 뒤꿈치로 차는 방법을 말한다. 공격 목표는 주로 상대의 얼굴이나 가슴이며 동등한 키나 작은 상대를 공격하는데 적합하다. 찍어찰 때는 아래로 힘있게 빠른 속도로 차도록 한다. 다리의 유연성이 필요하며 허리의 유연성도 있어야 한다.

2) The Hook Kick

This kick is done from the inside outward using the heel of the foot, or from the outside inward using the inside part of the foot. The kick is to be done quickly with power. This kick requires maximum flexibility of the waist and leg, and is most effective against opponents of the same size as the kicker or smaller.

1. 준비/Ready
2. 안으로 올린다/Raising the leg toward the inside
3. 찬다/The kick
4. 내린다/Lowering the leg
5. 준비 자세로/Return to the Read[y] Stance

• 용법 / The kick with actual contact

1. 준비 / Ready

2. 밖으로 올린다 /
Raising the leg toward
the outside.

1 2

3. 찬다 / The kick

4. 내린다 / Lowering the leg

5. 준비 자세로 / Return to the Ready Stance

• 용법 / The kick with actual contact

3

4

3) 앞차기

앞차기는 자기 몸 정면 앞으로 앞축 또는 발등, 발끝으로 차는 것을 말한다.

앞축으로 차는 앞차기는 발가락을 위로 제쳐 올리고 앞축으로 차며 무릎을 구부려 높이올려 발이 놓여 있던 위치로 부터 목표까지는 직선이 되도록 무릎을 튀겨서 찬다. 공격의 목표는 주로 얼굴, 턱, 명치, 복부인바 공격의 형태에 따라 낭심과 무릎 관절 아래도 찰 수 있다.

너무 높은 곳을 차게되면 앞축이 공격 부위로부터 벗어나게 되고 너무 먼 거리를 차게 되면 목표에 닿기도 어렵지만 다른 동작으로 빠르게 전환할 수가 없어 위력이 크게 줄어든다.

3) The Front Snap Kick

This kick is done by kicking directly in front of the body with the sole, instep, or the toes. When the front kick is done with the sole of the foot, the toes must be pointed upward with the knee bent. After the kick, the foot should be returned to the ready position to be ready for a counter attack. If this kick is done too high, the kick will be increasingly inaccurate. This kick is used for attacking the face, jaw, solar plexus, abdomen, groin area, or the joints of the knee.

1. 준비 / Ready
2. 올린다 / Raising the leg
3. 찬다 / The kick
4. 내린다 / Lowering the leg.
5. 준비 자세로 / Return to the Ready Stance

옆모습 / Side view

앞차기의 용법 / The Front Snap Kick with actual contact

1
2
3

4) 돌려차기

돌려차기는 앞으로 돌려차기와 뒤로 몸돌려차기의 2가지로 구분된다. 앞으로 돌려차기는 발등 또는 앞축으로 차는 것이며 뒤로 몸돌려차기는 발바닥이나 뒤축으로 차게 된다. 앞으로 몸을 반쯤 돌리고 발도 반원을 그리며 차는데 공격 목표는 주로 얼굴, 몸통, 양옆구리 등이다. 찰 때는 중심을 잃지 않도록 하고 차고 난 뒤에는 즉시 다리를 구부린다.

4) The Turning Kick

This kick has two variations; the Front Turning Kick done using the instep or front sole of the foot, and the Back Reverse Turning Kick done using the inside part of the foot or the back part of the sole. The kick is done by turning the body and kicking foot in a half circle type motion. After doing the kick, the kicking foot should be returned immediately to the ready position. Maintaining balance is very important while doing this kick. The kick is used for attacking the face, trunk, or the sides.

1. 준비 / Ready
2. 올린다 / Raising the leg
3. 발등으로 찬다 / The kick using the instep
4. 내린다 / Lowering the leg
5. 준비 자세로 / Return to to the Ready Stance

5) 옆차기

옆차기는 몸의 측면으로 발날 또는 뒤꿈치로 차는 방법을 말한다. 옆으로 찼을 때는 발끝이 뒤축보다 약간 낮게 되도록 하며, 높은 목표를 찰 때는 서 있는 다리의 균형을 유지할 수 있도록 몸을 반대 방향으로 기울인다. 발을 찰 때 먼저 다리(무릎)를 안쪽으로 구부림과 동시에 몸을 안쪽으로 돌리고 측면으로 찬다. 이 때 차고난 발은 즉시 처음과 같이 구부리도록 한다. 발날로 찰 때에는 발가락을 안으로 힘주어 오므리고, 뒤꿈치로 찰 때에는 발가락을 위로 제쳐서 찬다. 공격의 목표는 주로 얼굴, 턱, 명치, 복부, 옆구리 등이며 공격의 형태에 따라 상대의 무릎 관절도 찰 수 있다.

5) The Side Kick

This kick is done using the back sole or the knife foot,and is done by kicking to the side and turning the body. When the kick is done using the knife foot, the toes should be bent under the foot, and if using the back sole, the toes should be bent upward. This kick is used for attacking the face, jaw, solar plexus, abdomen, sides, or the knee.

1. 준비/Ready 2. 올린다/Raising the leg 3. 뒤축으로 찬다/The kick using the heel 4. 내린다/Lowering the leg 5. 준비 자세로/R... urn to the Ready S...

• 용법 / The kick with actual contact

1

2

3

7) 후려차기

후려차기는 발을 안에서 밖으로 곡선을 그리며 얼굴 또는 몸통을 발바닥이나 뒤꿈치로 후리며 돌려차는 기술이다.

앞돌려차기의 반대 기술로 일명 "반대 돌려차기"라고도 한다.

7) The Whip Kick

This kick is done in a curved type motion from the inside toward the outside. The kick may be done using the inside part of the foot or the back sole, and is used for attacking the face or trunk. This kick is the opposite of the Front Turning Kick, so it is sometimes called the Reverse Turning Kick.

1. 준비 / Ready
2. 올린다 / Raising the leg
3. 찬다 / The kick
4. 내린다 / Lowering the leg
5. 준비 자세로 / R urn to the Ready Stance

• 용법 / The kick with actual contact

1

2

3

6) 뒤돌아 옆차기

뒤돌아 옆차기는 몸을 뒤돌아서 옆차기하는 것으로 방법은 옆차기와 같고 공격 부위는 발날과 뒤꿈치가 된다. 공격의 목표는 주로 얼굴, 몸통, 옆구리 등이다. 몸을 뒤로 돌릴 때 중심을 유지하도록 하며, 상대의 공격을 받아 차기에 적합한 발기술로써 경기에서 많이 사용된다.

6) The Back Turning Side Kick

This kick is done using the back sole or the knife foot. The kick is done by turning the body to the side, and bending slightly to the rear then kicking. This kick is used quite frequently in competition as a defensive technique. Particular attention should be used to maintain balance when using this kick. The kick may also be used for attacking the face, trunk, or the sides.

1. 준비 / Ready 2. 뒤로 돌려고 한다 / The turning motion 3. 올린다 / Raising the leg 4. 찬다 / The kick 5. 내린다 / Lowering the leg 6. 준비 자세로 / Return to the Ready Stance

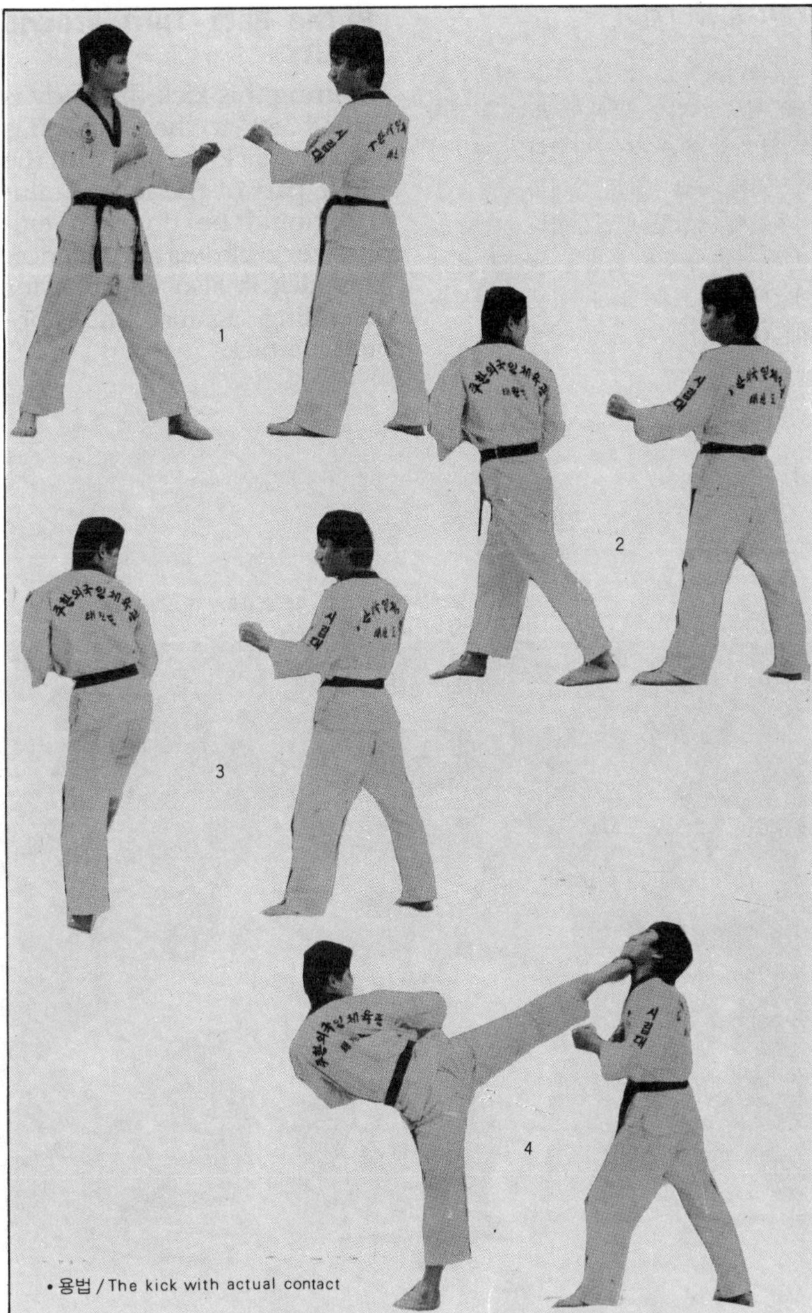

• 용법 / The kick with actual contact

8) 몸돌려차기

몸돌려사기는 몸과 발을 뒤쪽으로 360° 원을 그리며 발바닥 또는 뒤꿈치로 얼굴을 차는 것을 말한다. 뒤돌아 옆차기와 마찬가지로 상대의 공격을 받아치는데 적합한 발기술이다. 몸의 균형과 중심 유지에 신경을 써야 하며 무엇보다도 빠르게 찰 수 있도록 속도를 기른다.

8) The Back Turn Around Kick

During this kick, the body is turned 360° to the rear, and is used to attack the face with the inside part of the foot. Training should be done to emphasize quickness and balance. This kick is also effective for defending against the oppnent's attack.

1 준비 / Ready

2. 뒤로 돌려고 한다 / The turning motion

3. 차려고 한다 / The mid motion

• 용법 / The kick with actual contact

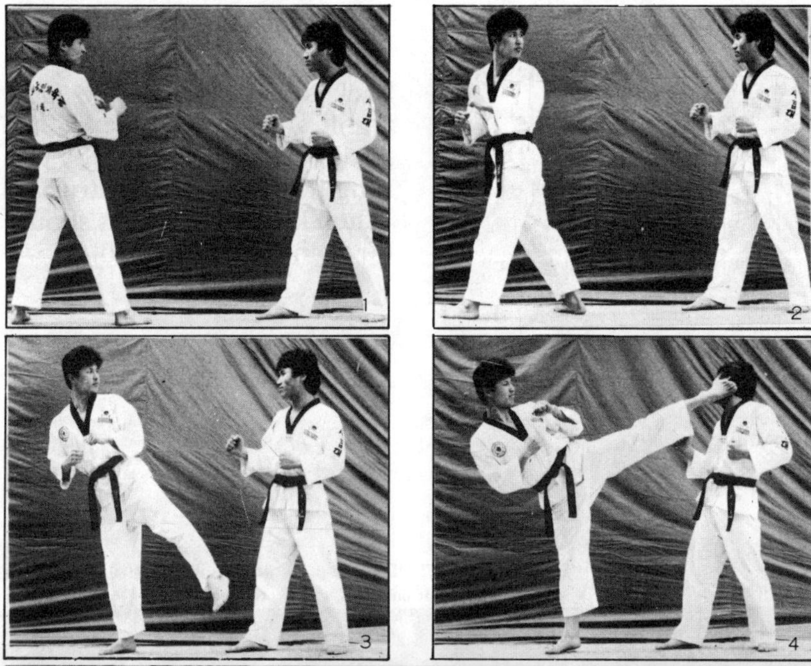

4. 찬다 / The kick

5. 내린다 / Lowering the leg.

6. 준비 자세로 / Return to the Ready Stance

9) 뒤차기

뒤차기는 뒤돌아 옆차기와 비슷하나 몸을 뒤로 반만 돌려 뒤꿈치로 차는 것을 말한다. 공격의 목표는 얼굴, 몸통, 아래 등을 공격하며 몸을 뒤로 돌림과 동시에 발을 구부리고 발끝이 아래쪽으로 향하게 하여 뒤꿈치로 찬다.

9) The Back Kick

This kick is done using the back sole to attack the face, trunk, or lower part of the body. The kick is done by turning the body 360° rearward. When kicking, the toes should be pointed downward.

1. 준비 / Ready

2. 뒤로 돌려고 한다 / The turning motion

3. 올린다 / Raising the leg

• 용법 / The kick with actual contact

4. 찬다 / The kick

5. 내린다 / Lowering the leg

6. 준비 자세로 / Return to the Ready Stance

PART Ⅰ
Palgwe Poomse

1. 팔괘 1장	**Palgwe 1 Jang**
2. 팔괘 2장	**Palgwe 2 Jang**
3. 팔괘 3장	**Palgwe 3 Jang**
4. 팔괘 4장	**Palgwe 4 Jang**
5. 팔괘 5장	**Palgwe 5 Jang**
6. 팔괘 6장	**Palgwe 6 Jang**
7. 팔괘 7장	**Palgwe 7 Jang**
8. 팔괘 8장	**Palgwe 8 Jang**

팔괘 품새

태권도를 수련하는 사람은 첫째 평화의 상징, 둘째 배달의 정신(단일성), 세째 창조의 정신, 네째 광명의 정신, 다섯째 무궁의 정신 등으로 우리의 국기를 상징한 태극(太極)의 5대 정신을 함양해야 한다.

우주는 무한히 넓고 크며, 그곳에서 우러나오는 조화는 이루 말할 수 없는 신비로움에 쌓여 있다. 《주역(周易)》에는 자연계(自然界) 및 인사계(人事界)의 모든 현상을 여덟 가지의 상(像)으로 우주의 섭리를 그대로 표현한 팔괘(八卦)가 있다.

팔괘는 태극(太極: 음양 변화의 근원)으로부터 분할된 것이다. 즉 태극으로부터 분할된 음(陰)과 양(陽)에 각각 다시 음과 양을 겹쳐 사상(四象)으로 되고 그것이 다시 8괘를 만드는 것이다. 태극이란 동양 철학에서의 우주관, 즉 만물의 생성 및 소멸을 설명하는 것인바, 「태(太)」는 「시작」을, 「극(極)」은 무궁함 다시 말해 끝없는 시간을 가리킨다.

천지(天地)가 이루어지기 전의 우주는 무색(無色), 무형(無形), 무미(無味)의 모호한 상태였으니, 이것을 혼돈(混沌) 또는 무극(無極)이라고 한다. 이윽고 이것이 하나로 모여 기(氣)가 되고, 움직이니 「양(陽)」이 되고, 움직임이 최고에 이르러 「음(陰)」이 되었다. 양의 정기는 불이고, 태양(太陽)은 해가 되었으며 이는 곧 하늘이다. 음의 정기는 물이고, 태음(太陰)은 달이 되었으며, 이는 곧 땅이다.

태극(太極)이 음양의 두 가지로 나뉘어지는 것을 「양의(兩儀)」라고 하며, 다시 넷으로 나누어져 「사정(四正)」이 된다. 사정은 다시 동(東=震), 서(西=兌), 남(南=離), 북(北=坎), 동북(東北=艮), 동남(東南=巽), 서북(西北=乾), 서남(西南=坤)으로 나누어지며 이것을 합하여 「팔괘(八卦)」라 한다.

그리하여 음과 양은 하나로 합해지고 또한 떨어짐을 영원히 되풀이하면서 다시 금(金), 수(水), 목(木), 화(火), 토(土)의 다섯 가지 물질을 생성했으며, 이 다섯 물질의 기가 서로 얽혀 만물이 탄생되었다. 이들은 서로 상생(相生: 서로 낳게 하는 연관 관계)과 상극(相剋: 서로 화합하지 못하고 충돌하는 관계)의 관계를 갖는다.

즉 상생 관계(相生關係)란 나무(木)에서 불(火)이 발생하고, 불에 의하여 재(土)가 생기고, 흙에서 금속(金)이 나오고, 금속의 표면에서 물(水)이 생기고, 물은 나무(木)를 성장시키는 것과 같은 상호 관계를 말한다.

WHAT IS PALGWE?

Tae Kwon Do practicers must learn the idealisms of Taegeuk: pacifism, unity, creative spirit, future spirit, and eternity.

The universe is more vast than we can imagine, and the creation and wonders of nature are mysterious.

The Chinese Philosophy book "the Book of Change", explains the 8 Gwe and the appearance of nature and the world.

The 8 Gwe (Palgwe) originate from Taegeuk, and Taegeuk is the root of all creation. Male and female were created from Taegeuk, 4 Gwe were created from the male and female as such the other Gwe were created from other direct creations of Taegeuk.

The Cosmos had no color or form, and had no beginning or end prior to the world being produced. After the world was produced, male was produced from its energies, and then female was produced. The belief is that the spiritual energy of the male was fire. Female was produced by the maximum of all the motions, and the spiritual energy was water. The male in essence is the spirit of all that of the sun and sky, while the female is the spirit of the moon and the earth. It is believed that male and female are derived from Taegeuk.

The 8 "Gwe" are: Keon, Tae, Ri, Jin, Seon, Gam, Gan, and Gon. The 8 "Gwe" represent the heaven and sky, water (marsh or lake), fire; the sun, light, thunder, wind; wood, water (springs, streams), mountains and hills, and the earth. The "Palgwe" also represents the eight cardinal, and intercardinal directions (North, South, East, West, North East, etc.) The elements of metal, water, wood, fire, and earth are believed to be derived from the combination of the male and female spirits, and the elements relate to each other in the following theories of helping each other to be produced; fire from wood, wood from water, water from metal, metal from earth, and earth from fire. Another theory which is the destructive theory is as follows; fire melts metals, wood takes nourishment from the earth, water extinguishes fire, metal cuts wood, and the earth blocks water. Taegeuk, in addition follows the law of nature called "The Yin Yang theory" (the negative and positive, and the male and

상극 관계(相尅關係)란 물(水)은 불(火)을 끄고, 불은 금속(金)을 녹이며, 금속은 나무(木)를 자르고, 나무는 흙(土)으로부터 양분을 얻으며, 흙은 물(水)을 막는 것과 같은 관계를 말한다.

위와 같은 이론은 자연의 법칙으로서 우주 만물이 이와 같은 법칙에 의해서 끊임없이 변화 생멸(生滅)되며 「태극설」, 「음양설」, 「오행설」 등으로 불린다.

이상과 같이 팔괘 품세는 우주 철학(宇宙 哲學)의 근본 원리인 음과 양의 진리(眞理)를 도입, 응용하여 엮어진바 그 내용은 다음과 같다.

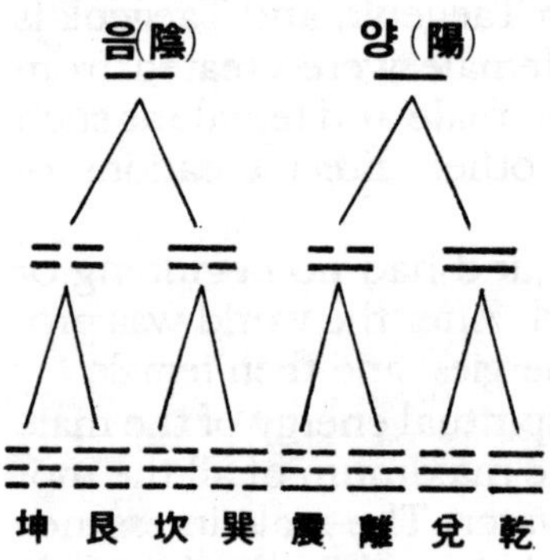

팔괘(八卦)

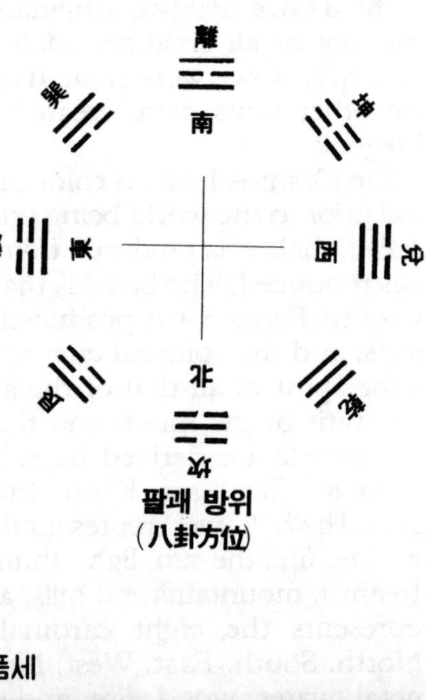

팔괘 방위
(八卦方位)

팔괘 품세

품 세	괘	품세진행연무선	동 작 수
팔괘 1장	건(乾 : ☰)	工	20품 20동작
팔괘 2장	태(兌 : ☱)	工	20품 26동작
팔괘 3장	이(離 : ☲)	工	22품 22동작
팔괘 4장	진(震 : ☳)	工	24품 28동작
팔괘 5장	손(巽 : ☴)	土	35품 39동작
팔괘 6장	감(坎 : ☵)	工	19품 27동작
팔괘 7장	간(艮 : ☶)	⊥	23품 29동작
팔괘 8장	곤(坤 : ☷)	干	35품 40동작

female). Also included in the theories of Taegeuk are the theories of "The Great Absolute" and the "Ohaeng theory" (the five primary elements).

Palgwe Poomse follows the aforementioned theories, and is integrated into the techniques of actions. The Palgwe Poomse is as follows:

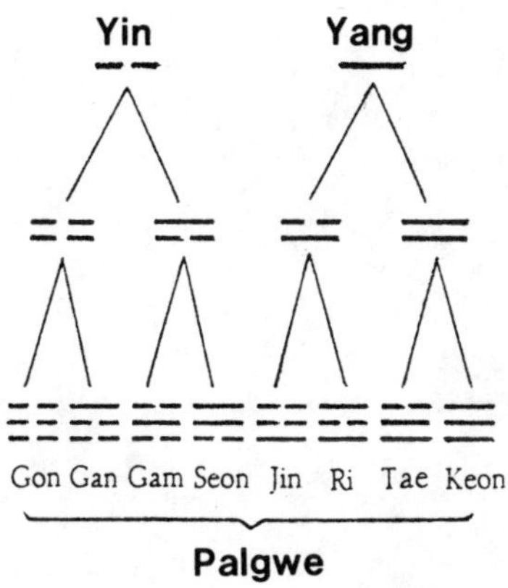

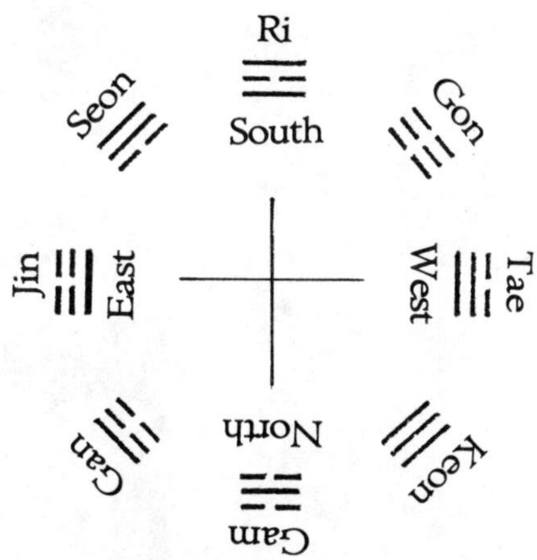

The Cardinal Points of Palgwe

Palgwe Poomse

Poomse	Gwe	Line/Direction of Movement	Poom/Movement
Palgwe 1 Jang	Keon	工	20 Poom, 20 Movement
Palgwe 2 Jang	Tae	工	20 Poom, 26 Movement
Palgwe 3 Jang	Ri	工	22 Poom, 22 Movement
Palgwe 4 Jang	Jin	工	24 Poom, 28 Movement
Palgwe 5 Jang	Seon	王	35 Poom, 39 Movement
Palgwe 6 Jang	Gam	工	19 Poom, 27 Movement
Palgwe 7 Jang	Gan	⊥	23 Poom, 29 Movement
Palgwe 8 Jang	Gon	干	35 Poom, 40 Movement

1. 팔괘1장

PALGWE 1 JANG

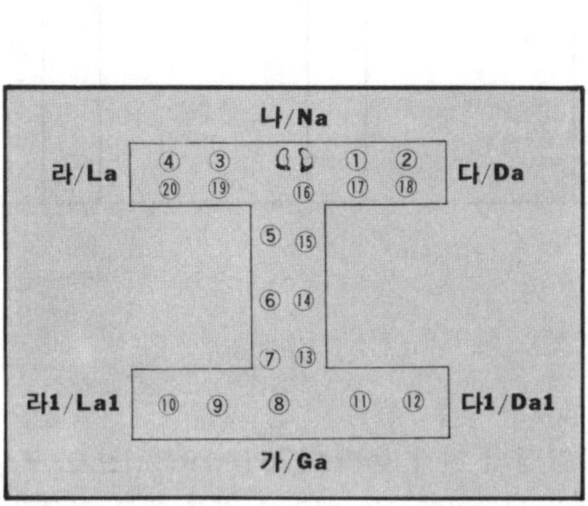

팔괘 1장은 팔괘(八卦)의 「건(乾)」으로 나타내며, 이는 64괘 중의 기본 괘인 바 태양을 중심으로 한 천상(天象)을 의미한다.

「건」은 하늘의 성능이며 하늘은 건의 형체이다. 위대한 「건」의 힘으로부터 만물은 시작되니, 구름은 하늘에 흐르고 비는 대지를 윤택하게 한다. 그렇듯이 하늘의 힘을 빌어 만물이 형체를 갖추고 천지 사이에 사는 것이다.

팔괘 1장의 품세 구성은 미숙한 초보자도 쉽게 익힐 수 있도록 앞굽이와 뒷굽이로 구성되어 있다. 동작도 간단하게 구성되어 있어 누구나 쉽게 배울 수 있다.

그 정확한 품과 동작의 회수는 다음의 표와 같다.

기본서기	회수	품					
		지르기	회수	치기	회수	막기	회수
오른 앞굽이	7	오른주먹 몸통 반대 지르기	2	오른손날 목치기	1	오른팔목 아래막기	2
왼 앞굽이	7			왼손날 목치기	1	왼팔목 아래막기	4
오른 뒷굽이	3					오른손날 몸통막기	1
왼 뒷굽이	3					왼손날 몸통막기	1
						오른 안팔목 몸통 바깥막기	4
						왼 안팔목 몸통 바깥막기	4

이상과 같은 팔괘 1장의 전체 품세는 20품 20동작으로 구성되어 있으며, 제 6, 7, 9, 11, 12 동작의 뒷굽이에서는 허리를 곧게 펴고 전체적으로 반듯한 자세를 취한다.

Palgwe 1 Jang is a series of actions applying the Keon principle of Palgwe.

Keon represents that which is great and originating, penetrating, advantageous, correct, and firm: heaven, the sun, or light. Keon is the beginning of the earth, the power of heaven, and is the source of the creation. Heaven sends the rain, and the sun shines the light so that all things will exist, live, and grow.

Palgwe 1 Jang consists of the Forward Stance (Apkubi), the Back Stance, and are intended primarily for the beginner. The sequence of movements for the Palgwe 1 Jang is as follows:

Stances	# of Times in the Stance	Movements (Poom)					
		Punching	# of Punches	Striking	# of Strikes	Blocking	# of Blocks
Right Forward Stance	7	Right Wrist Middle Section Reverse Straight Punch	2	Right Knife Hand Neck Strike	1	Right Wrist Low Section Block	2
Left Forward Stance	7					Left Wrist Low Section Block	4
Right Back Stance	3			Left Knife Hand Neck Strike	1	Right Knife Hand Middle Section Block	1
Left Back Stance	3					Left Knife Hand Middle Section Block	1
						Right Inner Wrist Middle Section Outward Block	4
						Left Inner Wrist Middle Section Outward Block	4

The Palgwe 1 Jang has 20 Poom and 20 movements. When in the Back Stance during the 6th, 7th, 9th, 11th, and 12th movements, the back should be kept straight.

팔괘1장 품세 진행 연무선(총20동작)

나/Na ↑

라/
La
←

라1/
La1
←

가/Ga ↓

Palgwe 1 Jang Line and Direction of Movement (20)

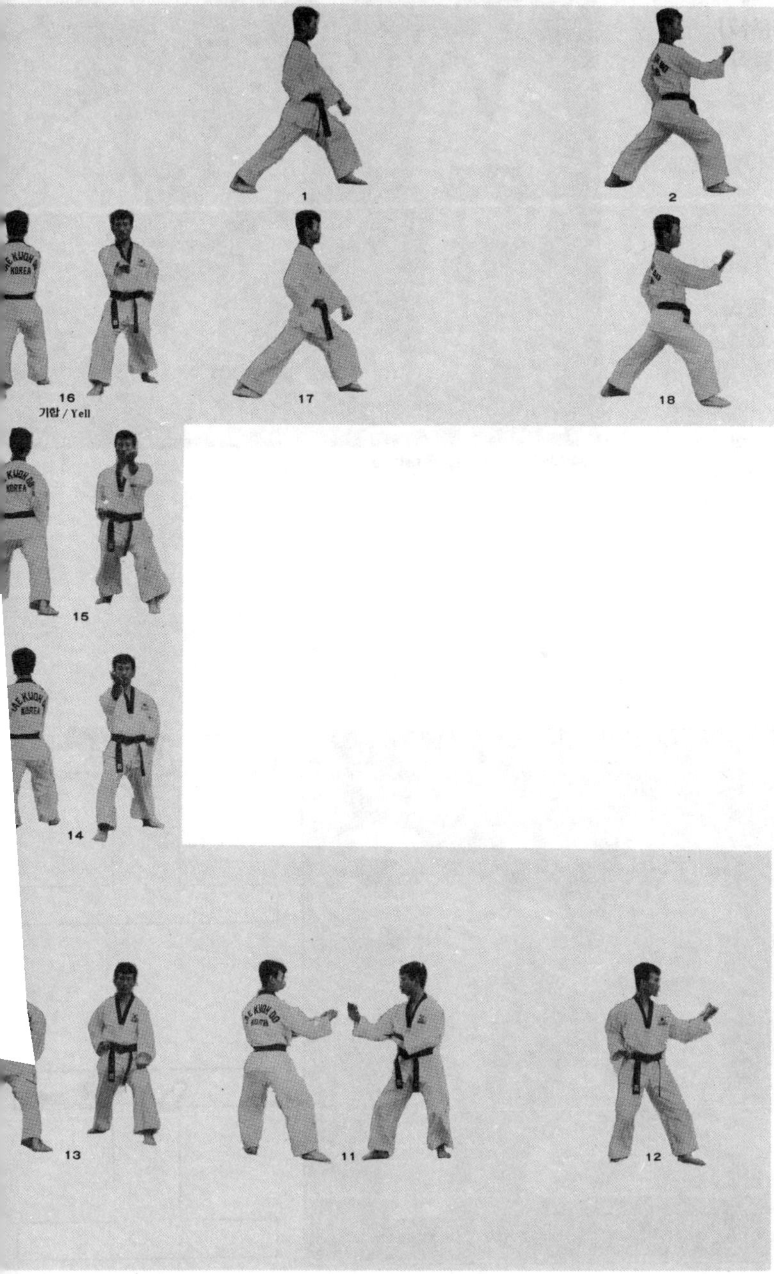

다/
Da
→

다1/
Da1
→

- **차 려**
- **경 례**
- **준비서기**
- **제1동작**

발 : 오른발 축으로 몸 왼쪽으로 돌리며 왼발 "다"방향으로

서기 : 왼 앞굽이

팔 : 왼팔목 아래막기

- **제 2 동작**

발 : 왼발 제자리, 오른발 한 걸음 나가 "다"방향으로

서기 : 오른 앞굽이

팔 : 오른 안팔목 몸통 바깥막기

준비서기 / Ready Stance **1**

1의 용법/Using step 1

1

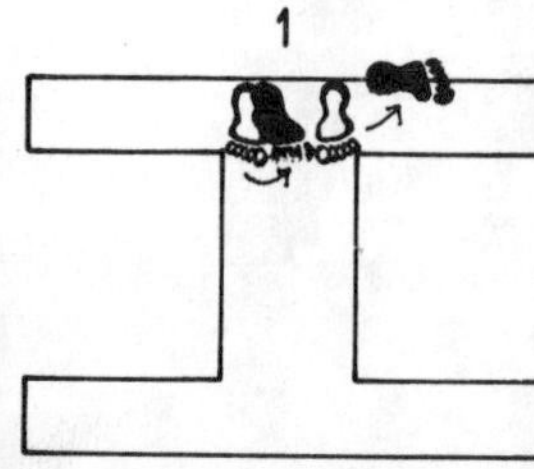

2

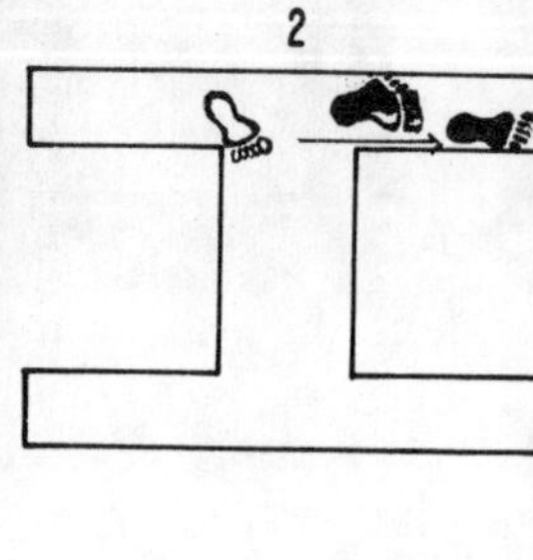

2

2의 용법/Using step 2

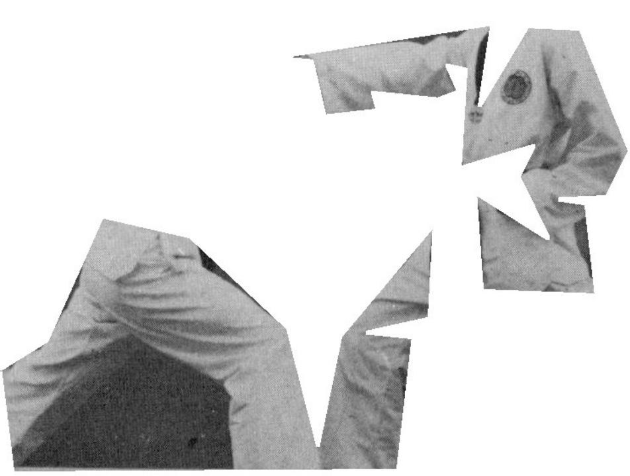

- **Attention** *(Cha Ryeo)*
- **Bow** *(Kyung Ye)*
- **Ready Stance** *(Joonbi Seogi)*

Movements: With the right foot fixed, move the left foot to the left and face the direction of "Ga"

1. The Left Wrist Low Section Block in the Left Walking Stance

(Oen Apkubi, Oen Palmok Arae Makki)

Movements: Pivot on the right foot, turn the body to the left while moving the left foot to the "Da" direction. Assume the Left Forward Stance then execute the Left Wrist Low Section Block.

2. The Right Inner Wrist Middle Section Outward Block in the Right Forward Stance

(Oreun Apkubi, Oreun Anpalmok Momtong Bakat Makki)

Movements: With the left foot fixed, move the right foot one step forward ("Da" direction) and assume the Right Forward Stance. Execute the Right Inner Wrist Middle Section Outward Block.

4

• 제 3 동작

발 : 왼발 축으로 몸 오른쪽 돌아 오른발 "라"방향으로 옮겨

서기 : 오른 앞굽이

팔 : 오른 팔목 아래막기

• 제 4 동작

발 : 오른발 제자리, 왼발 한 걸음 나가 "라"방향으로

서기 : 왼 앞굽이

팔 : 왼 안팔목 몸통 바깥막기

3

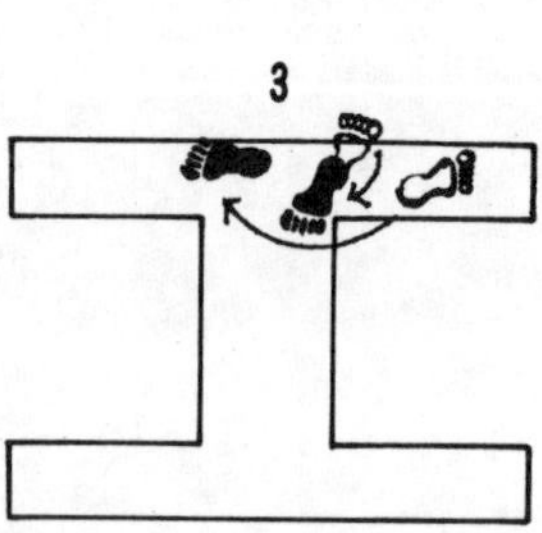

4

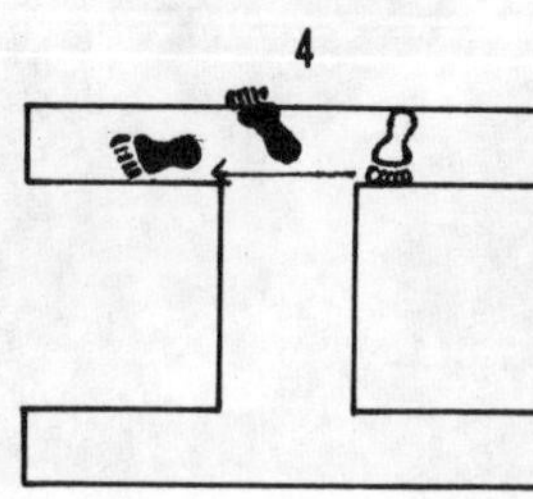

3

3. The Right Wrist Low Section Block in the Right Forward Stance

(Oreun Apkubi, Oreun Palmok Arae Makki)

Movements: Using the left foot as the axis, turn the body to the right while moving the right foot to the "La" direction. Assume the Right Forward Stance then execute the Right Wrist Low Section Block.

4. The Left Inner Wrist Middle Section Outward Block in the Left Forward Stance

(Oen Apkubi, Oen Anpalmok Momtong Bakat Makki)

Movements: With the right foot fixed, move the left foot one step forward ("La direction). Assume the Left Forward Stance then execute the Left Inner Wrist Middle Section Outward Block.

5

5

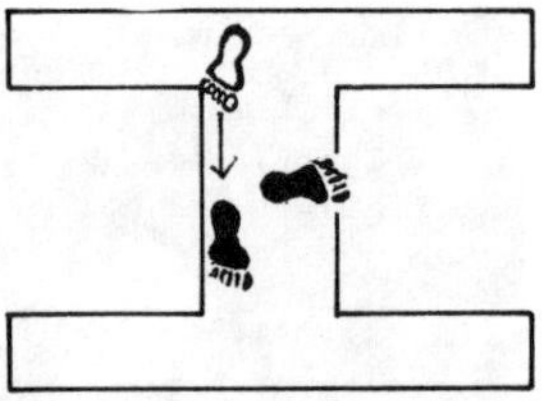

6

7

6

7

기합 / Yell

8

• 제 5 동작

발 : 오른발 축으로, 몸 왼쪽
으로 돌아 왼발 "가"
방향으로 옮겨

서기 : 왼 앞굽이

팔 : 왼팔목 아래막기

• 제 6 동작

발 : 왼발 제자리, 오른발 한 걸음
나가 "가"방향으로

서기 : 왼 뒷굽이

팔 : 오른 안팔목 몸통 바깥막기

• 제 7 동작

발 : 오른발 제자리, 왼발 한 걸음
나가 "가"방향으로

서기 : 오른 뒷굽이

팔 : 왼 안팔목 몸통 바깥막기

• 제 8 동작

발 : 왼발 제자리, 오른발 한 걸음 나가
"가"방향으로

서기 : 오른 앞굽이

팔 : 오른주먹 몸통 반대지르기 "기합"

5. The Left Wrist Low Section Block in the Left Forward Stance

(Oen Apkubi, Oen Palmok Arae Makki)

Movements: Using the right foot as the axis, turn the body to the left while moving the left foot to the ''Ga'' direction. Assume the Left Forward Stance then execute the Left Wrist Low Section Block.

6. The Right Inner Wrist Middle Section Outward Block in the Left Back Stance

(Oen Dwitkubi, Oreun Anpalmok Momtong Bakat Makki)

Movements: With the left foot fixed, move the right foot one step forward (''Ga'' direction). Assume the Left Back Stance then execute the Right Inner Wrist Middle Section Outward Block.

7. The Left Inner Wrist Middle Section Outward Block in the Right Back Stance

(Oreun Dwitkubi, Oen Anpalmok Momtong Bakat Makki)

Movements: With the right foot fixed, move the left foot one step forward (''Ga'' direction). Assume the Right Back Stance then execute the Left Inner Wrist Middle Section Outward Block.

8. The Right Fist Middle Section Reverse Straight Punch in the Right Forward Stance

(Oreun Apkubi, Oreun Jumeok Momtong Bandae Jireugi)

Movements: With the left foot fixed, move the right foot one step forward (''Ga'' direction). Assume the Right Forward Stance then execute the Right Fist Middle Section Reverse Straight Punch. Yell(Kihap).

8

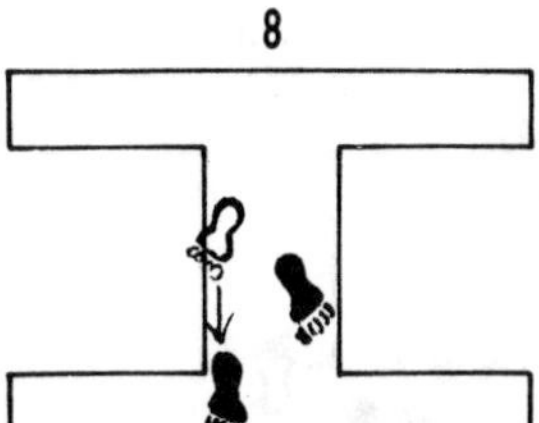

• **제 9 동작**

발 : 오른발 축으로, 몸 왼쪽으로 돌아 왼발 "라1"방향으로 옮겨

서기 : 오른 뒷굽이

팔 : 왼손날 몸통막기

• **제 10 동작**

발 : 왼발 제자리, 오른발 한 걸음 나가 "라1"방향으로

서기 : 왼 뒷굽이

팔 : 오른 안팔목 몸통 바깥막기

10

9

10

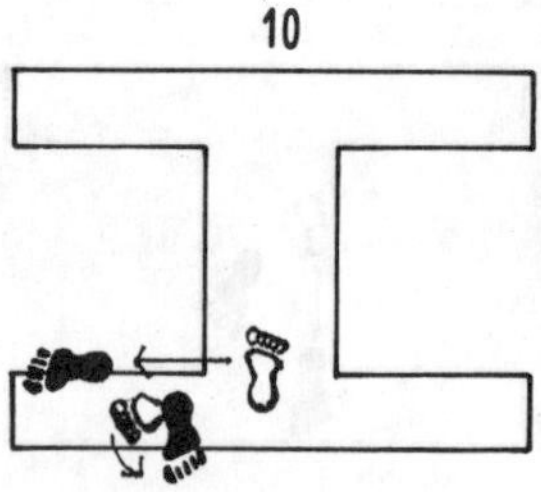

10의 용법/Using step 10

9

9의 용법/Using step 9

9. The Left Knife Hand Middle Section Block in the Right Back Stance

(Oreun Dwitkubi, Oen Sonnal Momtong Makki)

Movements: Using the right foot as the axis, turn the body to the left while moving the left foot to the "La 1" direction. Assume the Right Back Stance then execute the Left Knife Hand Middle Section Block.

10. The Right Inner Wrist Middle Section Outward Block in the Left Back Stance

(Oen Dwitkubi, Oreun Anpalmok Momtong Bakat Makki)

Movements: With the left foot fixed, move the right foot one step forward ("La 1" direction). Assume the Left Back Stance then execute the Right Inner Wrist Middle Section Outward Block.

11

• 제 11 동작

발 : 왼발 축으로, 몸 오른쪽으로 돌아 오른발 “다1” 방향으로 옮겨

서기 : 왼 뒷굽이

팔 : 오른손날 몸통막기

• 제 12 동작

발 : 오른발 제자리, 왼발 한걸음 나가 “다1” 방향으로

서기 : 오른 뒷굽이

팔 : 왼 안팔목 몸통 바깥막기

11

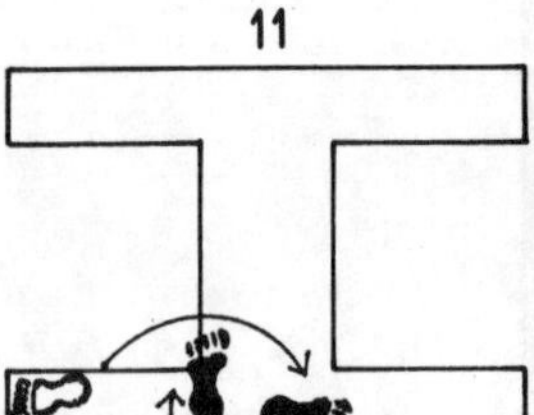

12

12

11. The Right Knife Hand Middle Section Block in the Left Back Stance

(Oen Dwitkubi, Oreun Sonnal Momtong Makki)

Movements: Using the left foot as the axis, turn the body to the right while moving the right foot to the "Da 1" direction. Assume the Left Back Stance then execute the Right Knife Hand Middle Section Block.

12. The Left Inner Wrist Middle Section Outward Block in the Right Back Stance

(Oreun Dwitkubi, Oen Anpalmok Momtong Bakat Makki)

Movements: With the right foot fixed, move the left foot one step forward ("Da 1"direction). Assume the Right Back Stance then execute the Left Inner Wrist Middle Section Outward Block.

• 제 13 동작

발 : 오른발 축으로, 몸 왼쪽으로 돌아 왼발 "나"방향으로 옮겨

서기 : 왼 앞굽이

팔 : 왼팔목 아래막기

• 제 14 동작

발 : 왼발 제자리, 오른발 한 걸음 나가 "나"방향으로

서기 : 오른 앞굽이

팔 : 오른 한손날 목치기

• 제15동작

발 : 오른발 제자리, 왼발 한 걸음 나가 "나"방향으로

서기 : 왼 앞굽이

팔 : 왼 한손날 목치기

• 제 16 동작

발 : 왼발 제자리, 오른발 한 걸음 나가 "나"방향으로

서기 : 오른 앞굽이

팔 : 오른주먹 몸통 반대지르기 "기합"

기합 / Yell

13. The Left Wrist Low Section Block in the Left Forward Stance

(Oen Apkubi, Oen Palmok Arae Makki)

Movements: Using the right foot as the axis, turn the body to the left while moving the left foot to the "Na" direction. Assume the Left Forward Stance then execute the Left Wrist Low Section Block.

14. The Right Knife Hand Neck Strike in the Right Forward Stance

(Oreun Apkubi, Oreun Sonnal Mok Chigi)

Movements: With the left foot fixed, move the right foot one step forward ("Na" direction). Assume the Right Forward Stance then execute the Right Knife Hand Neck Strike.

15. The Left Knife Hand Neck Strike in the Left Forward Stance

(Oen Apkubi, Oen Sonnal Mok Chigi)

Movements: With the right foot fixed, move the left foot one step forward ("Na" direction). Assume the Left Forward Stance then execute the Left Knife Hand Neck Strike.

16. The Right Fist Middle Section Reverse Straight Punch in the Right Forward Stance

(Oreun Apkubi, Oreun Jumeok Momtong Bandae Jireugi)

Movements: With the left foot fixed, move the right foot one step forward ("Na" direction). Assume the Right Forward Stance then execute the Right Fist Middle Section Reverse Straight Punch. Yell (Kihap).

14

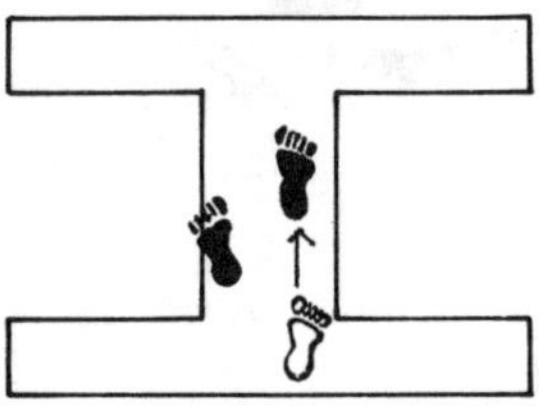

15

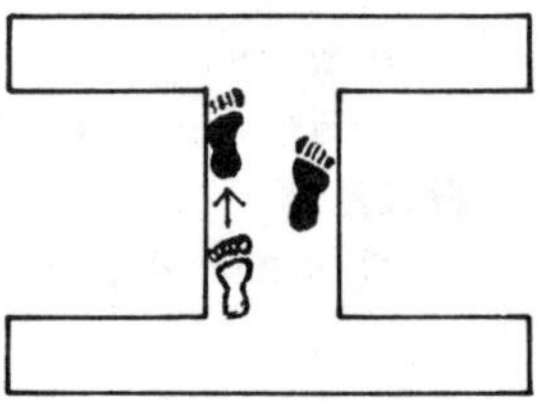

17 18

• **제 17 동작**

발 : 오른발 축으로 몸 왼쪽으로 돌아 왼발 "다"방향으로 옮겨

서기 : 왼 앞굽이

팔 : 왼팔목 아래막기

• **제 18 동작**

발 : 왼발 제자리, 오른발 한 걸음 나가 "다"방향으로

서기 : 오른 앞굽이

팔 : 오른 안팔목 몸통 바깥막기

• **제 19 동작**

발 : 왼발 축으로, 몸 오른쪽으로 돌아 오른발 "라" 방향으로 옮겨

서기 : 오른 앞굽이

팔 : 오른팔목 아래막기

• **제 20 동작**

발 : 오른발 제자리, 왼발 한 걸음 나가 "라"방향으로

서기 : 왼 앞굽이

팔 : 왼 안팔목 몸통 바깥막기

■그만

오른발 축으로 왼쪽으로 돌아 왼발 끌어 준비 자세

17. The Left Wrist Low Section Block in the Left Forward Stance

(Oen Apkubi, Oen Palmok Arae Makki)

Movements: Using the right foot as the axis, turn the body to the right while moving the left foot to the "Da" direction. Assume the Left Forward Stance then execute the Left Wrist Low Section Block.

18. The Inner Wrist Middle Section Outward Block in the Right Forward Stance

(Oreun Apkubi, Oreun Anpalmok Momtong Bakat Makki)

Movements: With the left foot fixed, move the right foot one step forward ("Da" direction). Assume the Right Forward Stance then execute the Right Inner Wrist Middle Section Outward Block.

19. The Right Wrist Low Section Block in the Right Forward Stance

(Oreun Apkubi, Oreun Palmok Arae Makki)

Movements: Using the left foot as the axis, turn the body to the left while moving the right foot to the "La" direction. Assume the Right Forward Stance then execute the Right Wrist Low Section Block.

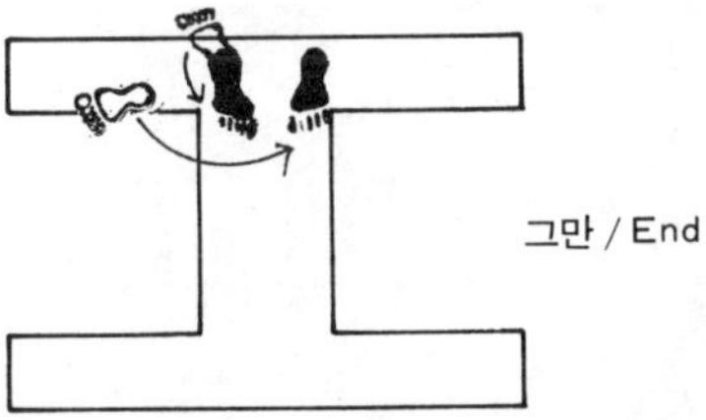

20

19

20. The Left Inner Wrist Middle Section Outward Block in the Left Forward Stance
(Oen Apkubi, Oen Anpalmok Momtong Bakat Makki)

Movements: With the right foot fixed, move the left foot one step forward ("La" direction). Assume the Left Forward Stance then execute the Left Inner Wrist Middle Section Outward Block.

- **End (Geuman)**

Movements: Using the right foot as the axis, turn the body to the left and assume the Ready Stance.

- **Attention** *(Cha Ryeo)*
- **Bow** *(Kyung Ye)*

2.

팔괘 2 장

PALGWE 2 JANG

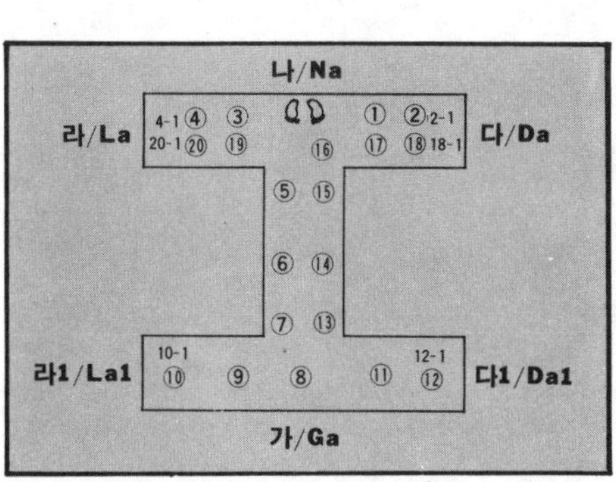

팔괘2장 품세 진행 연무선(총26동작)

나/Na ↑

라/
La
←

라1/
La1
←

가/Ga ↓

Palgwe 2 Jang Line and Direction of Movement (26)

다/ Da →

다1/ Da1 →

팔괘 2장은 팔괘(八卦)의 태(兌)를 의미한다. 태란 큰 기쁨이나 만족을 상징하는바, 마음은 강하나 외양이 유(柔)할 때 그 부드러움이 웃음을 낳으니 다른 사람들과 조화를 이루어 살 수 있게 된다.

따라서 팔괘 2장의 품세는 부드러우면서도 강한 공격이 그 포인트가 된다. 품세의 구성은 얼굴막기로부터 앞차고 몸통지르기 등으로 구성되어 있는바 그 상세한 내용은 다음의 표와 같다.

기본서기	회수	품					
		지르기	회수	차 기	회수	막 기	회수
오른 앞굽이	8	오른주먹 몸통 반대지르기	5	오른발 앞차기	3	오른팔목 얼굴막기	3
왼 앞굽이	7	왼주먹 몸통 반대지르기	3	왼발 앞차기	3	왼팔목 얼굴막기	4
오른 뒷굽이	3					오른손날 몸통막기	1
왼 뒷굽이	2						
						왼 안팔목 몸통 바깥막기	1

팔괘 2장의 전체 품세는 20품 26동작으로 구성되며 제 1, 3, 9, 11, 17, 19 동작의 얼굴막기와 제 2, 4, 10, 12, 18, 20동작의 앞차고 몸통지르기는 각별히 유의하여 품세의 미를 살려 수련하도록 한다. 제13동작과 제14동작은 처음 나오는 동작이므로 정확한 자세를 익히도록 한다.

Palgwe 2 Jang is a series of actions applying the Tae principle of Palgwe. Tae represents strength where ones mind is kept firm, the person appears gentle and the smile and virtues prevail; pleasure and complacent satisfaction.

This Poomse should be done with flowing but powerfull movements. Palgwe 2 Jang consists of the High Section Block (Eolgul Makki), the Front Snap Kick (Apchagi), and the Middle Section Punch (Momtong Jireugi). The sequence of movements for the Palgwe 2 Jang is as follows:

Stances	# of Times in the Stance	Movements (Poom)					
		Punching	# of Punches	Kicking	# of Kicks	Blocking	# of Blocks
Right Forward Stance	8	Right Fist Middle Section Reverse Straight Punch	5	Right Front Snap Kick	3	Right Wrist High Section Block	3
Left Forward Stance	7	Left Fist Middle Section Reverse Straight Punch	3	Left Front Snap Kick	3	Left Wrist High Section Block	4
Right Back Stance	3					Right Knife Hand Middle Section Block	1
Left Back Stance	2					Left Inner Wrist Middle Section Outward Block	1

There are 20 Poom and 26 movements in this Poomse. When executing the High Section Block in the 1st, 3rd, 9th, 11th, 17th, and 19th movements, it should be done fluently. The 13th and 14th movements within this Poomse are new, and time should be spent to correctly learn the techniques and the form.

- **차 려**
- **경 례**
- **준비서기**
- **제 1 동작**

발 : 오른발 제자리, 몸 왼쪽으로 돌아 왼발 "다"방향으로 옮겨

서기 : 왼 앞굽이

팔 : 왼팔목 얼굴막기

- **제 2 동작**

발 : 왼발 제자리, 오른발 앞차고 내딛어 "다" 방향으로

서기 : 오른 앞굽이

팔 : 오른주먹 몸통 반대지르기

준비서기 / Ready Stance   1

1

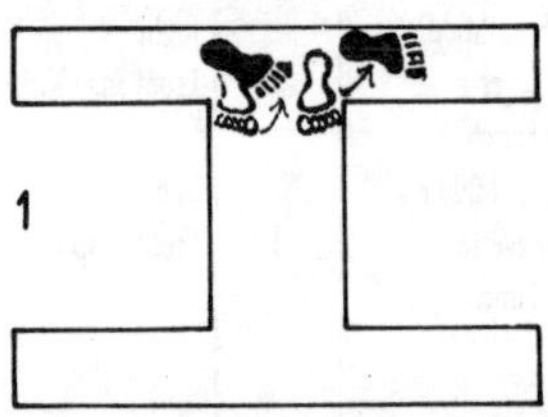

1의 용법/Using step 1

- **Attention** *(Cha Ryeo)*
- **Bow** *(Kyung Ye)*
- **Ready Stance** *(Joonbi Seogi)*

Movements: With the right foot fixed, move the left foot to the left and face the direction of "Ga".

1. The Left Wrist High Section Block in the Left Forward Stance

(Oen Apkubi, Oen Palmok Eolgul Makki)

Movements: Pivot on the right foot, turn the body to the left while moving the left foot to the "Da" direction. Assume the Left Forward Stance then execute the Left Wrist High Section Block.

2. The Right Front Snap Kick and the Right Fist Middle Section Reverse Straight Punch in the Right Forward Stance

(Oreun Apchagi, Oreun Apkubi, Oreun Jumeok Momtong Bandae Jireugi)

Movements: With the left foot fixed, execute the Right Front Snap Kick so that the right foot lands to the front ("Da" direction). Assume the Right Forward Stance then execute the Right Fist Middle Section Reverse Straight Punch.

2 2-1

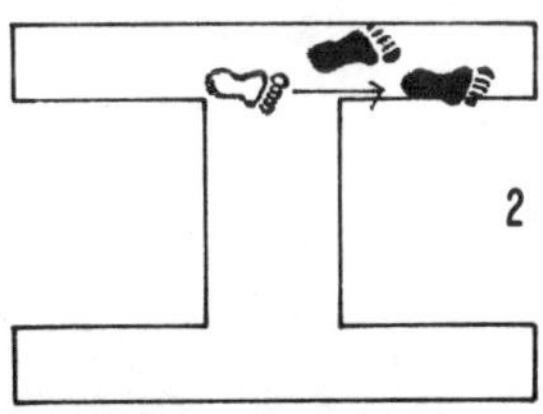

2

2의 용법/Using step 2

4-1 4

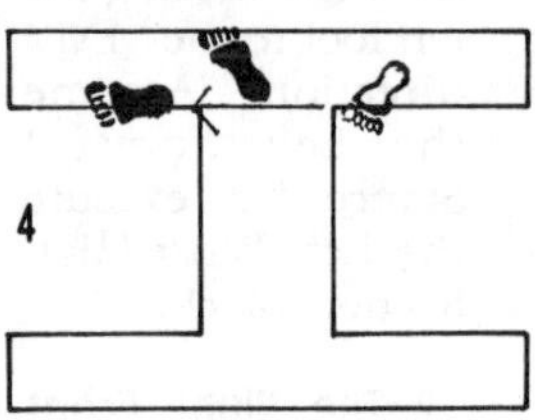

2-1의 용법/Using step 2-1

• **제 3 동작**

발 : 왼발 축으로, 몸 오른쪽으로 돌아 오른발 "라" 방향으로 옮겨

서기 : 오른 앞굽이

팔 : 오른팔목 얼굴막기

• **제 4 동작**

발 : 오른발 제자리, 왼발 "라"방향으로 앞차고 내딛어

서기 : 왼 앞굽이

팔 : 왼주먹 몸통 반대지르기

3

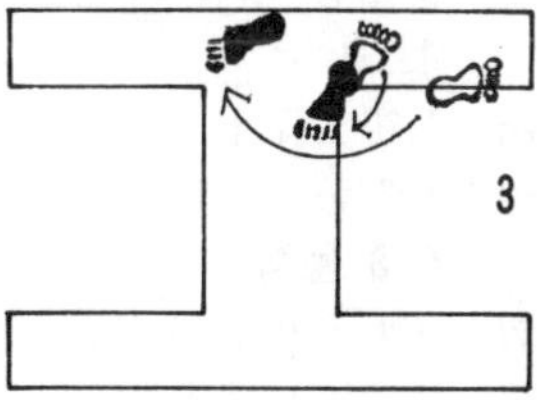

3

3. The Right Wrist High Section Block in the Right Forward Stance

(Oreun Apkubi, Oreun Palmok Eolgul Makki)

Movements: Using the left foot as the axis, turn the body to the right while moving the right foot to the "La" direction. Assume the Right Forward Stance then execute the Right Wrist High Section Block.

4. The Left Front Snap Kick and the Left Fist Middle Section Reverse Straight Punch in the Left Forward Stance

(Oen Apchagi, Oen Apkubi, Oen Jumeok Momtong Bandae Jireugi)

Movements: With the right foot fixed, execute the Left Front Snap Kick so that the left foot lands to the front ("La direction). Assume the Left Forward Stance then execute the Left Fist Middle Section Reverse Straight Punch.

• 제 5 동작

발 : 오른발 축으로, 몸 왼쪽으로 돌아 왼발 "가"방향으로 옮겨

서기 : 오른 뒷굽이

팔 : 왼손날 아래막기

• 제 6 동작

발 : 왼발 제자리, 오른발 한 걸음 나가 "가" 방향으로

서기 : 왼 뒷굽이

팔 : 오른손날 몸통막기

• 제 7 동작

발 : 오른발 제자리, 왼발 한 걸음 나가 "가"방향으로

서기 : 왼 앞굽이

팔 : 왼팔목 얼굴막기

• 제 8 동작

발 : 왼발 제자리, 오른발 한 걸음 나가 "가" 방향으로

서기 : 오른 앞굽이

팔 : 오른주먹 몸통 반대지르기 "기합"

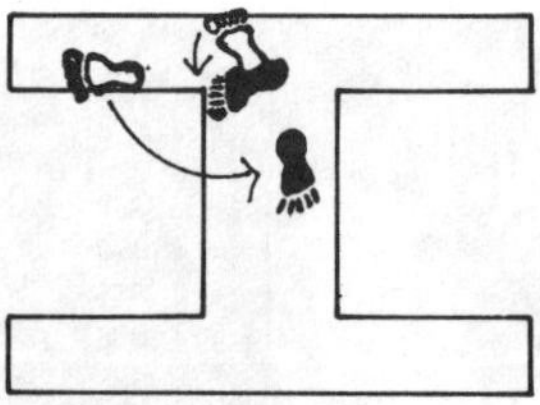
5

6

7
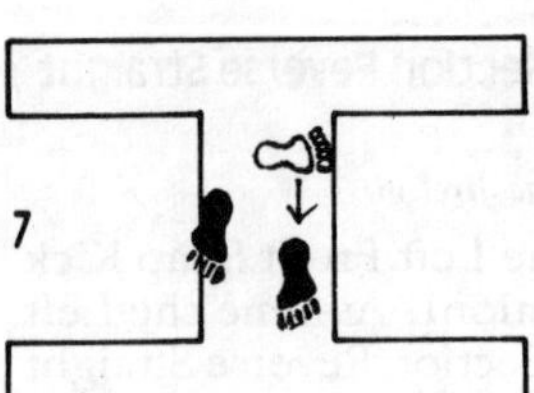

5. The Left Knife Hand Low Section Block in the Right Back Stance
(Oreun Dwitkubi, Oen Sonnal Arae Makki)

Movements: Using the right foot as the axis, turn the body to the left while moving the left foot to the ''Ga'' direction. Assume the Right Back Stance then execute the Left Knife Hand Low Section Block.

6. The Right Knife Hand Middle Section Block in the Left Back Stance
(Oen Dwitkubi, Oreun Sonnal Momtong Makki)

Movements: With the left foot fixed, move the right foot one step forward (''Ga'' direction). Assume the Left Back Stance then execute the Right Knife Hand Middle Section Block.

7. The Left Wrist High Section Block in the Left Forward Stance
(Oen Apkubi, Oen Palmok Eolgul Makki)

Movements: With the right foot fixed, move the left foot one step forward (''Ga'' direction). Assume the Left Forward Stance then execute the Left Wrist High Section Block.

8. The Right Fist Middle Section Reverse Straight Punch in the Right Forward Stance
(Oreun Apkubi, Oreun Jumeok Momtong Bandae Jireugi)

Movements: With the left foot fixed, move the right foot one step forward (''Ga'' direction). Assume the Right Forward Stance then execute the Right Fist Middle Section Reverse Straight Punch. Yell(Kihap).

8 기합 / Yell

8

10-1 10

• **제 9 동작**

발 : 오른발 축으로, 몸 왼쪽으로 돌아 왼발 "라1" 방향으로 옮겨

서기 : 왼 앞굽이

팔 : 왼팔목 얼굴막기

• **제 10 동작**

발 : 왼발 제자리, 오른발 "라1"방향으로·앞차고 내딛어

서기 : 오른 앞굽이

팔 : 오른주먹 몸통 반대지르기

5의 용법/Using step 5

7의 용법/Using step 7

8의 용법/Using step 8

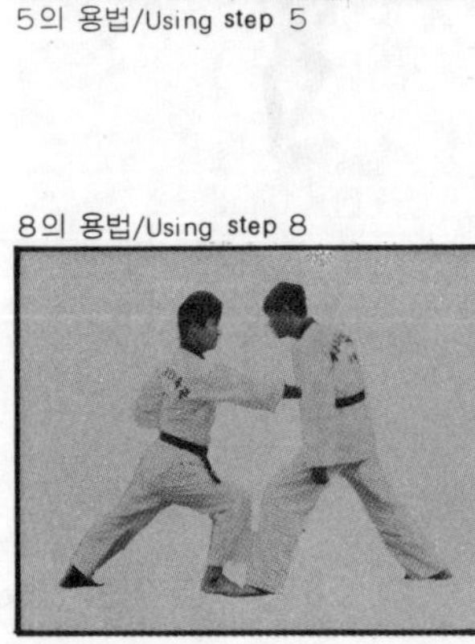

9

10

9

9. The Left Wrist High Section Block in the Left Forward Stance

(Oen Apkubi, Oen Palmok Eolgul Makki)

Movements: Using the right foot as the axis, turn the body to the left while moving the left foot to the "La 1" direction. Assume the Left Forward Stance then execute the Left Wrist High Section Block.

10. The Right Front Snap Kick and the Right Fist Middle Section Reverse Straight Punch in the Right Forward Stance

(Oreun Apchagi, Oreun Apkubi, Oreun Jumeok Momtong Bandae Jireugi)

Movements: With the left foot fixed, execute the Right Front Snap Kick so that the right foot lands to the front ("La 1" direction). Assume the Right Forward Stance then execute the Right Fist Middle Section Reverse Straight Punch.

11

• 제 11 동작

발 : 왼발 축으로, 몸 오른쪽으로 돌아 오른발“다1” 방향으로 옮겨

서기 : 오른 앞굽이

팔 : 오른팔목 얼굴막기

• 제 12 동작

발 : 오른발 제자리, 왼발 “다1”방향으로 앞차고 내딛어

서기 : 왼 앞굽이

팔 : 왼주먹 몸통 반대지르기

11

12

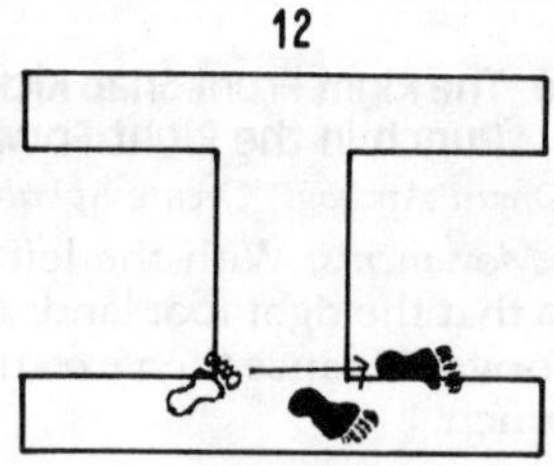

12

12-1

11. The Right Wrist High Section Block in the Right Forward Stance
(Oreun Apkubi, Oreun Palmok Eolgul Makki)

Movements: Using the left foot as the axis, turn the body to the right while moving the right foot to the "Da 1" direction. Assume the Right Forward Stance then execute the Right Wrist High Section Block.

12. The Left Front Snap Kick and the Left Middle Section Reverse Straight Punch in the Left Forward Stance
(Oen Apchagi, Oen Apkubi, Oen Jumeok Momtong Bandae Jireugi)

Movements: With the right foot fixed, execute the Left Front Snap Kick so that the left foot lands to the front ("Da 1" direction). Assume the Left Forward Stance then execute the Left Fist Middle Section Reverse Straight Punch.

13의 용법/Using step 13

14의 용법/
Using step 14

• **제 13 동작**

발 : 오른발 축으로, 몸 왼쪽으로 돌아 왼발 "나" 방향으로 옮겨

서기 : 오른 뒷굽이

팔 : 왼팔목 거들어 아래막기

• **제 14 동작**

발 : 왼발 제자리, 오른발 한걸음 나가 "나"방향으로

서기 : 왼 뒷굽이

팔 : 오른팔목 거들어 몸통 바깥막기

• **제 15 동작**

발 : 오른발 제자리, 왼발 한걸음 나가 "나"방향으로

서기 : 오른 뒷굽이

팔 : 왼 바깥팔목 몸통 바깥막기

• **제 16 동작**

발 : 왼발 제자리, 오른발 한걸음 나가 "나"방향으로

서기 : 오른 앞굽이

팔 : 오른주먹 몸통 반대지르기 "기합"

기합
Yell

16

뒷모습 / Back view

15

13

14

뒷모습 / Back view

14

13

13. The Left Wrist Guarding Low Section Block in the Right Back Stance

(Oreun Dwitkubi, Oen Palmok Geodeureo Arae Makki)

Movements: Using the right foot as the axis, turn the body to the left while moving the left foot to the "Na" direction. Assume the Right Back Stance then execute the Left Wrist Guarding Low Section Block.

14. The Right Wrist Guarding Middle Section Outward Block in the Left Back Stance

(Oen Dwitkubi, Oreun Palmok Geodeureo Momtong Bakat Makki)

Movements: With the left foot fixed, move the right foot one step forward ("Na" direction). Assume the Left Back Stance then execute the Right Wrist Guarding Middle Section Outward Block.

15. The Left Outer Wrist Middle Section Outward Block in the Right Back Stance

(Oreun Dwitkubi, Oen Bakat Palmok Momtong Bakat Makki)

Movements: With the right foot fixed, move the left foot one step forward ("Na" direction). Assume the Right Back Stance then execute the Left Outer Wrist Middle Section Outward Block.

16. The Right Fist Middle Section Reverse Straight Punch in the Right Forward Stance

(Oreun Apkubi, Oreun Jumeok Momtong Bandae Jireugi)

Movements: With the left foot fixed, move the right foot one step forward ("Na" direction). Assume the Right Forward Stance then execute the Right Fist Middle Section Reverse Staright Punch. Yell(Kihap).

15

16

17

• **제 17 동작**

발 : 오른발 축으로, 몸 왼쪽으로 돌아 왼발 "다"방향으로 옮겨

서기 : 왼 앞굽이

팔 : 왼팔목 얼굴막기

• **제 18 동작**

발 : 왼발 제자리, 오른발 "다"방향으로 앞차고 내딛어

서기 : 오른 앞굽이

팔 : 오른주먹 몸통 반대지르기

15의 용법/Using step 15

16의 용법/Using step 16

18

18-1

17. The Left Wrist High Section Block in the Left Forward Stance

(Oen Apkubi, Oen Palmok Eolgul Makki)

Movements: Using the right foot as the axis, turn the body to the left while moving the left foot to the "Da" direction. Assume the Left Forward Stance then execute the Left Wrist High Section Block.

18. The Right Front Snap Kick and the Right Fist Middle Section Reverse Straight Punch in the Right Forward Stance

(Oreun Apchagi, Oreun Apkubi, Oreun Jumeok Momtong Bandae Jireugi)

Movements: With the left foot fixed, execute the Right Front Snap Kick so that the right foot lands to the front ("Da" direction). Assume the Right Forward Stance then execute the Right Fist Middle Section Reverse Straight Punch.

17

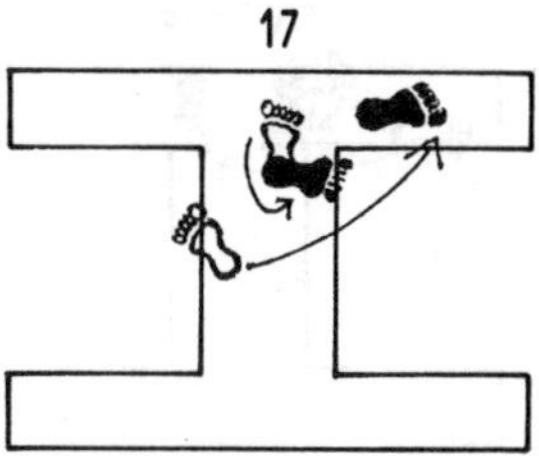

18

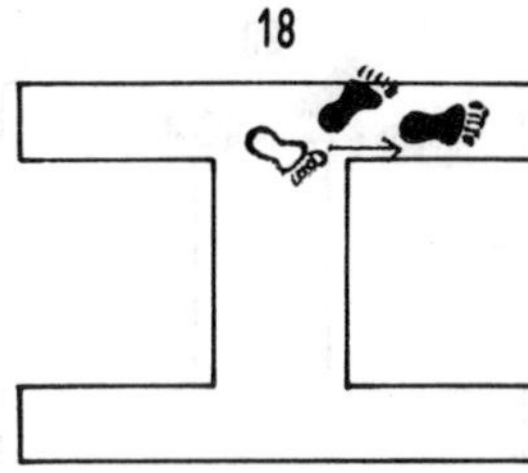

그만/End 20-1 20

• **제 19 동작**

발 : 왼발 축으로, 몸 오른쪽으로 돌아 오른발 "라" 방향으로 옮겨

서기 : 오른 앞굽이

팔 : 오른팔목 얼굴막기

• **제 20 동작**

발 : 오른발 제자리, 왼발 "라"방향으로 앞차고 내딛어

서기 : 왼 앞굽이

팔 : 왼주먹 몸통 반대지르기

■그만

오른발 축으로, 몸 왼쪽으로 돌아 준비 자세

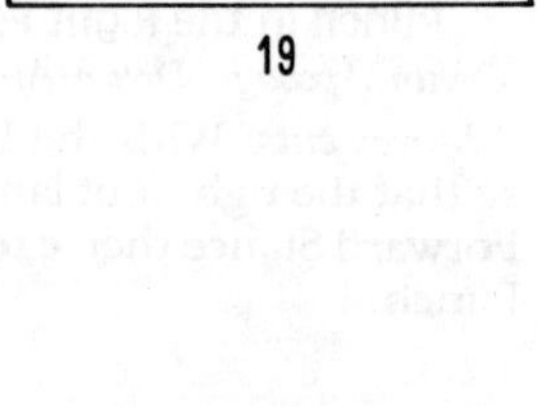

19

20

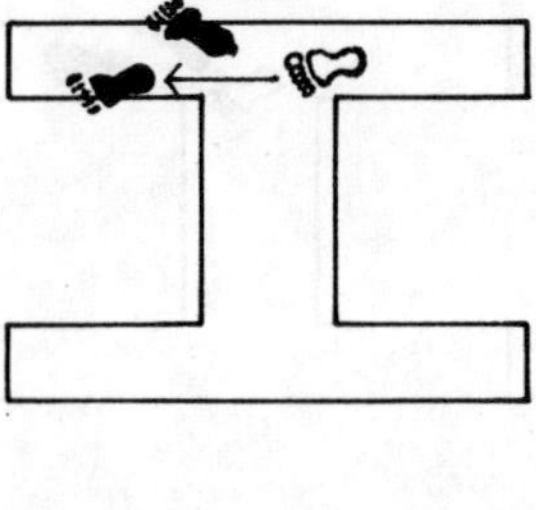

그만/End

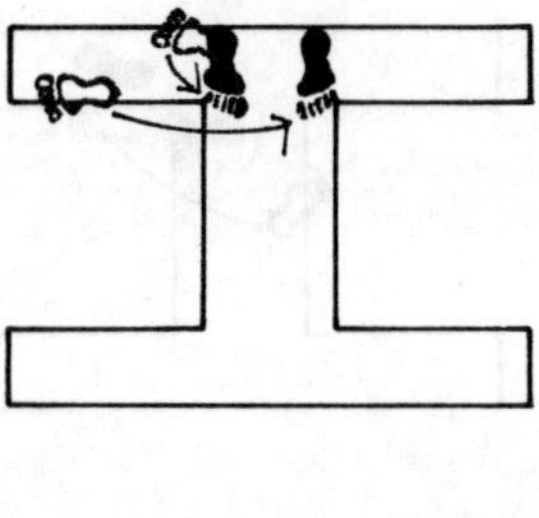

19

19. The Right Wrist High Section Block in the Right Forward Stance

(Oreun Apkubi, Oreun Palmok Eolgul Makki)

Movements: Using the left foot as the axis, turn the body to the right while moving the right foot to the ''La'' direction. Assume the Right Forward Stance then execute the Right Wrist High Section Block.

20. The Left Front Snap Kick and the Left Fist Middle Section Reverse Straight Punch in the Left Forward Stance

(Oen Apchagi, Oen Apkubi, Oen Jumeok Momtong Bandae Jireugi)

Movements: With the right foot fixed, execute the Left Front Snap Kick so that the left foot lands to the front (''La'' direction). Assume the Left Forward Stance then execute the Left Fist Middle Section Reverse Straight Punch.

- **End** *(Geuman)*

Movements: Using the right foot as the axis, turn the body to the left and assume the Ready Stance.

- **Attention** *(Cha Ryeo)*
- **Bow** *(Kyung Ye)*

3.

팔괘3장

PALGWE 3 JANG

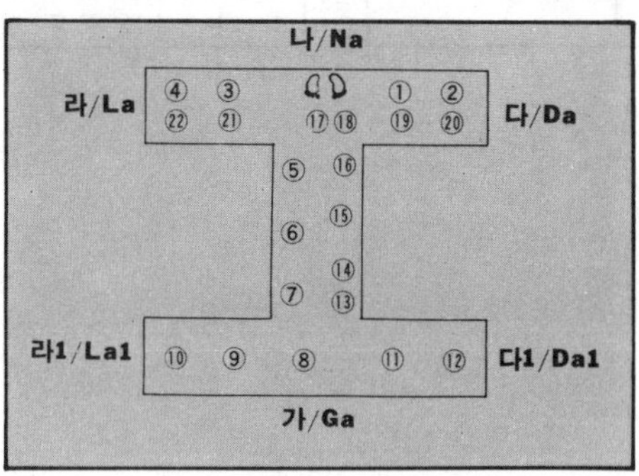

팔괘 3장은 팔괘(八卦)의 이(離)를 의미하며, 불 또는 태양(太陽)을 상징한다. 이는 또한 밝은 것, 지성(知性)을 뜻하기도 한다. 즉 밝은 태양, 불 같은 정열, 그리고 빛나는 지성을 표시하는 것이다. 그러나 자기 정열에만 휘둘리면 경솔한 행동을 할 수도 있으므로 항상 겸손해질 필요가 있다.

여기서는 주로 막기를 수련하며 뒷굽이가 많이 사용되는바 그 상세한 내용은 다음과 같다.

기본서기	회수	품			
		지 르 기	회수	막 기	회수
오른 앞굽이	6	오른주먹 몸통 반대지르기	1	오른팔목 아래막기	1
왼 앞굽이	6	왼주먹 몸통 반대지르기	1	왼팔목 아래막기	2
오른 뒷굽이	5	오른주먹 얼굴 반대지르기	2	오른팔목 얼굴막기	2
왼 뒷굽이	5	왼주먹 얼굴 반대지르기	1	왼팔목 얼굴막기	2
				오른손날 몸통막기	2
				왼손날 몸통막기	2
				오른 안팔목 몸통 바깥막기	2
				왼 안팔목 몸통 바깥막기	1
				오른 바깥팔목 몸통 안막기	1
				왼 바깥팔목 몸통 안막기	2

이상과 같은 팔괘 3장은 총 22품, 22동작으로 구성되어 있으며 지르기는 힘차게 하도록 한다.

Palgew 3 Jang is a series of actions applying the Ri principle of Palgwe. Ri represents the sun, fire, and light. The virtue of Ri is brightness and a natural intelligence, and also means to be attached to. The movements should be done with variety and passion as a result.

In this Poomse, you will learn the blocks, and the use of the Back Stance (Dwitkubi). The sequence of movements for the Palgwe 3 Jang is as follows:

Stances	#of Times in the Stance	Movements (Poom)			
		Punching	# of Punches	Blocking	# of Blocks
Right Forward Stance	6	Right Fist Middle Section Reverse Straight Punch	1	Right Wrist Low Section Block	1
				Left Wrist Low Section Block	2
Left Forward Stance	6	Left Fist Middle Section Reverse Straight Punch	1	Right Wrist High Section Block	2
				Left Wrist High Section Block	2
Right Back Stance	5	Right Fist High Section Reverse Straight Punch	2	Right Knife Hand Middle Section Block	2
				Left Knife Hand Middle Section Block	2
Left Back Stance	5	Left Fist High Section Reverse Straight Punch	1	Right Inner Wrist Middle Section Outward Block	2
				Left Inner Wrist Middle Section Outward Block	1
				Right Outer Wrist Middle Section Inside Block	1
				Left Outer Wrist Middle Section Inside Block	2

There are 22 Poom and 22 movements in this Poomse. The punches should be done with power and speed.

팔괘3장 품세 진행 연무선(총22동작)

나/Na ↑

라/La ←

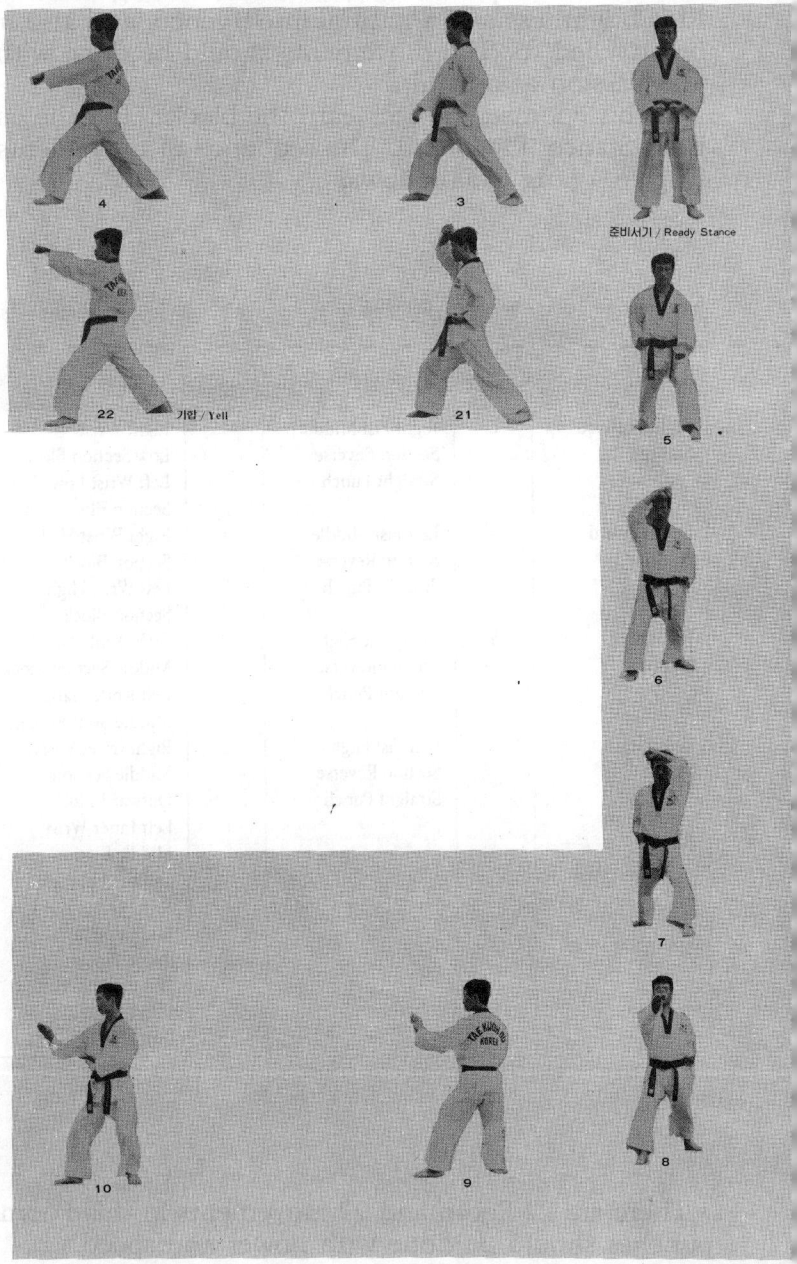

라1/La1 ←

가/Ga ↓

Palgwe 3 Jang Line and Direction of Movement (22)

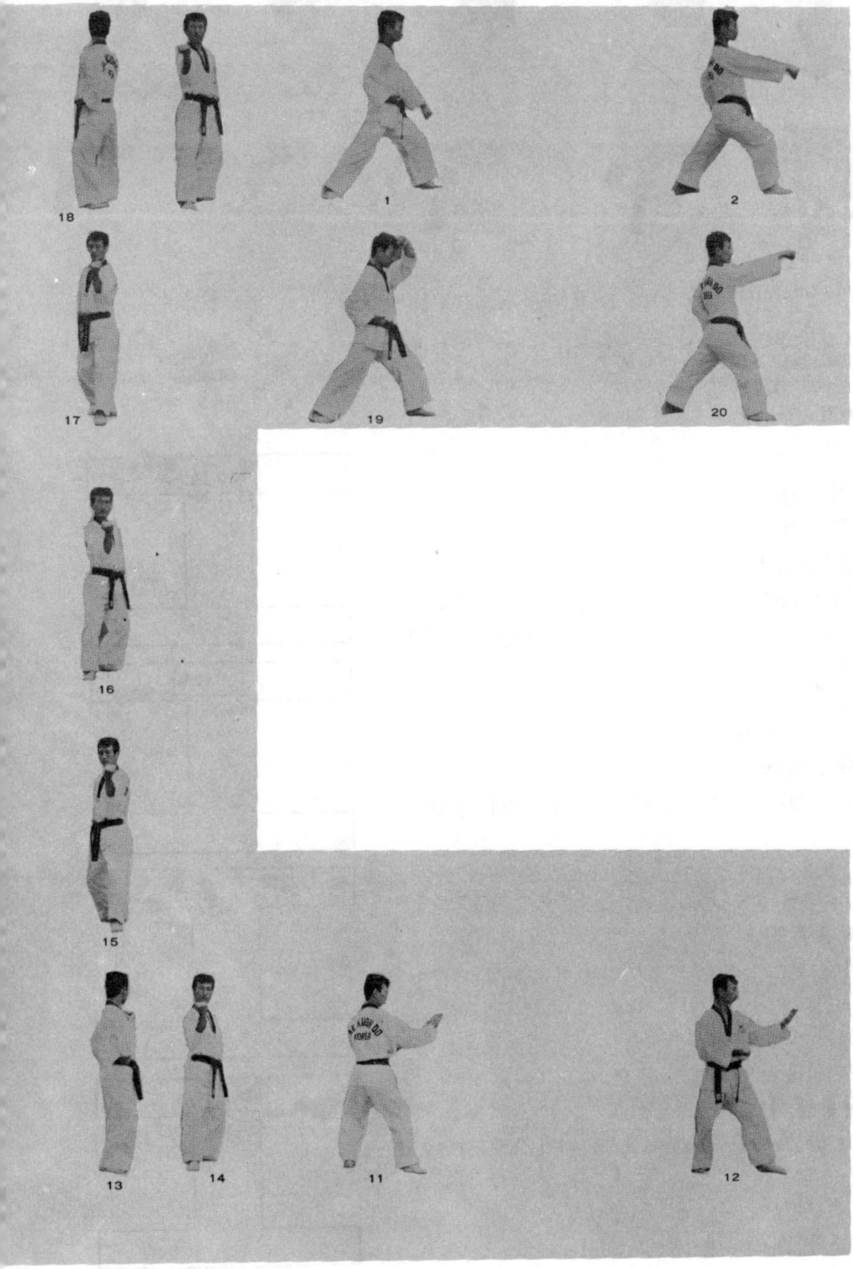

다/
Da
→

다1/
Da1
→

준비서기 / Ready Stance　　1　　2

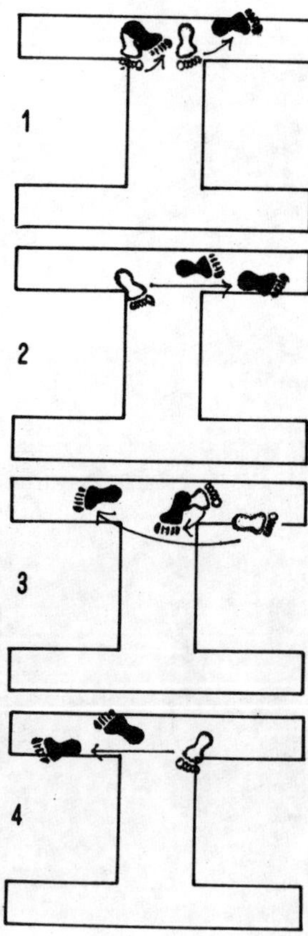

- **차　려**
- **경　례**
- **준비서기**
- **제 1 동작**

발 : 오른발 축으로, 몸 왼쪽으로 돌아 왼발 "다"방향으로 옮겨
서기 : 왼 앞굽이
팔 : 왼팔목 아래막기

- **제 2 동작**

발 : 왼발 제자리, 오른발 한 걸음 나가 "다" 방향으로
서기 : 오른 앞굽이
팔 : 오른주먹 몸통 반대지르기

- **제 3 동작**

발 : 왼발 축으로, 몸 오른쪽으로 돌아 오른발 "라"방향으로 옮겨
서기 : 오른 앞굽이
팔 : 오른팔목 아래막기

- **제 4 동작**

발 : 오른발 제자리, 왼발 한 걸음 나가 "라" 방향으로
서기 : 왼 앞굽이
팔 : 왼주먹 몸통 반대지르기

- **Attention** *(Cha Ryeọ)*
- **Bow** *(Kyung Ye)*
- **Ready Stance** *(Joonbi Seogi)*

Movements: With the right foot fixed, move the left foot to the left and face the direction of "Ga"

1. Left Wrist Low Section Block in the Left Forward Stance

(Oen Apkubi, Oen Palmok Arae Makki)

Movements: Using the right foot as the axis, turn the body to the left while moving the left foot to the "Da" direction and assume the Left Forward Stance. Execute the Left Wrist Low Section Block.

2.The Right Fist Middle Section Reverse Straight Punch in the Right Forward Stance

(Oreun Apkubi, Oreun Jumeok Momtong Bandae Jireugi)

Movements: With the left foot fixed, move the right foot one step forward ("Da" direction). Assume the Right Forward Stance then execute the Right Fist Middle Section Reverse Straight Punch.

3. The Right Wrist Low Section Block in the Right Forward Stance

(Oreun Apkubi, Oreun Palmok Arae Makki)

Movements: Using the left foot as the axis, turn the body to the right while moving the right foot to the "La" direction. Assume the Right Forward Stance then execute the Right Wrist Low Section Block.

4. The Left Fist Middle Section Reverse Straight Punch in the Left Forward Stance

(Oen Apkubi, Oen Jumeok Momtong Bandae Jireugi)

Movements: With the right foot fixed, move the left foot one step forward ("La" direction). Assume the Left Forward Stance then execute the Left Fist Middle Section Reverse Straight Punch.

• 제 5 동작

발 : 오른발 축으로, 몸 왼쪽으로 돌아 왼발 "가"방향으로 옮겨

서기 : 왼 앞굽이

팔 : 왼팔목 아래막기

• 제 6 동작

발 : 왼발 제자리, 오른발 한 걸음 나가 "가" 방향

서기 : 오른 앞굽이

팔 : 오른팔목 얼굴막기

• 제 7 동작

발 : 오른발 제자리, 왼발 한 걸음 나가 "가" 방향

서기 : 왼 앞굽이

팔 : 왼팔목 얼굴막기

• 제 8 동작

발 : 왼발 제자리, 오른발 한 걸음 나가 "가" 방향

서기 : 오른 앞굽이

팔 : 오른주먹 얼굴 반대 지르기 "기합"

5

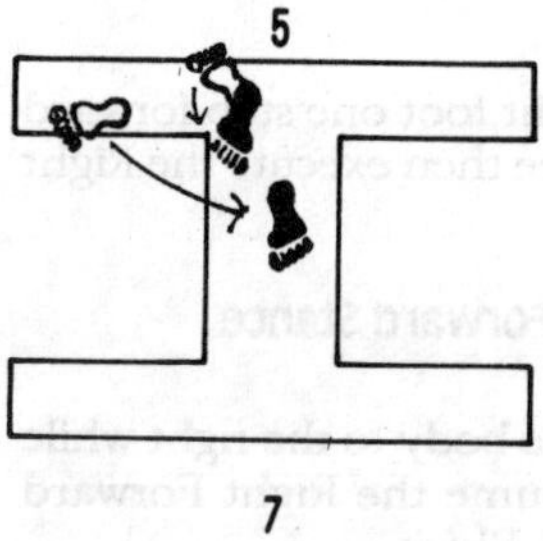

6

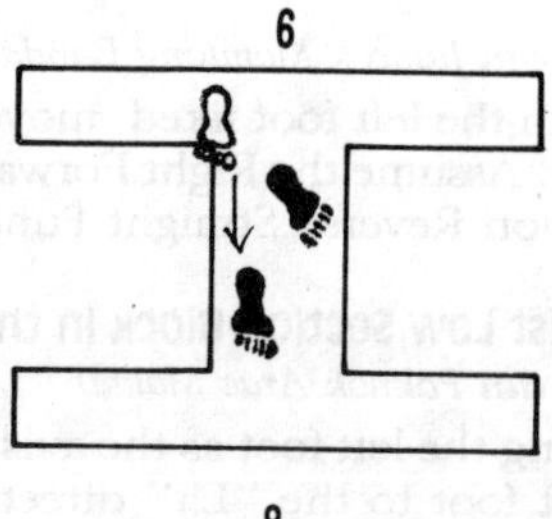

7

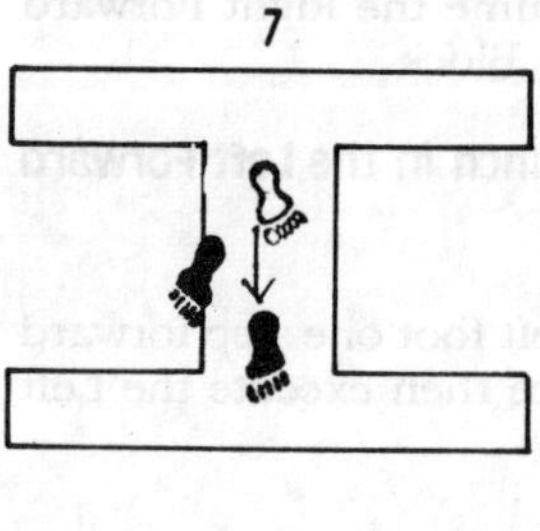

8

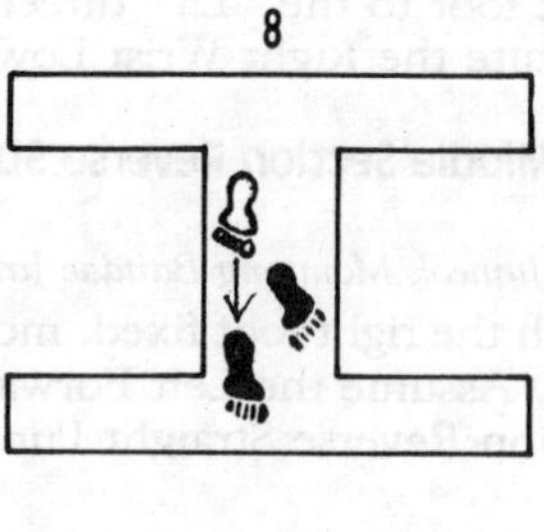

5. The Left Wrist Low Section Block in the Left Forward Stance
(Oen Apkubi, Oen Palmok Arae Makki)

Movements: Using the right foot as the axis, turn the body to the left while moving the left foot to the "Ga" direction. Assume the Left Forward Stance then execute the Left Wrist Low Section Block.

6. The Right Wrist High Section Block in the Right Forward Stance
(Oreun Apkubi, Oreun Palmok Eolgul Makki)

Movements: With the left foot fixed, move the right foot one step forward ("Ga" direction). Assume the Right Forward Stance then execute the Right Wrist High Section Block.

7. The Left Wrist High Section Block in the Left Forward Stance
(Oen Apkubi, Oen Palmok Eolgul Makki)

Movements: With the right foot fixed, move the left foot one step forward ("Ga" direction). Assume the Left Forward Stance then execute the Left Wrist High Section Block.

8. The Right Fist High Section Reverse Straight Punch in the Right Forward Stance
(Oreun Apkubi, Oreun Jumeok Eolgul Bandae Jireugi)

Movements: With the left foot fixed, move the right foot one step forward ("Ga" direction). Assume the Right Forward Stance then execute the Right Fist High Section Reverse Straight Punch. Yell(Kihap).

기합 / Yell

8

10 9

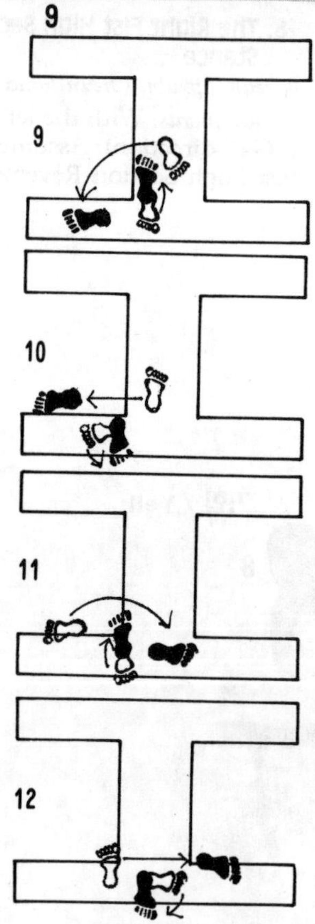

• **제 9 동작**

발 : 오른발 축으로, 몸 왼쪽으로 돌아 "라1"방향으로 옮겨

서기 : 오른 뒷굽이

팔 : 왼손날 몸통막기

• **제 10 동작**

발 : 왼발 제자리, 오른발 한 걸음 나가 "라1" 방향

서기 : 왼 뒷굽이

팔 : 오른손날 몸통막기

• **제 11 동작**

발 : 왼발 축으로 몸 오른쪽으로 돌아 오른발 "다1" 방향으로 옮겨

서기 : 왼 뒷굽이

팔 : 오른손날 몸통막기

• **제 12 동작**

발 : 오른발 제자리, 왼발 한 걸음 나가 "다1" 방향

서기 : 오른 뒷굽이

팔 : 왼손날 몸통막기

11 12

9. The Left Knife Hand Middle Section Block in the Right Back Stance
(Oreun Dwitkubi, Oen Sonnal Momtong Makki)

Movements: Using the right foot as the axis, turn the body to the left while moving the left foot to the "La 1" direction. Assume the Right Back Stance then execute the Left Knife Hand Middle Section Block.

10. The Right Knife Hand Middle Section Block in the Left Back Stance
(Oen Dwitkubi, Oreun Sonnal Momtong Makki)

Movements: With the left foot fixed, move the right foot one step forward ("La 1" direction). Assume the Left Back Stance then execute the Right Knife Hand Middle Section Block.

11. The Right Knife Hand Middle Section Block in the Left Back Stance
(Oen Dwitkubi, Oreun Sonnal Momtong Makki)

Movements: Using the left foot as the axis, turn the body to the right while moving the right foot to the "Da 1" direction. Assume the Left Back Stance then execute the Right Knife Hand Middle Section Block.

12. The Left Knife Hand Middle Section Block in the Right Back Stance
(Oreun Dwitkubi, Oen Sonnal Momtong Makki)

Movements: With the right foot fixed, move the left foot one stop forward ("Da 1" direction). Assume the Right Back Stance then execute the Left Knife Hand Middle Section Block.

• 제 13 동작

발 : 오른발 축으로, 몸 왼쪽으로 돌아 왼발 "나"방향으로 옮겨

서기 : 오른 뒷굽이

팔 : 왼 안팔목 몸통 바깥막기

• 제 14 동작

발 : 왼발 축으로, 두발 제자리에서 "가"의 방향으로 뒤돌아

서기 : 왼 뒷굽이

팔 : 오른 안팔목 몸통 바깥막기

• 제 15동작

발 : 왼발 제자리, 오른발 "나" 방향으로 한 걸음 뒤로 물러서

서기 : 오른 뒷굽이

팔 : 왼 바깥팔목 몸통 안막기

13의 용법/Using step 13

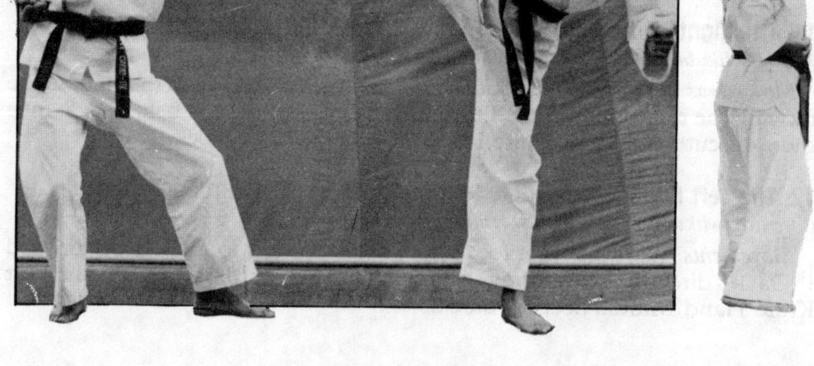

13. The Left Inner Wrist Middle Section Outward Block in the Right Back Stance

(Oreun Dwitkubi, Oen Anpalmok Momtong Bakat Makki)

Movements: Using the right foot as the axis, turn the body to the left while moving the left foot to the ''Na'' direction. Assume the Right Back Stance then execute the Left Inner Wrist Middle Section Outward Block.

14. The Right Inner Wrist Middle Section Outward Block in the Left Back Stance

(Oen Dwitkubi, Oreun Anpalmok Momtong Bakat Makki)

Movements: With both feet fixed, face the direction of ''Ga''. Assume the Left Back Stance then execute the Right Inner Wrist Middle Section Outward Block.

15. The Left Outer Wrist Middle Section Inside Block in the Right Back Stance

(Oreun Dwitkubi, Oen Bakat Palmok Momtong Anmakki)

Movements: With the left foot fixed, move the right foot one step rearward (''Na'' direction). Assume the Right Back Stance then execute the Left Outer Wrist Middle Section Inside Block.

13 14 15

18

17

16

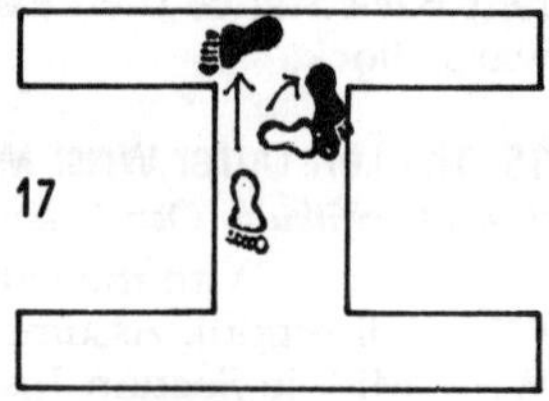

17

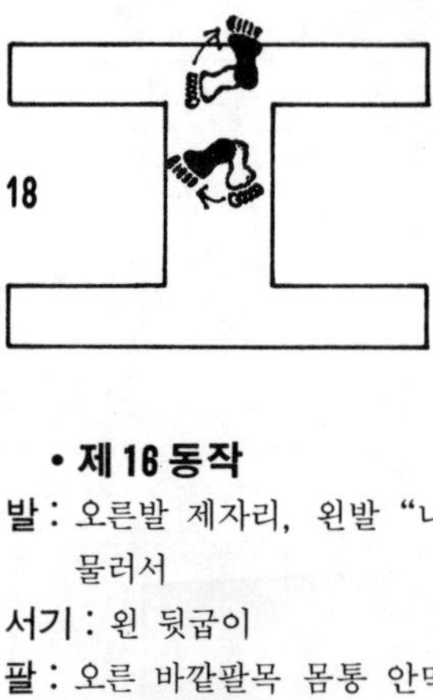

18

16

- **제 16 동작**

발 : 오른발 제자리, 왼발 "나"방향으로 한걸음 뒤로 물러서

서기 : 왼 뒷굽이

팔 : 오른 바깥팔목 몸통 안막기

- **제 17 동작**

발 : 왼발 제자리, 오른발 "나"방향으로 한걸음 뒤로 물러서

서기 : 오른 뒷굽이

팔 : 왼 바깥팔목 몸통 안막기

- **제 18 동작**

발 : 왼발 축으로, 몸 오른쪽으로 돌아 두발 제자리에서 "나"방향으로

서기 : 왼 뒷굽이

팔 : 오른 안팔목 몸통 바깥막기

16. The Right Outer Wrist Middle Section Inside Block in the Left Back Stance

(Oen Dwitkubi, Oreun Bakat Palmok Momtong Anmakki)

Movements: With the right foot fixed, move the left foot one step rearward ("Na" direction). Assume the Left Back Stance then execute the Right Outer Wrist Middle Section Inside Block.

17. The Left Outer Wrist Middle Section Inside Block in the Right Back Stance

(Oreun Dwitkubi, Oen Bakat Palmok Momtong Anmakki)

Movements: With the left foot fixed, move the right foot one step rearward ("Na" direction). Assume the Right Back Stance then execute the Left Outer Wrist Middle Section Inside Block.

18. The Right Inner Wrist Middle Section Outward Block in the Left Back Stance

(Oen Dwitkubi, Oreun Anpalmok Momtong Bakat Makki)

Movements: With both feet fixed, face the direction of "Na". Assume the Left Back Stance then execute the Right Inner Wrist Middle Section Outward Block.

17의 용법/Using step 17

19

• **제 19 동작**

발 : 오른발 축으로, 몸 왼쪽으로 돌아 왼발 "다"방향으로 옮겨

서기 : 왼 앞굽이

팔 : 왼팔목 얼굴막기

• **제 20 동작**

발 : 왼발 제자리, 오른발 한 걸음 나가 "다"방향으로

서기 : 오른 앞굽이

팔 : 오른주먹 얼굴 반대지르기

19

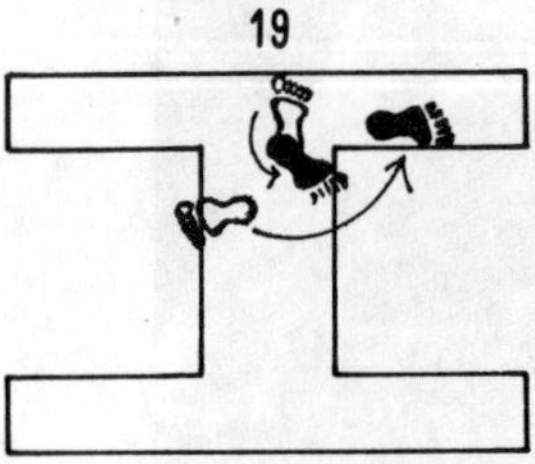

20

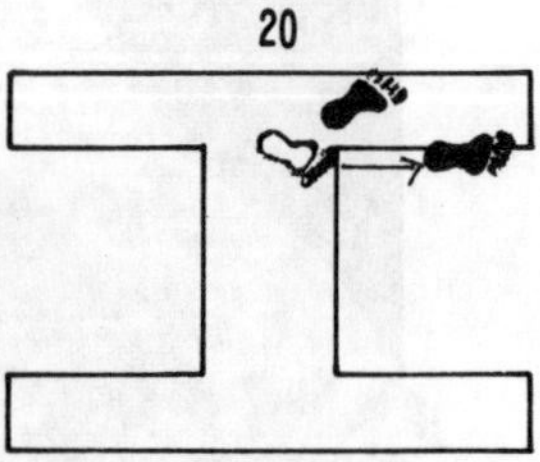

20

19. The Left Wrist High Section Block in the Left Forward Stance

(Oen Apkubi, Oen Palmok Eolgul Makki)

Movements: Using the right foot as the axis, turn to the body to the left while moving the left foot to the "Da" direction. Assume the Left Forward Stance then execute the Left Wrist High Section Block.

20. The Right Fist High Section Reverse Straight Punch in the Right Forward Stance

(Oreun Apkubi, Oreun Jumeok Eolgul Bandae Jireugi)

Movements: With the left foot fixed, move the right foot one step forward ("Da" direction). Assume the Right Forward Stance then execute the Right Fist High Section Reverse Straight Punch.

그만/End

22

21

그만/End

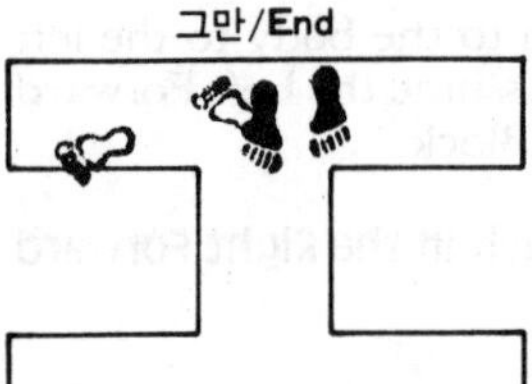

21

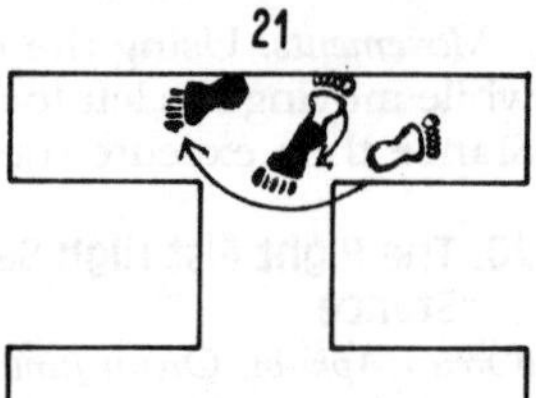

• 제 21 동작

발 : 왼발 축으로, 몸 오른쪽으로 돌아 오른발 "라" 방향으로 옮겨

기 : 오른 앞굽이

팔 : 오른팔목 얼굴막기

• 제 22 동작

발 : 오른발 제자리, 왼발 한 걸음 나가 "라" 방향으로

서기 : 왼 앞굽이

팔 : 왼주먹 얼굴 반대지르기

22

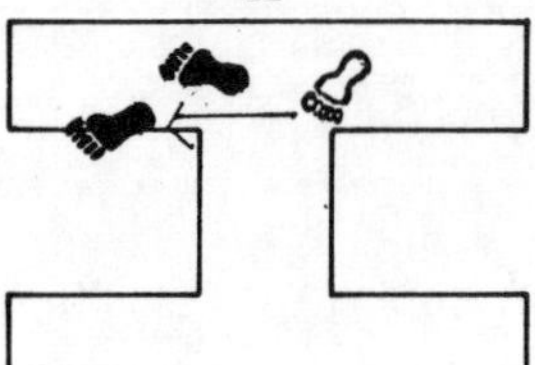

■그만

오른발 축으로, 몸 왼쪽으로 돌아 왼발 끌어 준비 자세

21. The Right Wrist High Section Block in the Right Forward Stance
(Oreun Apkubi, Oreun Palmok Eolgul Makki)

Movements: Using the left foot as the axis, turn the body to the right while moving the right foot to the "La" direction. Assume the Right Forward Stance then execute the Right Wrist High Section Block.

22. Left Fist High Section Reverse Straight Punch in the Left Forward Stance
(Oen Apkubi, Oen Jumeok Eolgul Bandae Jireugi)

Movements: With the right foot fixed, move the left foot one step forward ("La" direction). Assume the Left Forward Stance then execute the Left Fist High Section Reverse Straight Punch. Yell(Kihap).

• **End** *(Geuman)*

Movements: Using the right foot as the axis, turn the body to the left and assume the Ready Stance.

• **Attention** *(Cha Ryeo)*
• **Bow** *(Kyung Ye)*

4.

팔괘 4장

PALGWE 4 JANG

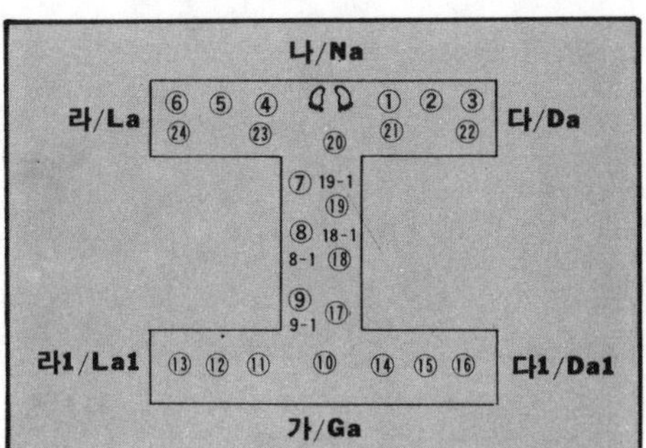

팔괘4장 품세 진행 연무선(총28동작)

Palgwe 4 Jang Line and Direction of Movement (28)

다/
Da
→

다1/
Da1
→

팔괘 4장은 팔괘(八卦)의 진(震)의 원리를 기본으로 엮어졌으며, 진은 천둥 또는 강력한 움직임을 나타낸다. 옛사람들에게 천둥은 하늘의 노여움을 나타내는 공포와 전율의 소리이기도 했다. 그러나 천둥이 온 뒤에는 반드시 밝은 하늘, 눈부신 빛이 나타난다, 따라서 뜻밖의 어려움, 두려운 국면에 임했을 때는 이 천둥을 생각, 침착하고 냉정하게 대처한다면 무난히 그 위기를 넘길 수 있는 것이다.

팔괘 4장은 주로 막고 지르기, 차고 찌르기, 지르고 치기의 공격 기법을 수련할 수 있도록 구성되어 있으며 특히 어렵다고 여겨지는 팔목 금강 몸통막기를 배우게 된다. 또한 나란히서기가 처음으로 나온다. 그 상세한 품세 구성은 다음과 같다.

기본서기	회수	품									
		차기	회수	지르기	회수	치기	회수	찌르기	회수	막기	회수
오른 앞굽이	5	오른 앞차기	2	오른주먹 몸통 바로지르기	1	오른 엎은손날 바깥치기	2	오른 편손끝 세워찌르기	2	팔목금강 몸통막기	4
왼 앞굽이	3			왼주먹 몸통 바로지르기	1	왼 엎은 손날 바깥치기	2			왼손날 몸통막기	2
오른 뒷굽이	6			왼주먹 당기고 오른주먹 턱지르기	2	왼 메주먹 바깥치기	2			오른팔목 아래막기	1
왼 뒷굽이	4			오른주먹 당기고왼주먹 턱 지르기	2					왼팔목 아래막기	1
주춤서기	2			오른주먹 몸통 반대지르기	2						
나란히서기	4										

팔괘 4장은 총 24품 28동작으로 구성되어 있는바, 제 8동작과 9동작의 연결에 유의하고, 중심의 이동시 균형이 흐트러지지 않도록 한다. 제 3, 6, 13, 16 동작에서는 손날에 힘이 전달되도록 팔굽과 팔목 관절을 곧게 펴서 한다.

Palgwe 4 Jang is a series of actions applying the Jin principle of Palgwe. Jin represents the thunder and exciting power; the things that instill fear and panic, only to disappear and bring blue skies and sunshine. This shows that the actions within this Jang are to be carried out even in the face of danger and fear. Palgwe 4 Jang consists of techniques of the punches and strikes. The Wrist Diamond Middle Section Block (Palmok Geumgang Momtong Makki) and the Parallel Stance (Naranhi Seogi) is taught in this Jang. The sequence of movements for Palgwe 4 Jang is as follows:

Stances	# of Times in Stance	Movements (Poom)									
		Kicking	# of Kicks	Punching	# of Punches	Striking	# of Strikes	Thrusting	# of Thrusts	Blocking	# of Blocks
Right Forward Stance	5	Right Front Snap Kick	2	Right Fist Middle Section Straight Punch	1	Right Flat Fist Outward Strike	2	Right Spear Finger Straight Thrust	2	Wrist Diamond Middle Section Block	4
Left Forward Stance	3			Left Fist Middle Section Straight Punch	1	Left Flat Fist Outward Strike	2			Left Knife Hand Middle Section Block	2
Right Back Stance	6			Right Fist Pull Left Fist Uppercut Punch	2	Left Hammer Fist Outward Strike	2			Right Wrist Low Section Block	1
Left Back Stance	4			Left Fist Pull Right Fist Uppercut Punch	2					Left Wrist Low Section Block	1
Riding Stance	2										
Parallel Stance	4			Right Fist Middle Section Reverse Straight Punch	2						

There are 24 Poom and 28 movements in this Poomse. The 8thand9th movements should be done in a flowing motion, and when shifting the body weight, ensure that balance is maintained. When doing the 3rd, 6th, 13th, and 16th movements, straighten the elbow and the wrist so that the power will be fully transfered to the knife hand(Sonnal).

준비서기 / Ready Stance 1 2 3

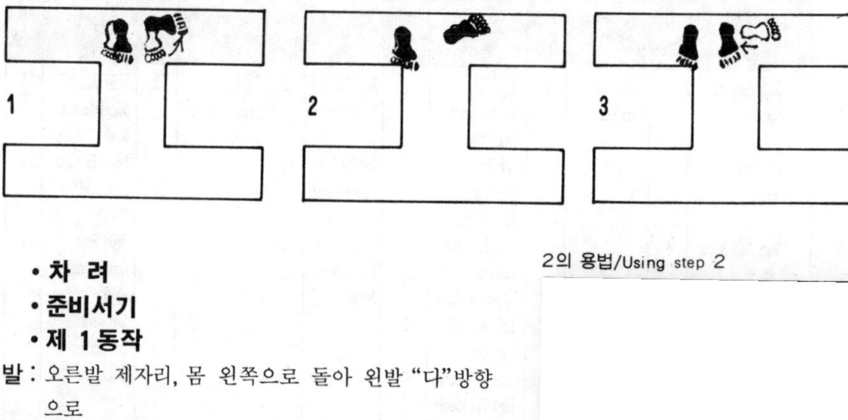

2의 용법/Using step 2

- **차 려**
- **준비서기**
- **제 1 동작**

발 : 오른발 제자리, 몸 왼쪽으로 돌아 왼발 "다"방향으로

서기 : 오른 뒷굽이

팔 : 팔목금강 몸통막기

- **제 2 동작**

발 : 두발 제자리에서

서기 : 서기 그대로

팔 : 왼주먹 당기고, 오른주먹 턱지르기

- **제 3 동작**

발 : 오른발 제자리, 왼발 약간 끌어(몸 "가"방향으로, 시선 "다"방향)

서기 : 나란히 서기

팔 : "다"방향으로, 왼손날 바깥치기

- **Attention** *(Cha Ryeo)*
- **Bow** *(Kyung Ye)*
- **Ready Stance** *(Joonbi Seogi)*

Movements: With the right foot fixed, move the left foot to the left and face the direction of "Ga".

1. The Wrist Diamond Middle Section Block in the Right Back Stance
(Oreun Dwitkubi, Palmok Geumgang Momtong Makki)

Movements: With the right foot fixed, move the left foot to the "Da" direction. Assume the Right Back Stance then execute the Wrist Diamond Middle Section Block (using the left wrist for the Middle Section Block and the right wrist for the High Section Block).

2. The Left Fist Pull, the Right Fist Uppercut Punch in the Right Back Stance
(Oreun Dwitkubi, Oen Jumeok Dangkigo Oreun Jumeok Teok Jireugi)

Movements: Keeping both feet fixed, pull the left fist to the right shoulder. Execute the Right Fist Uppercut Punch.

3. The Knife Hand Outward Strike in the Parallel Stance (Ready Stance)
(Nalanhi Seogi, Oen Sonnal Bakat Chigi)

Movements: With the right foot fixed, move the left foot toward the right foot and face the direction of "Da". Assume the Parallel Stance then execute the Left Knife Hand Outward Strike.

1 의 용법/Using step 1

3의 용법/Using step 3

6　　　　　　　　5

4

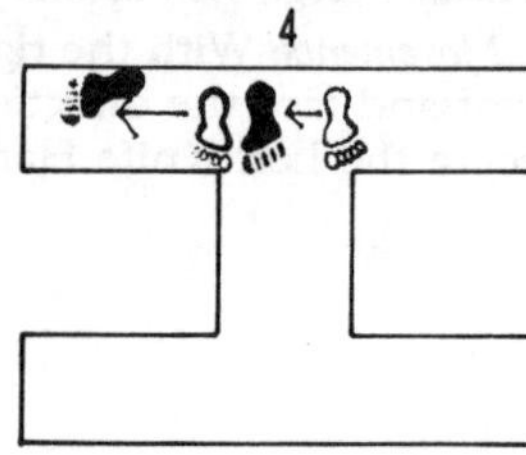

- **제 4 동작**

발 : 왼발 끌어 오른발에 붙이고, 오른발 "라"방향으로 옮겨

서기 : 왼 뒷굽이

팔 : 팔목 금강 몸통막기

5

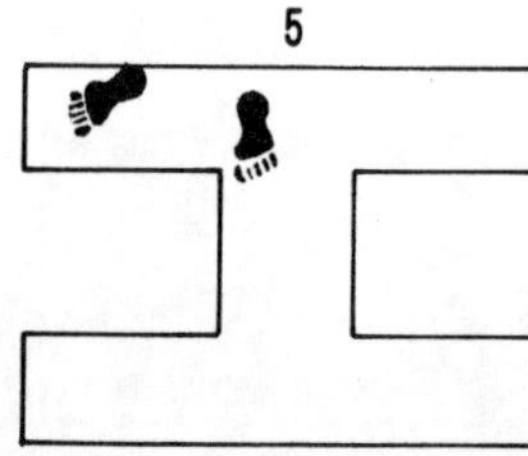

- **제 5 동작**

발 : 두발 제자리

서기 : 서기 그대로

팔 : 오른주먹 당기고, 왼주먹 턱지르기

- **제 6 동작**

발 : 왼발 제자리, 오른발 약간 끌어(몸 "가"방향, 시선 "라"방향)

서기 : 나란히서기

팔 : "라"방향으로 오른손날 바깥치기

6

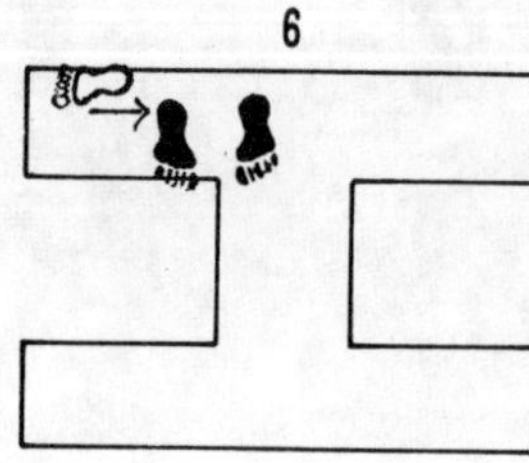

4

4. The Wrist Diamond Middle Section Block in the Left Back Stance
(Oen Dwitkubi, Palmok Geumgang Momtong Makki)

Movements: Move the left foot so that it touches the right foot then move the right foot to the ''La'' direction. Assume the Left Back Stance then execute the Wrist Diamond Middle Section Block (using the right wrist for the Middle Section Block and the left wrist for the High Section Block).

5. The Right Fist Pull, the Left Fist Uppercut Punch in the Left Back Stance
(Oen Dwitkubi, Oreun Jumeok Dangkigo Oen Jumeok Teok Jireugi)

Movements: Keeping both feet fixed, pull the right fist to the left shoulder then execute the Left Fist Uppercut Punch.

6. The Right Knife Hand Outward Strike in the Parallel Stance
(Nalanhi Seogi, Oreun Sonnal Bakat Chigi)

Movements: With the left foot fixed, move the right foot toward the left foot and face the direction ''La''. Assume the Parallel Stance then execute the Right Knife Hand Outward Strike.

• 제 7 동작

발 : 오른발 끌어 왼발에 붙이고, 왼발 "가" 방향으로 나가

서기 : 오른 뒷굽이

팔 : 왼손날 몸통막기

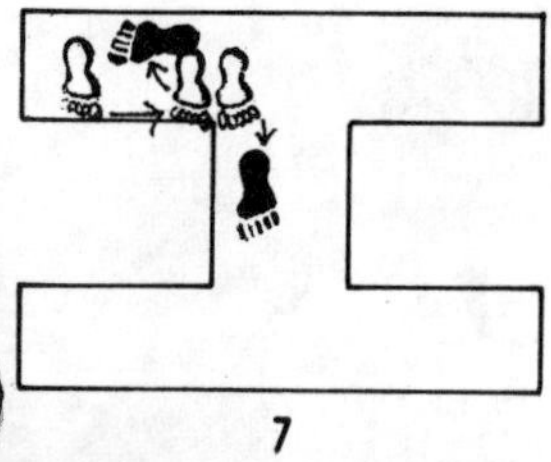

7

• 제 8 동작

발 : 왼발 제자리, "가"방향으로 오른발 앞차고 내딛어

서기 : 오른 앞굽이

팔 : 오른 편손끝 세워찌르기

8

9

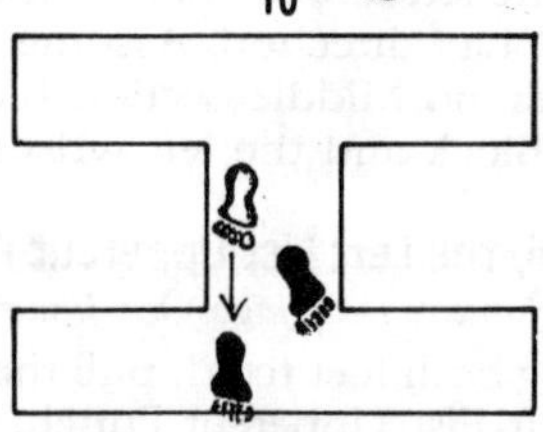

10

• 제 9 동작

발 : 두 발 제자리에서, 손목 밑으로 몸돌려 빼어(잡힌 손목 빼는 동작) 이어서 오른발 축으로, 몸 왼쪽으로 뒤돌아 왼발 "가"방향으로 나가

서기 : 왼 앞굽이

팔 : 왼 메주먹 바깥치기

• 제 10 동작

발 : 왼발 제자리, 오른발 한 걸음 나가 "가" 방향으로

서기 : 오른 앞굽이

팔 : 오른주먹 몸통 반대지르기 "기합"

10
기합 /
Yell

7. The Left Knife Hand Middle Section Block in the Right Back Stance

(Oreun Dwikubi, Oen Sonnal Momtong Makki)

Movements: Bring the right foot toward the left foot then move the left foot to the "Ga" direction. Assume the Right Back Stance then execute the Left Knife Hand Middle Section Block.

8. The Right Front Snap Kick and the Right Straight Spear Finger Thrust in the Right Forward Stance

(Oreun Apchagi, Oreun Apkubi, Oreun Pyeonsonkeut Seweo Chireugi)

Movements: With the left foot fixed, execute the Right Front Snap Kick so that the right foot lands to the front ("Ga" direction). Assume the Right Forward Stance and execute the Right Straight Spear Finger Thrust. Move the left hand downward then execute the Pressing Middle Section Block and the Right Spear Finger Thrust simultaneously. The left hand should remain under the right elbow.

9. The Left Hammer Fist Outward Strike in the Left Forward Stance

(Oen Apkubi, Oen Mejumeok Bakat Chigi)

Movements: Using the right foot as the axis, turn the body to the left. While moving the right arm to the lower section and keeping the back toward the opponent to avoid being grabbed. Move the left foot one step forward ("Ga" direction). Assume the Left Forward Stance then execute the Left Hammer Fist Outward Strike.

10. The Right Fist Middle Section Reverse Straight Punch in the Right Forward Stance

(Oreun Apkubi, Oreun Jumeok Momtong Bandae Jireugi)

Movements: With the left foot fixed, move the right foot one step forward ("Ga" direction). Assume the Right Forward Stance then execute the Right Fist Middle Section Reverse Straight Punch. Yell(Kihap).

8의 용법/Using step 8

9의 용법/Using step 9

10의 용법/Using step 10

13 12

11

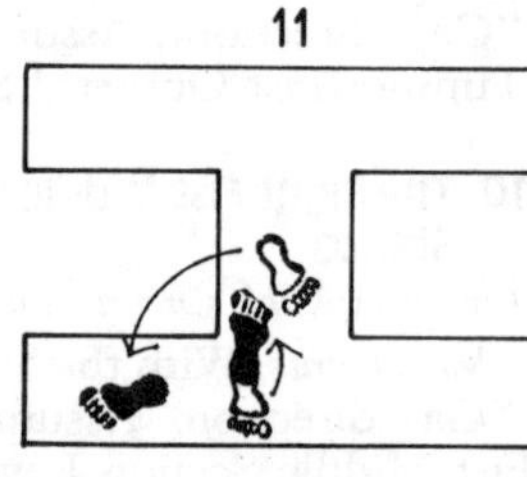

12

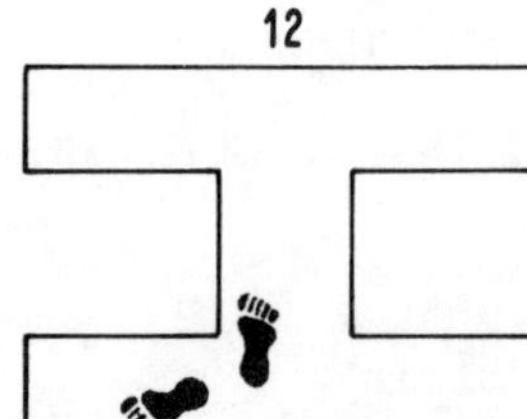

13

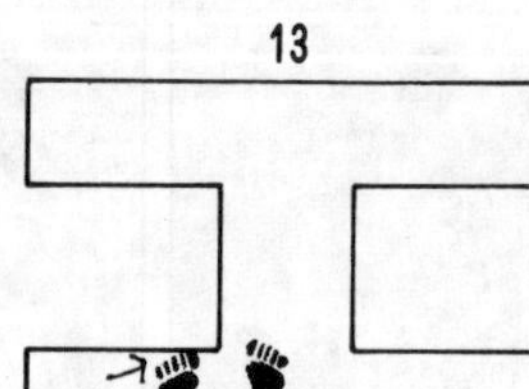

• **제 11 동작**

발 : 오른발 축으로, 몸 왼쪽으로 돌아 왼발 "라1"방향으로 옮겨

서기 : 오른 뒷굽이

팔 : 팔목 금강 몸통막기

• **제 12 동작**

발 : 두 발 제자리

서기 : 서기 그대로

팔 : 왼주먹 당기고 오른주먹 턱지르기

• **제 13 동작**

발 : 오른발 제자리, 왼발 약간 끌어 (몸 "나"방향, 시선 "라1"방향)

서기 : 나란히 서기

팔 : "라1" 방향으로 왼손날 바깥치기

11

11. The Wrist Diamond Middle Section Block in the Right Back Stance
(Oreun Dwitkubi, Palmok Geumgang Momtong Makki)

Movements: Using the right foot as the axis, turn the body to the left while moving the left foot to the "La 1" direction. Assume the Right Back Stance then execute the Wrist Diamond Middle Section Block (using the left wrist for the Middle Section Block and the right wrist for the High Section Block).

12. The Left Fist Pull, the Right Fist Uppercut Punch in the Right Back Stance
(Oreun Dwitkubi, Oen Jumeok Dangkigo Oreun Jumeok Teok Jireugi)

Movements: Keeping both feet fixed, pull the left fist to the right shoulder then execute the Right Fist Uppercut Punch.

13. The Left Knife Hand Outward Strike in the Parallel Stance (Ready Stance)
(Nalanhi Seogi, Oen Sonnal Bakat Chigi)

Movements: Keeping the right foot fixed, turn the body to the left and assume the Ready Stance.

14

• **제 14 동작**

발 : 왼발 끌어 오른발에 붙이고 오른발 "다1"방향으로

서기 : 왼 뒷굽이

팔 : 팔목 금강 몸통막기

• **제 15 동작**

발 : 두 발 제자리

서기 : 서기 그대로

팔 : 오른 주먹 당기고 왼주먹 턱지르기

• **제 16 동작**

발 : 왼발 제자리, 오른발 약간 끌어(몸 "나"방향, 시선 "왼쪽"방향)

서기 : 나란히서기

팔 : "다1"방향으로 오른손날 바깥치기

14

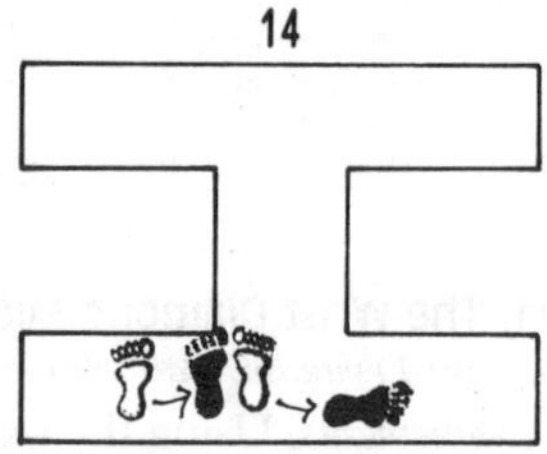

15

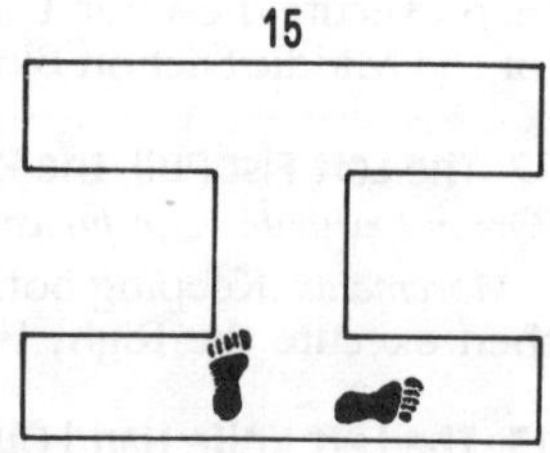

16

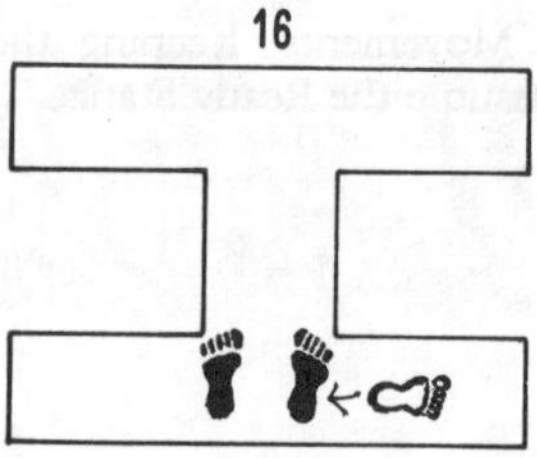

15 16

14. The Wrist Diamond Middle Section Block in the Left Back Stance
(Oen Dwitkubi, Palmok Geumgang Momtong Makki)

Movements: Move the left foot so that it touches the right foot then move the right foot to the "Da 1" direction. Assume the Left Back Stance then execute the Wrist Diamond Middle Section Block(using the right wrist for the Middle Section Block and the left wrist for the High Section Block).

15. The Right Fist Pull, the Left Fist Uppercut Punch in the Left Back Stance
(Oen Dwitkubi, Oreun Jumeok Dangkigo Oen Jumeok Teok Jireugi)

Movements: Keep both feet fixed, pull the right fist to the left shoulder then execute the Left Fist Uppercut Punch.

16. The Right Knife Hand Outward Strike in the Parallel Stance.
(Nalanhi Seogi, Oreun Sonnal Bakat Chigi)

Movements: With the left foot fixed, move the right foot toward the left foot and face the direction of "Da 1". Assume the Parallel Stance then execute the Right Knife Hand Outward Strike.

• **제 17 동작**

발 : 오른발 끌어 왼발에 붙이고, 왼발 "나"방향으로 나가

서기 : 오른 뒷굽이

팔 : 왼손날 몸통막기

• **제 18 동작**

발 : 왼발 제자리, "나"방향으로 오른발 앞차고 내딛어

서기 : 오른 앞굽이

팔 : 오른 편손끝 세워찌르기

• **제 19 동작**

발 : 제자리에서 손목 위로, 몸 돌려 빼기(잡힌 손목 빼는 동작), 이어서 오른발 축, 왼쪽으로 몸 돌려 뒤돌아 왼발 "나"방향으로 옮겨

서기 : 왼 앞굽이

팔 : 왼 메주먹 바깥치기

• **제 20동작**

발 : 왼발 제자리, 오른발 한 걸음 나가 "나"방향으로

서기 : 오른 앞굽이

팔 : 오른주먹 몸통 반대지르기 "기합"

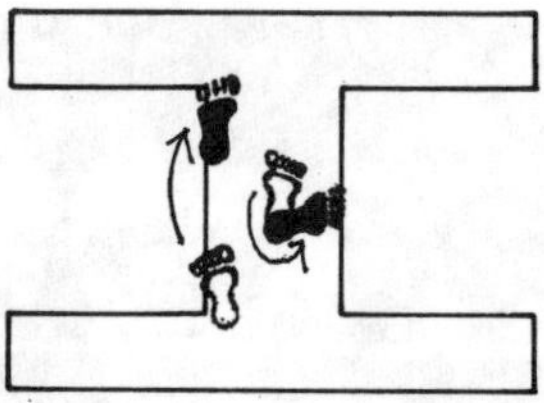

19

20

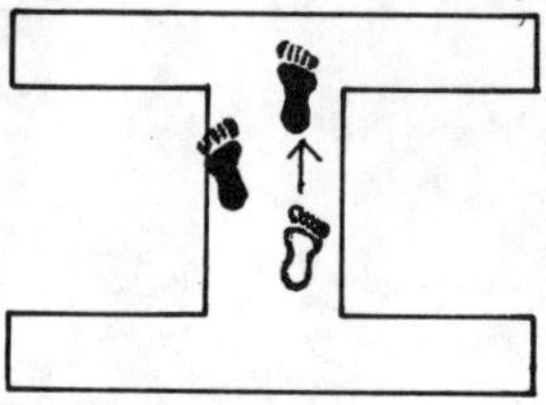

20

기합 / Yell

17. The Left Knife Hand Middle Section Block in the Right Back Stance ·

(Oreun Dwitkubi, Oen Sonnal Momtong Makki)

Movements: Move the right foot so that it touches the left foot then move the left foot to the "Na" direction. Assume the Right Back Stance then execute the Left Knife Hand Middle Section Block.

17

18

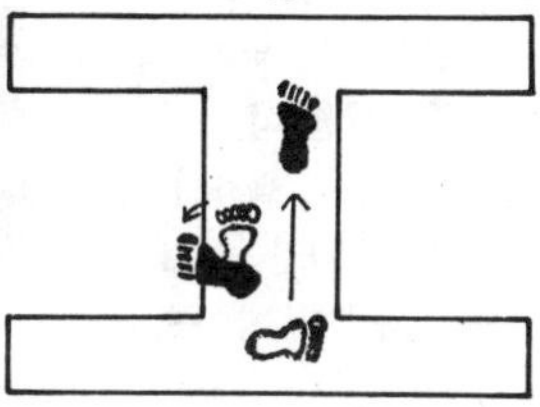

18. The Right Front Snap Kick and the Right Straight Spear Finger Thrust in the Right Forward Stance

(Oreun Apchagi, Oreun Apkubi, Oreun Pyeonsonkeut Seweo Chireugi)

Movements: With the left foot fixed, execute the Right Front Snap Kick so that the right foot lands to the front ("Na" direction). Assume the Right Forward Stance then execute the Right Straight Spear Finger Thrust. Move the left hand downward then execute the Pressing Middle Section Block and the Right Spear Finger Thrust simultaneously. The left hand should remain under the right elbow.

19. The Left Hammer Fist Outward Strike in the Left Forward Stance

(Oen Apkubi, Oen Mejumeok Bakat Chigi)

Movements: Using the right foot as the axis, turn the body to the left while moving the right straight spear finger toward your face as you turn. Move the left foot one step forward ("Na" direction). Assume the Left Forward Stance then execute the Left Hammer Fist Outward Strike.

20. The Right Middle Section Reverse Straight Punch in the Right Forward Stance

(Oreun Apkubi, Oreun Jumeok Momtong Bandae Jireugi)

Movements: With the left foot fixed, move the right foot one step forward ("Na" direction). Assume the Right Forward Stance then execute the Right Fist Middle Section Reverse Straight Punch. Yell (Kihap).

• **제 21동작**

발 : 오른발 축으로, 몸 왼쪽으로 돌아 왼발 "다"방향으로 옮겨

서기 : 주춤서기 (몸 "가"방향 시선 "다"방향)

팔 : "다"방향으로 왼팔목 아래막기

• **제 22동작**

발 : 오른발 제자리, 왼발 약간 옮겨 나가 "다"방향으로

서기 : 왼 앞굽이

팔 : 오른주먹 몸통바로지르기

21

21

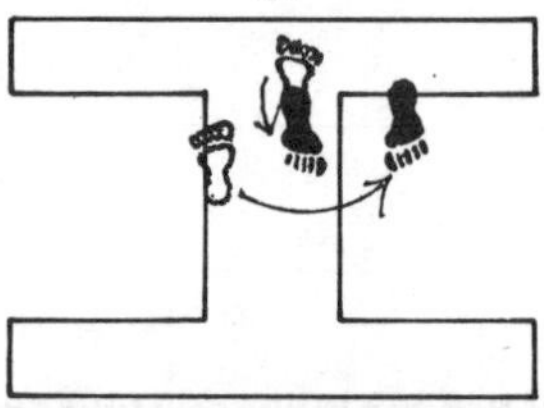

21의 용법/Using step 21

21. The Left Wrist Low Section Block in the Riding Stance

(Juchum Seogi, Oen Palmok Arae Makki)

Movements: Using the right foot as the axis, turn the body to the left while moving the left foot to the 'Da'' direction. Assume the Riding Stance then execute the Left Wrist Low Section Block.

22

22

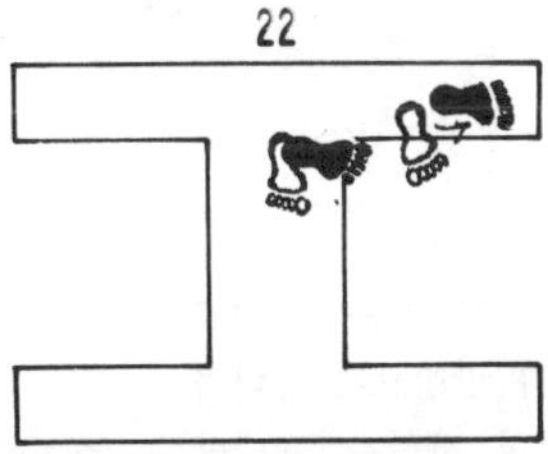

22. The Right Fist Middle Section Straight Punch in the Left Forward Stance

(Oen Apkubi, Oreun Jumeok Momtong Baro Jireugi)

Movements: With the right foot fixed, move the left foot slightly (''Da'' direction). Assume the Left Forward Stance then execute the Right Fist Middle Section Straight Punch.

22의 용법/Using step 22

그만/End　　24　　23

• **제 23 동작**

발 : 오른발 제자리, 왼발 끌어 준비서기로 갖다 놓고 오른발 "라"방향으로 나가

서기 : 주춤서기(몸은 "가"방향, 시선은 "라"방향)

팔 : 오른팔목 아래막기

• **제 24 동작**

발 : 왼발 제자리, 오른발 약간 나가 "라"방향으로

서기 : 오른 앞굽이

팔 : 왼주먹 몸통 바로지르기

■그만

왼발 제자리, 오른발 끌어 준비 자세

23

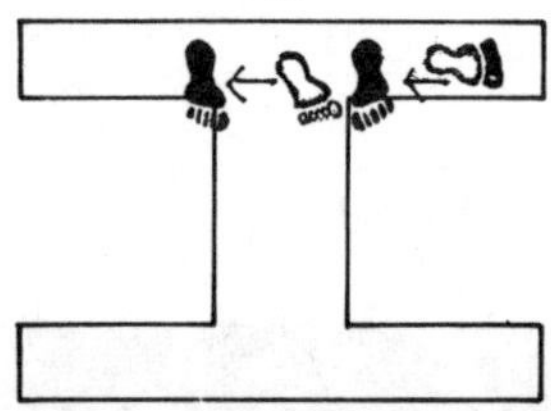

24

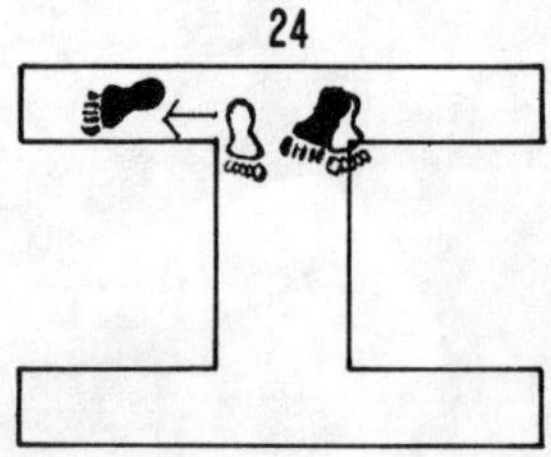

그만/End

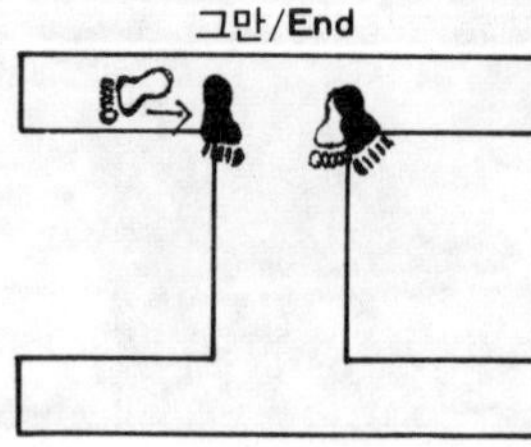

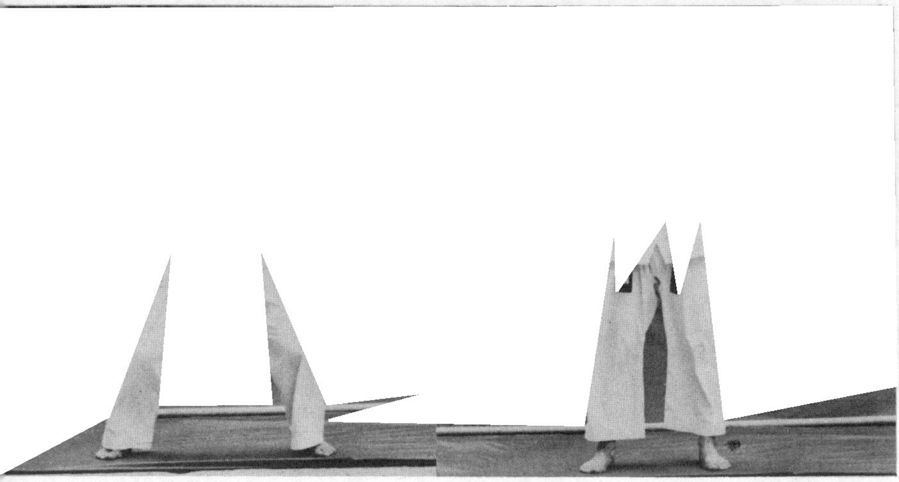

23. The Right Wrist Low Section Block in the Riding Stance

(Juchum Seogi, Oreun Palmok Arae Makki)

Movements: Move the left foot rearward and assume the Ready Stance then move the right foot slightly to the ''La'' direction. Assume the Riding Stance then execute the Right Wrist Low Section Block.

24. The Left Fist Middle Section Straight Punch in the Right Forward Stance

(Oreun Apkubi, Oen Jumeok Momtong Baro Jireugi)

Movements: With the left foot fixed, move the right foot slightly (''La'' direction). Assume the Right Forward Stance then execute the Left Fist Middle Section Straight Punch.

- **End** *(Geuman)*

Movements: Keeping the left foot fixed, move the right foot to the left and assume the Ready Stance.

- **Attention** *(Cha Ryeo)*
- **Bow** *(Kyung Ye)*

5.

팔괘 5장

PALGWE 5 JANG

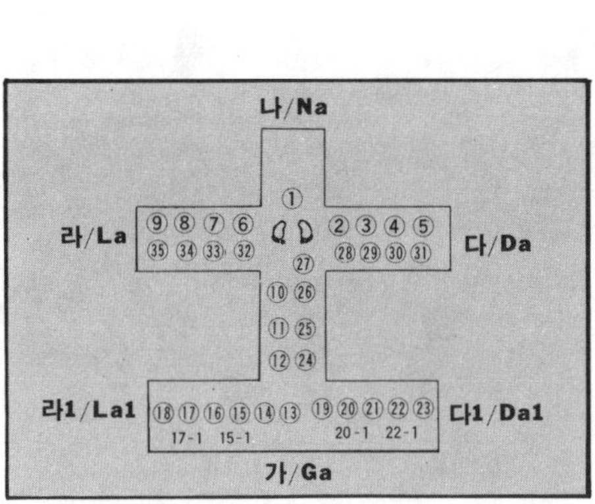

팔괘5장 품세 진행 연무선(총39동작)

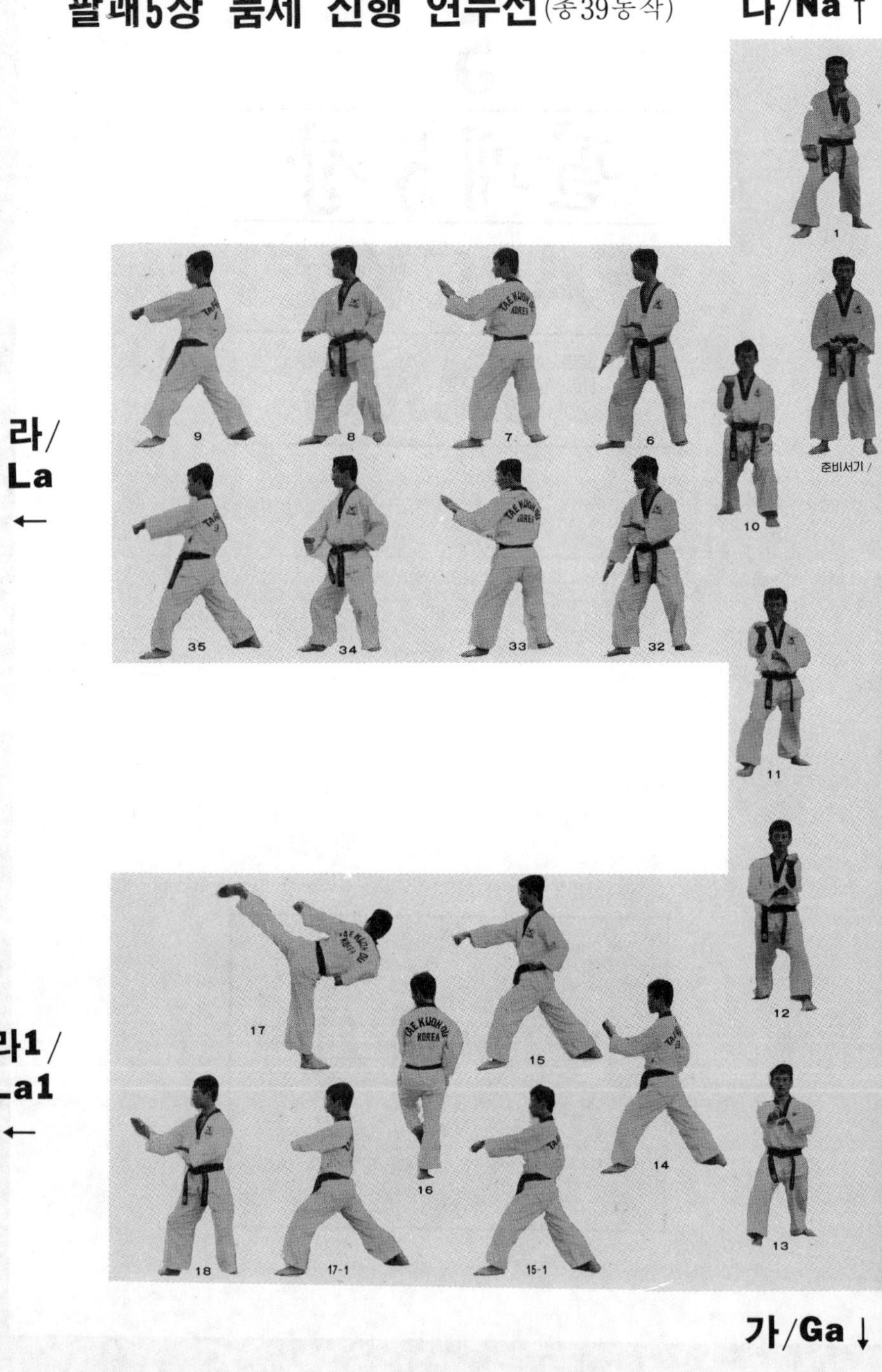

Palgwe 5 Jang Line and Direction of Movement (39)

다/
Da
→

다1/
Da1
→

팔괘 5장은 팔괘(八卦)의 손(巽)의 원리를 근본으로 엮어졌으며, 손은 바람을 상징한다. 바람은 장애물을 만나면 부드럽게 몸을 피해가며, 어떤 구석이라도 그 숨길이 닿지 않는 곳이 없다. 손(巽)에는 또한 들어간다는 뜻도 있으니, 어떤 일에서나, 어떤 인간 관계에서나 유연한 적응성을 갖고 들어갈 수 있는 자세를 가져야 할 것이다.

그러한 의미에서 팔괘 5장은 앞으로 나가며 방어하고, 뒤로 물러서면서 방어하고, 또 강한 지르기 공격을 배울 수 있으며 가위막기, 바탕손 몸통 눌러막기, 팔굽 표적치기, 옆차기 등의 다양한 기법으로 구성되었다. 그 상세한 내용은 다음과 같다.

기본서기	회수	품											
		차기	회수	지르기	회수	치기	회수	찌르기	회수	막기	회수	기타	회수
오른 앞굽이	9	오른발 옆차기	7	오른주먹 몸통반대지르기	1	오른팔굽 표적치기	1	오른편손끝세워찌르기	1	가위막기	3	오른돌쩌귀	1
왼 앞굽이	8	왼발 옆차기	7	왼주먹 몸통반대지르기	1	왼팔굽 표적치기	1			오른손날 아래막기	2	왼 돌쩌귀	1
오른 학다리서기	7			오른주먹 왼주먹몸통두번지르기	1					왼손날 아래막기	2		
왼 학다리서기	7			왼주먹 오른주먹 몸통두번지르기	1					오른손날 몸통막기	3		
										왼손날 몸통막기	3		
										오른 바탕손 몸통 눌러막기	2		
										왼 바탕손 몸통 눌러막기	2		
										오른팔목 거들어 몸통막기	1		
										왼팔목거들어몸통막기	1		
										오른 안팔목 몸통 바깥막기	1		
										왼 안팔목 몸통 바깥막기	1		
										오른팔목 거들어 아래막기	1		
										왼팔목 거들어 아래막기	1		

팔괘 5장의 총 품세는 35품, 39동작으로 구성되어 있다. 제16,21 동작에서는 몸의 중심을 잃지 않도록 주의하고 제17, 22동작은 차는 순간 중심을 완전히 잡을 수 있도록 수련한다. 제14, 15, 19, 20동작은 강한 공격수이다.

Palgwe 5 Jang is a series of actions applying the Seon principle of Palgwe. Seon represents the wind because of its penetrating effect; able to find its way into every corner and cranny, and the wood because of it's flexibility.This movements. a strong, flexible and humbled state of mind.

In this Jang, defense is taught while moving forward and backward. This powerful consists of various techniques; the Scissors Block (Gawi Makki), the Palm Fist Middle Section Press Block (Batangson Momtong Nulreo Makki), the Elbow Target Strike (Palgup Pyojeok Chigi), and the Side Kick (Yeop Chagi). The sequence of movements for Palgwe 5 Jang is as follows:

Stances	# of Times in Stance	Movements (Poom)										
		Kicking	# of Kicks	Punching	# of Punches	Striking	# of Strikes	Thrusting	# of Thrusts	Blocking	# of Blocks	Miscell-aneous	# of Misc.
Right Forward Stance	9	Right Side Kick	7	Right Fist Middle Section Reverse Straight Punch	1	Right Wrist Target Strike	1	Right Spear Finger Straight Thrust	1	Scissors Block	3	Right Hinge Shape	1
Left Forward Stance	8	Left Side Kick	7	Left Fist Middle Section Reverse Straight Punch	1	Left Wrist Target Strike	1			Right Knife Hand Low Section Block	2	Left Hinge Shape	1
Right Crane Stance	7			Right then Left Fist Middle Section Double Punch	1					Left Knife Hand Low Section Block	2		
Left Crane Stance	7			Left then Right Fist Middle Section Double Punch	1					Right Knife Hand Middle Section Block	3		
										Left Knife Hand Middle Section Block	3		
										Right Palm Fist Middle Section Press Block	2		
										Left Palm Fist Middle Section Press Block	2		
										Right Wrist Guarding Middle Section Block	1		
										Left Wrist Guarding Middle Section Block	1		
										Right Inner Wrist Middle Section Outward Black	1		
										Left Inner Wrist Middle Section Outward Block	1		
										Right Wrist Guarding Low Section Block	1		
										Left Wrist Guarding Low Section Block	1		

There are 35 Poom and 39 movements in this Poomse. Maintain balance when executing the 16th and 21st movements. The 14th, 15th, 19th, and 20th movements are very powerful attacking techniques.

준비서기 / Ready Stance

1

- **차 려**
- **경 례**
- **준비서기**
- **제 1 동작**

발 : 오른발 제자리, 왼발 뒤로 빼어 "나"방향으로

서기 : 오른 앞굽이

팔 : 가위막기

- **제 2 동작**

발 : 오른발 제자리, 왼발 "다" 방향으로 옮겨

서기 : 오른 뒷굽이

팔 : 왼손날 아래막기

1의 용법/Using step 1

2의 용법/Using step 2

2

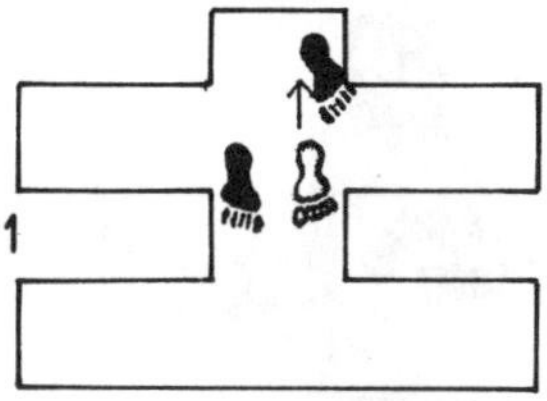

1

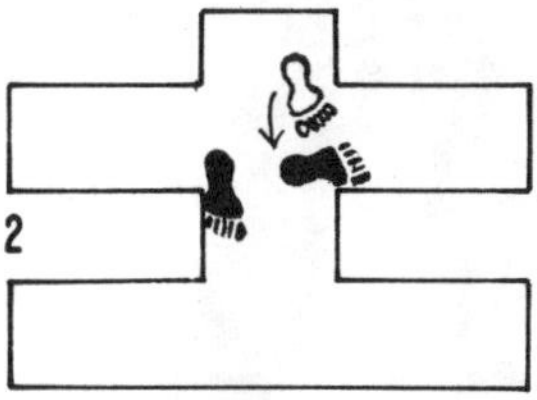

2

- **Attention** *(Cha Ryeo)*
- **Bow** *(Kyung Ye)*
- **Ready Stance** *(Joonbi Seogi)*

Movements: With the right foot fixed, move the left foot to the left and face the direction of "Ga"

1. The Scissors Block in the Right Forward Stance

(Oreun Apkubi, Gawi Makki)

Movements: With the right foot fixed, move the left foot one step rearward ("Na" direction). Assume the Right Forward Stance then execute the Scissors Block(using the right wrist for the Low Section Block and the left wrist for the Middle Section Block)

2. The Left Knife Hand Low Section Block in the Right Back Stance

(Oreun Dwitkubi, Oen Sonnal Arae Makki)

Movements: With the right foot fixed, move the left foot to the "Da" direction. Assume the Right Back Stance then execute the Left Knife Hand Low Section Block.

3　　　　　　　　　　　　　　　　4

3의 용법/Using step 3

3

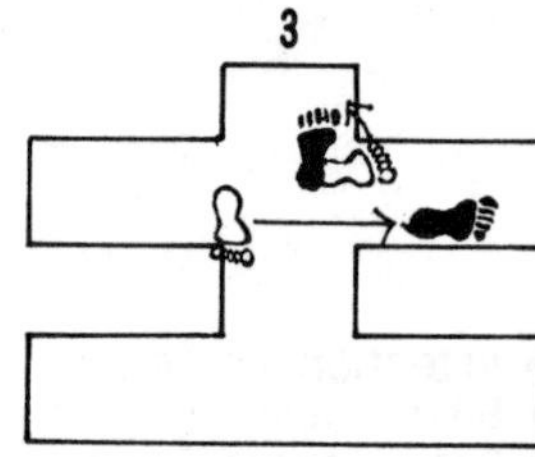

4

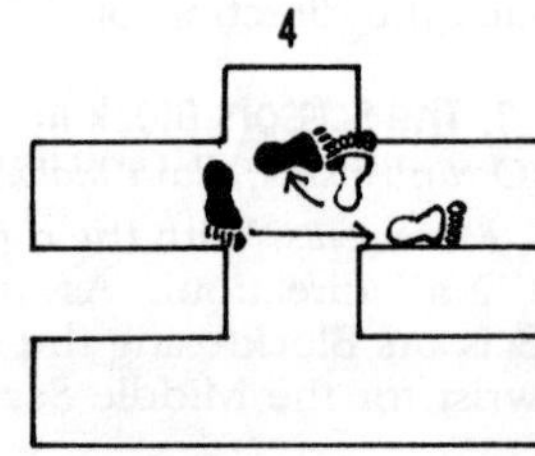

5

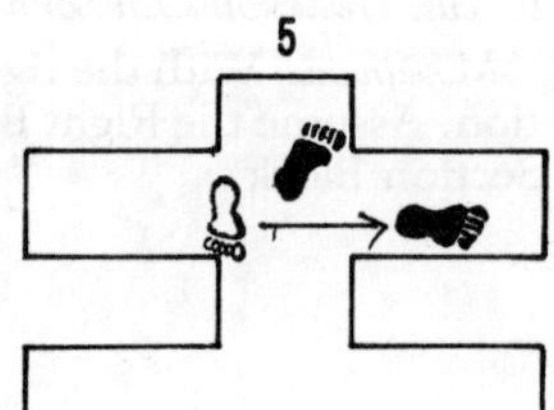

• **제 3 동작**

발 : 왼발 제자리, 오른발 한 걸음 나가 "다"방향으로

서기 : 왼 뒷굽이

팔 : 오른손날 몸통막기

• **제 4 동작**

발 : 왼발 제자리, 오른발 "라"방향 뒤로 빼어 "다"방향으로

서기 : 오른 뒷굽이

팔 : 왼 바탕손 몸통 눌러막기

• **제 5 동작**

발 : 왼발 제자리, 오른발 한 걸음 나가 "다"방향으로

서기 : 오른 앞굽이

팔 : 오른주먹 몸통 반대지르기

5

4의 용법/Using step 4

5의 용법/Using step 5

3. The Right Knife Hand Middle Section Block in the Left Back Stance

(Oen Dwitkubi, Oreun Sonnal Momtong Makki)

Movements: With the left foot fixed, move the right foot one step forward ("Da" direction). Assume the Left Back Stance then execute the Right Knife Hand Middle Section Block.

4. The Left Palm Fist Middle Section Press Block in the Right Back Stance

(Oreun Dwitkubi, Oen Batangson Momtong Nulreo Makki)

Movements: With the left foot fixed, move the right foot one step rearward ("Da" direction). Assume the right back stance then execute the Left Palm Fist Middle Section Press Block.

5. The Right fist Middle Section Reverse Straight Punch in the Right Forward Stance

(Oreun Apkubi, Oreun Jumeok Momtong Bandae Jireugi)

Movements: With the left foot fixed, move the right foot one step forward ("Da" direction). Assume the Right Forward Stance then execute the Right Fist Middle Section Reverse Straight Punch.

• 제 6 동작

발 : 왼발 축으로, 몸 오른쪽으로 돌아 오른발 "라"방향으로 옮겨

서기 : 왼 뒷굽이

팔 : 오른손날 아래막기

7

• 제 7 동작

발 : 오른발 제자리, 왼발 한 걸음 나가 "라"방향으로

서기 : 오른 뒷굽이

팔 : 왼손날 몸통막기

6

7

6

6. The Right Knife Hand Low Section Block in the Left Back Stance

(Oen Dwitkubi, Oreun Sonnal Arae Makki)

Movements: Using the left foot as the axis, turn the body to the right while moving the right foot to the "La" direction. Assume the Left Back Stance then execute the Right Knife Hand Low Section Block.

7. The Left Knife Hand Middle Section Block in the Right Back Stance

(Oreun Dwitkubi, Oen Sonnal Momtong Makki)

Movements: With the right foot fixed, move the left foot one step forward ("La" direction). Assume the Right Back Stance then execute the Left Knife Hand Middle Section Block.

• 제 8 동작

발 : 오른발 제자리, 왼발 "다"방향 뒤로 빼어 "라"방향으로

서기 : 왼 뒷굽이

팔 : 오른 바탕손 몸통 눌러막기

• 제 9 동작

발 : 오른발 제자리, 왼발 한 걸음 나가 "라"방향으로

서기 : 왼 앞굽이

팔 : 왼주먹 몸통 반대지르기

9

8

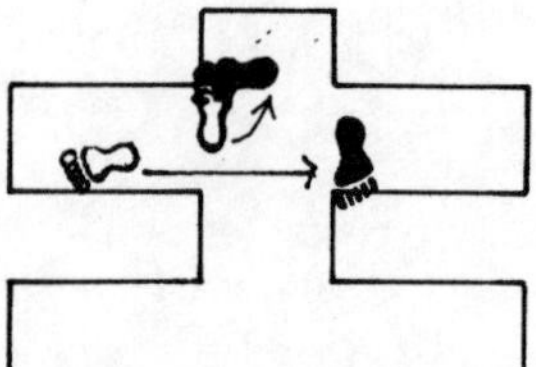

9

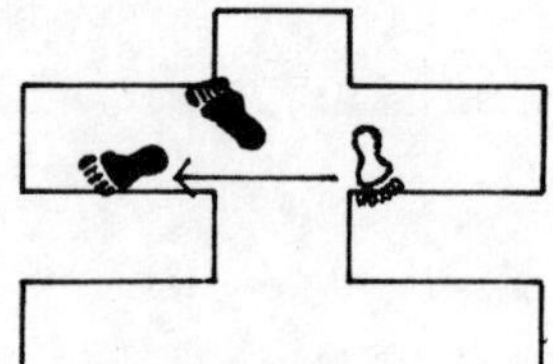

8

8. The Right Palm Fist Middle Section Press Block in the Left Back Stance

(Oen Dwitkubi, Oreun Batangson Momtong Nulreo Makki)

Movements: With the right foot fixed, move the left foot one step rearward ("La" direction). Assume the Left Back Stance then execute the Right Palm Fist Middle Section Press Block.

9. The Left Fist Middle Section Reverse Straight Punch in the Left Forward Stance

(Oen Apkubi, Oen Jumeok Momtong Bandae Jireugi)

Movements: With the right foot fixed, move the left foot one step forward ("La" direction). Assume the Left Forward Stance then execute the Left Fist Middle Section Reverse Straight Punch.

• 제10동작

발 : 오른발 축으로, 몸 왼쪽으로 돌아 왼발 "가" 방향으로 옮겨

서기 : 왼 앞굽이

팔 : 가위막기

• 제 11 동작

발 : 왼발 제자리, 오른발 한 걸음 나가 "가"의 방향으로

서기 : 오른 앞굽이

팔 : 오른 안팔목 거들어 몸통 바깥막기

• 제 12 동작

발 : 오른발 제자리, 왼발 한 걸음 나가 "가"방향으로

서기 : 왼 앞굽이

팔 : 왼 안팔목 거들어 몸통 바깥막기

• 제 13 동작

발 : 왼발 제자리, 오른발 한 걸음 나가 "가"방향으로

서기 : 오른 앞굽이

팔 : 오른 편손끝 세워 찌르기

10

11

12

10

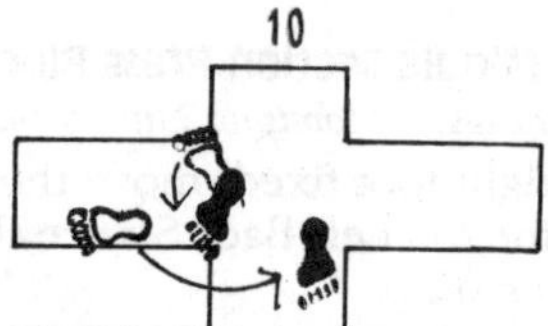

11

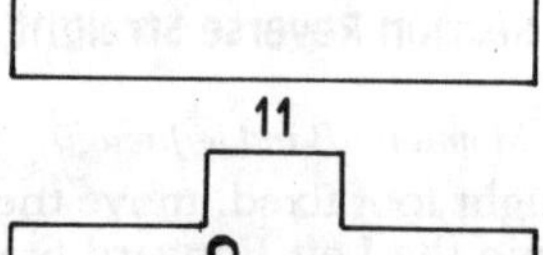

12

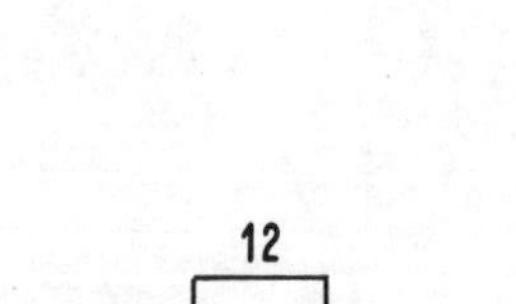

13

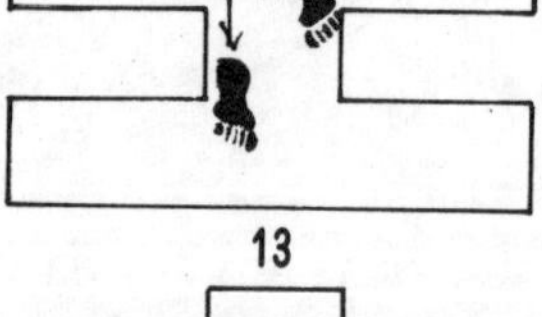

10. The Scissors Block in the Left Forward Stance

(Oen Apkubi, Gawi Makki)

Movements: Using the right foot as the axis, turn the body to the left while moving the left foot to the "Ga" direction. Assume the Left Forward Stance then execute the Scissors Block (using the left wrist for the Low Section Block and the right wrist for the Middle Section Block).

11. The Right Inner Wrist Guarding Middle Section Outward Block in the Right Forward Stance

(Oreun Apkubi, Oreun Anpalmok Geodeureo Momtong Bakat Makki)

Movements: With the left foot fixed, move the right foot one step forward ("Ga" direction). Assume the Right Forward Stance then execute the Right Inner Wrist Guarding Middle Section Outward Block.

12. The Left Inner Wrist Guarding Middle Section Outward Block in the Left Forward Stance

(Oen Apkubi, Oen Anpalmok Geodeureo Momtong Bakak Makki)

Movements: With the right foot fixed, move the left foot one step forward ("Ga" direction). Assume the Left Forward Stance then execute the Left Inner Wrist Guarding Middle Section Outward Block.

13. The Right Straight Spear Finger Thrust in the Right Forward Stance

(Oreun Apkubi, Oreun Pyeonsonkeut Seweo Chireugi)

Movements: With the left foot fixed, move the right foot one step forward ("Ga" direction). Assume the Right Forward Stance then execute the Left Palm Pressing Middle Section Block and the Right Straight Spear Finger Thrust.

13

16 15-1 15 14

• 제 14 동작

발 : 오른발 축으로, 몸 왼쪽으로 돌아 왼발 "라1" 방향으로 옮겨

서기 : 왼 앞굽이

팔 : 왼 안팔목 몸통 바깥막기

• 제 15 동작

발 : 두 발 제자리에서

서기 : 서기 그대로

팔 : 오른주먹, 왼주먹 몸통 두번지르기

• 제 16 동작

발 : 오른발 제자리, 왼발 들어올려 "라1"방향으로

서기 : 오른 학다리서기

팔 : 오른 돌쩌귀

14 15 16

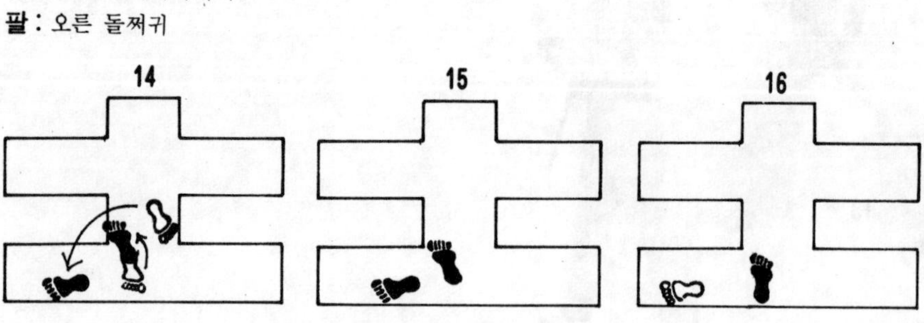

14. The Left Inner Wrist Middle Section Outward Block in The Left Forward Stance

(Oen Apkubi, Oen Anpalmok Momtong Bakat Makki)

Movements: Using the right foot as the axis, turn the body to the left while moving the left foot to the "La 1" direction. Assume the Left Forward Stance then execute the Left Inner Wrist Middle Section Outward Block.

15. The Right then the Left Fist Middle Section Double Straight Punch in the Left Forward Stance

(Oen Apkubi, Oreun Jumeok Oen Jumeok Momtong Doobeon Jireugi)

Movements: While keeping both feet fixed, execute the Right then the Left Fist Middle Section Double Straight Punch.

16. The Right Small Hinge Shape in the Right Crane Stance

(Oreun Hakdari Seogi, Oreun Jageun Dolcheogi)

Movements: While keeping the right foot fixed, raise the left foot then assume the Right Crane Stance. Move the left fist to the right side of the body, palm toward the body over the right fist.

14의 용법/Using step 14

15의 용법/Using step 15

• **제 17 동작**

발 : 들은 왼발로 "라1"방향을 향하여 왼발 옆차는 동시 왼주먹도 지른 다음 왼발 내딛어 "라1"방향으로

서기 : 왼 앞굽이

팔 : 오른팔굽 표적치기

• **제 18 동작**

발 : 왼발 제자리, 오른발 한 걸음 나가 "라1"방향으로

서기 : 왼 뒷굽이

팔 : 오른손날 몸통막기

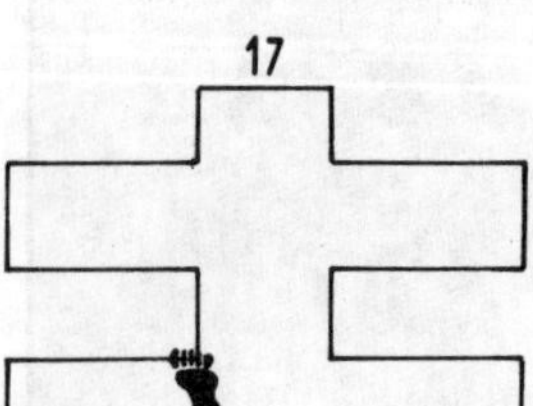

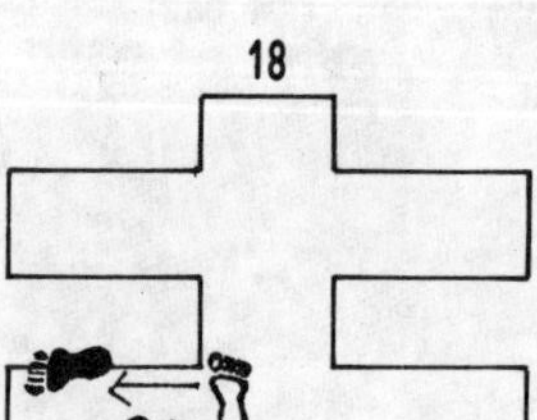

17

17. The Left Side Kick and the Right Elbow Target Strike in the Left Forward Stance

(Oen Yeop Chagi, Oen Apkubi, Oreun Palgup Pyojeok Chigi)

Movements: With the right foot fixed, execute the Left Side Kick so that the left foot lands to the front ("La 1" direction). Assume the Left Forward Stance then execute the Right Elbow Target Strike.

18. The Right Knife Hand Middle Section Block in the Left Back Stance

(Oen Dwitkubi, Oreun Sannal Momtong Makki)

Movements: With the left foot fixed, move the right foot one step forward ("La 1" direction). Assume the Left Back Stance then execute the Right Knife Hand Middle Section Block.

17의 용법/Using step 17

18의 용법/Using step 18

19　　　20　　　20-1

• **제 19 동작**

발 : 왼발 축으로, 몸 오른쪽으로 돌아 오른발 "다1"방향으로 옮겨

서기 : 오른 앞굽이

팔 : 오른 안팔목 몸통 바깥막기

• **제 20 동작**

발 : 두 발 제자리

서기 : 서기 그대로

팔 : 왼주먹, 오른주먹 몸통 두번지르기

• **제 21 동작**

발 : 왼발 제자리, 오른발 들어 올려 "다1"방향으로

서기 : 왼 학다리서기

팔 : 왼 작은 돌쩌귀

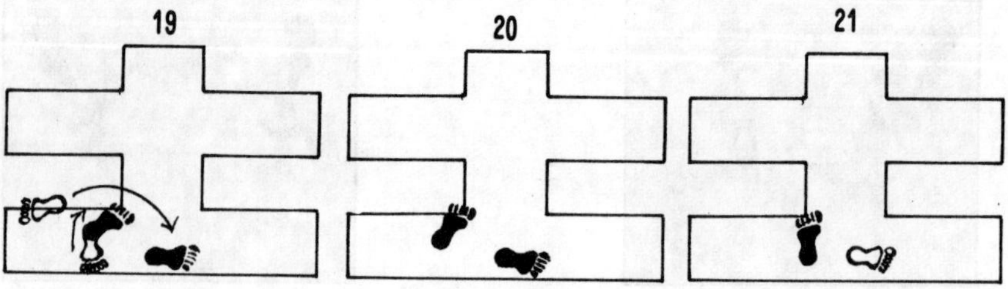

19　　　20　　　21

21

19. The Right Inner Wrist Middle Section Outward Block in the Right Forward Stance

(Oreun Apkubi, Oreun Anpalmok Momtong Bakat Makki)

Movements: Using the left foot as the axis, turn the body to the right while moving the right foot to the "Da 1" direction. Assume the Right Forward Stance then execute the Right Inner Wrist Middle Section Outward Block.

20. The Middle Section Double Straight Punch in the Right Forward Stance

(Oreun Apkubi, Oen Jumeok Oreun Jumeok Momtong Doobeon Jireugi)

Movements: Keeping both feet fixed, execute the Left then the Right Fist Middle Section Double Straight Punch.

21. The Left Small Hinge Shape in the Left Crane Stance

(Oen Hakdari Seogi, Oen Jageun Dolcheogi)

Movements: While keeping the left foot fixed, raise the right foot then assume the Left Crane Stance. Move the right fist to the left side of the body, palm toward the body over the left fist.

22

• **제 22 동작**

발 : 들은 발로 "다1"방향으로 옆차기 함과 동시에 오른 주먹도 지른 다음 찬 발 내딛어 "다 1"방향으로

서기 : 오른 앞굽이

팔 : 왼팔굽 표적치기

• **제 23동작**

발 : 오른날 제자리, 왼발 한 걸음 나가 "다 1"방향으로

서기 : 오른 뒷굽이

팔 : 왼손날 몸통막기

22

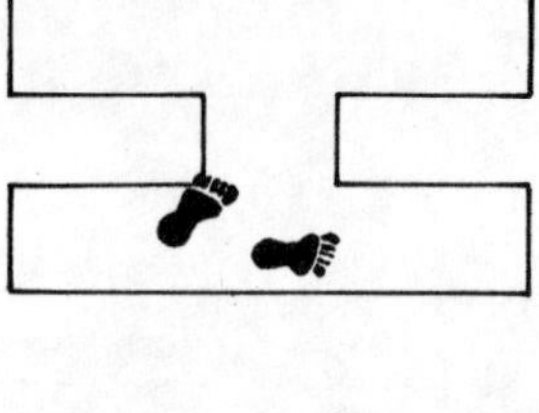

23

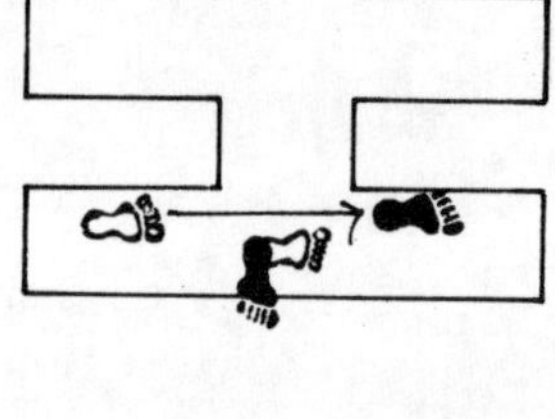

22-1

23

22. The Right Side Kick and the Left Elbow Target Strike in the Right Forward Stance

(Oreun Yeop Chagi, Oreun Apkubi, Oen Palgup Pyejeok Chigi)

Movements: With the left foot fixed, execute the Right Side Kick so that the right foot lands to the front(''Da 1'' direction). Assume the Right Forward Stance then execute the Left Elbow Target Strike.

23. The Left Knife Hand Middle Section Block in the Right Back Stance

(Oreun Dwitkubi, Oen Sonnal Momtong Makki)

Movements: With the right foot fixed, move the left foot one step forward (''Da 1'' direction). Assume the Right Back Stance then execute the Left Knife Hand Middle Section Block.

• **제 24 동작**

발 : 오른발 축으로, 몸 왼쪽으로 돌아 왼발 "나" 방향으로 옮겨

서기 : 왼 앞굽이

팔 : 가위막기

• **제 25 동작**

발 : 왼발 제자리, 오른발 한 걸음 나가 "나"방향으로

서기 : 왼 뒷굽이

팔 : 오른팔목 거들어 아래막기

• **제 26 동작**

발 : 오른발 제자리, 왼발 한 걸음 나가 "나"방향으로

서기 : 오른 뒷굽이

팔 : 왼팔목 거들어 아래막기

• **제 27 동작**

발 : 왼발 제자리, 오른발 한 걸음 나가 "나" 방향으로

서기 : 오른 앞굽이

팔 : 오른주먹 몸통 반대지르기 "기합"

25

26

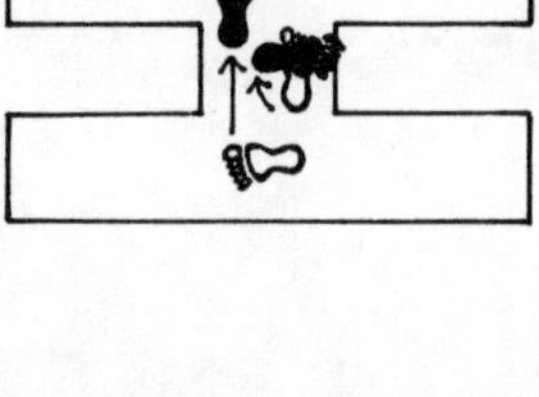

27

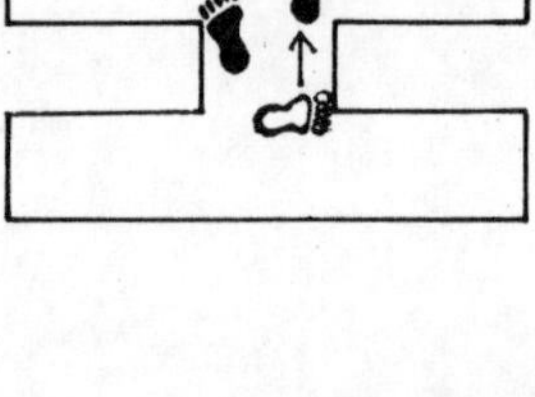

24. The Scissors Block in the Left Forward Stance

(Oen Apkubi, Gawi Makki)

Movements: Using the right foot as the axis, turn the body to the left while moving the left foot to the "Na" direction. Assume the Left Forward Stance then execute the Scissors Block(using the left wrist for the Low Section Block and the right wrist for the Middle Section Block).

25. The Right Wrist Guarding Low Section Block in the Left Back Stance

(Oen Dwitkubi, Oreun Palmok Geodeureo Arae Makki)

Movements: With the left foot fixed, move the right foot one step forward ("Na" direction). Assume the Left Back Stance then execute the Right Wrist Guarding Low Section Block.

26. The Left Wrist Guarding Low Section Block in the Right Back Stance

(Oreun Dwitkubi, Oen Palmok Geodeureo Arae Makki)

Movements: Assume the Right Back Stance then execute the Left Wrist Guarding Low Section Block.

27. The Right Fist Middle Section Reverse Straight Punch in the Right Forward Stance

(Oreun Apkubi, Oreun Jumeok Momtong Bandae Jireugi)

Movements: With the left foot fixed, move the right foot one step forward ("Na" direction). Assume the Right Forward Stance then execute the Right Fist Middle Section Reverse Straight Punch. Yell(Kihap).

24

28

• **제 28 동작**

발 : 오른발 축으로, 몸 왼쪽으로 돌아 "다"방향으로 옮겨

서기 : 오른 뒷굽이

팔 : 왼손날 아래막기

• **제 29 동작**

발 : 왼발 제자리, 오른발 한 걸음 나가 "다"방향으로

서기 : 왼 뒷굽이

팔 : 오른손날 몸통막기

28

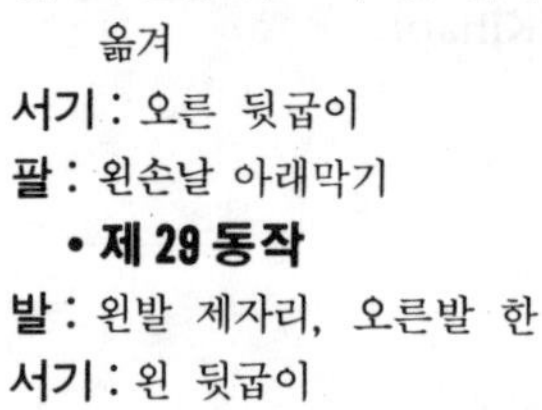

29

29

28. The Left Knife Hand Low Section Block in the Right Back Stance

(Oreun Dwitkubi, Oen Sonnal Arae Makki)

Movements: Using the right foot as the axis, turn the body to the left while moving the left foot to the "Da" direction. Assume the Right Back Stance then execute the Left Knife Hand Low Section Block.

29. The Right Knife Hand Middle Section Block in the Left Back Stance

(Oen Dwitkubi, Oreun Sonnal Momtong Makki)

Movements: With the left foot fixed, move the right foot one step forward ("Da" direction). Assume the Left Back Stance then execute the Right Knife Hand Middle Section Block.

30

31

• **제 30 동작**

발 : 왼발 제자리, 오른발 "라"방향 뒤로 빼어 "다"방향으로

서기 : 오른 뒷굽이

팔 : 왼 바탕손 몸통 눌러막기

• **제 31 동작**

발 : 왼발 제자리, 오른발 한 걸음 나가 "다"방향으로

서기 : 오른 앞굽이

팔 : 오른주먹 몸통 반대지르기

30

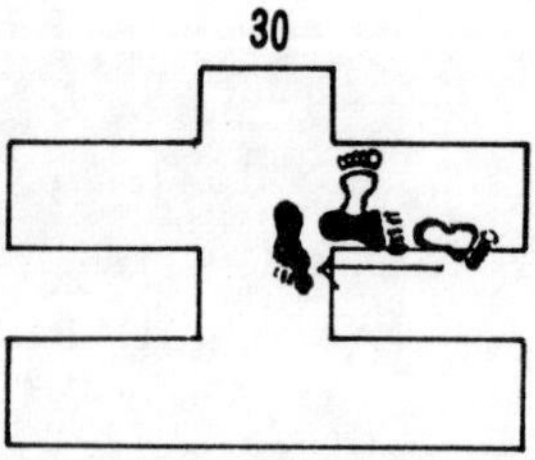

31

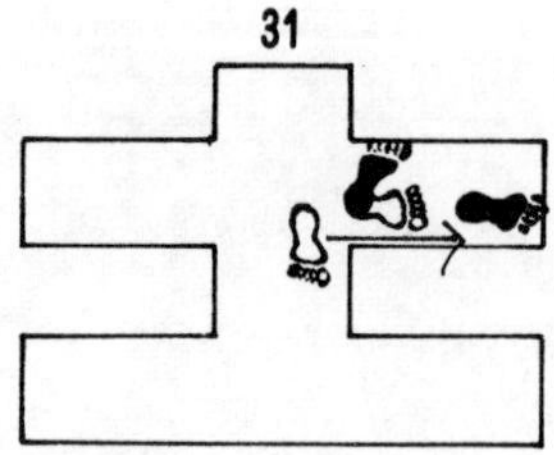

30. The Left Palm Fist Middle Section Press Block in the Right Back Stance

(Oreun Dwitkubi, Oen Batangson Momtong Nulreo Makki)

Movements: With the left foot fixed, move the right foot one step rearward ("Da" direction). Assume the Right Back Stance then execute the Left Palm Fist Middle Section Press Block.

31. The Right Fist Middle Section Reverse Straight Punch in the Right Forward Stance

(Oreun Apkubi, Oreun Jumeok Momtong Bandae Jireugi)

Movements: With the left foot fixed, move the right foot one step forward ("Da" direction). Assume the Right Forward Stance then execute the Right Fist Middle Section Reverse Straight Punch.

• 제 32동작

발 : 왼발 축으로, 몸 오른쪽으로 돌아 오른발 "라"방향으로 옮겨

서기 : 왼 뒷굽이

팔 : 오른손날 아래막기

33

• 제 33동작

발 : 오른발 제자리, 왼발 한 걸음 나가 "라"방향으로

서기 : 오른 뒷굽이

팔 : 왼손날 몸통막기

32

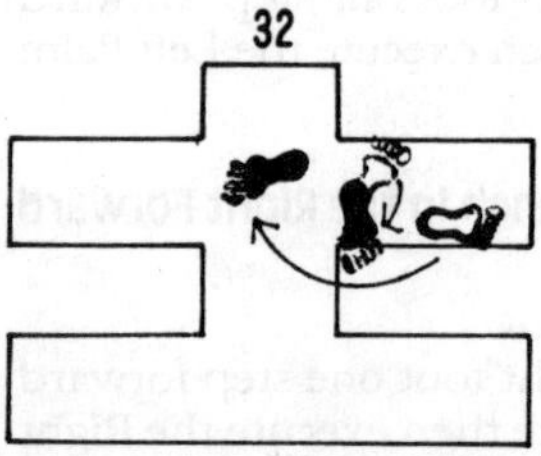

33

32

32. The Right Knife Hand Low Section Block in the Left Back Stance

(Oen Dwitkubi, Oreun Sonnal Arae Makki)

Movements: Using the left foot as the axis, turn the body to the right while moving the right foot to the "La" direction. Assume the Left Back Stance then execute the Right Knife Hand Low Section Block.

33. The Left Knife Hand Middle Section Block in the Right Back Stance

(Oreun Dwitkubi, Oen Sonnal Momtong Makki)

Movements: With the right foot fixed, move the left foot one step forward ("La" direction). Assume the Right Back Stance then execute the Left Knife Hand Middle Section Block.

그만/End

• **제 34동작**

발 : 오른발 제자리, 왼발 "다"방향 뒤로 빼어 "라"방향으로

서기 : 왼 뒷굽이

팔 : 오른바탕손 몸통 눌러막기

• **제 35동작**

발 : 오른발 제자리, 왼발 한 걸음 나가 "라"방향으로

서기 : 왼 앞굽이

팔 : 왼주먹 몸통 반대지르기

■그만

오른발 축으로, 몸 왼쪽으로 돌아 왼발 끌어 준비 자세

34

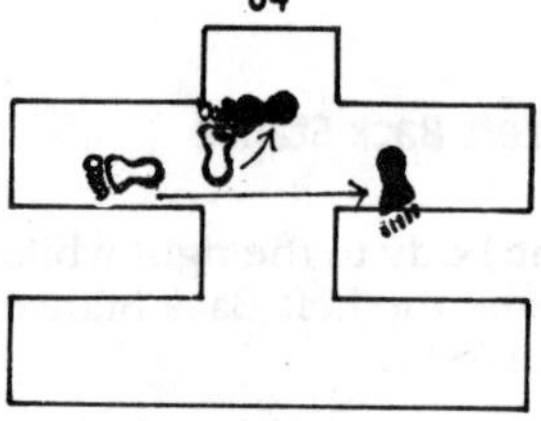

35

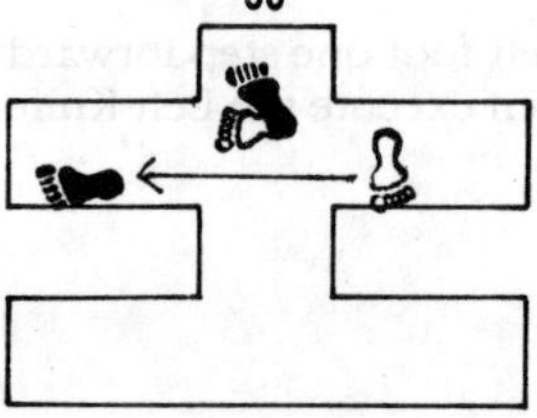

그만/End

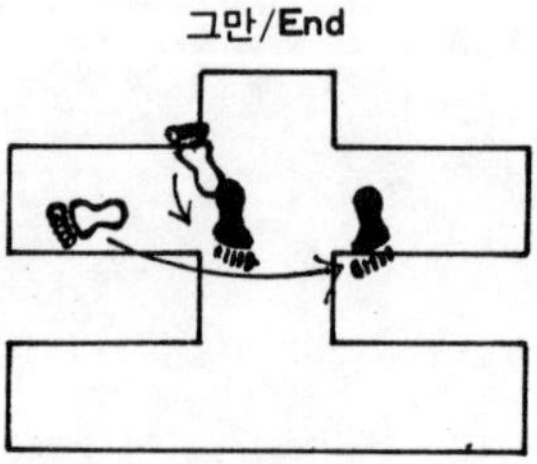

35

34

34. The Right Palm Fist Middle Section Press Block in the Left Back Stance
(Oen Dwitkubi, Oreun Batangson Momtong Nulreo Makki)

Movements: With the right foot fixed, move the left foot one step rearward ("La" direction). Assume the Left Back Stance then execute the Right Palm Fist Middle Section Press Block.

35. The Left Fist Middle Section Reverse Straight Punch in the Left Forward Stance
(Oen Apkubi, Oen Jumeok Momtong Bandae Jireugi)

Movements: With the right foot fixed, move the left foot one step forward ("La" direction). Assume the Left Forward Stance then execute the Left Fist Middle Section Reverse Straight Punch.

- **End** *(Geuman)*

Movements: Keeping the right foot fixed, turn the body to the left and assume the Ready Stance.

- **Attention** *(Cha Ryeo)*
- **Bow** *(Kyung Ye)*

6.

팔괘 6장

PALGWE 6 JANG

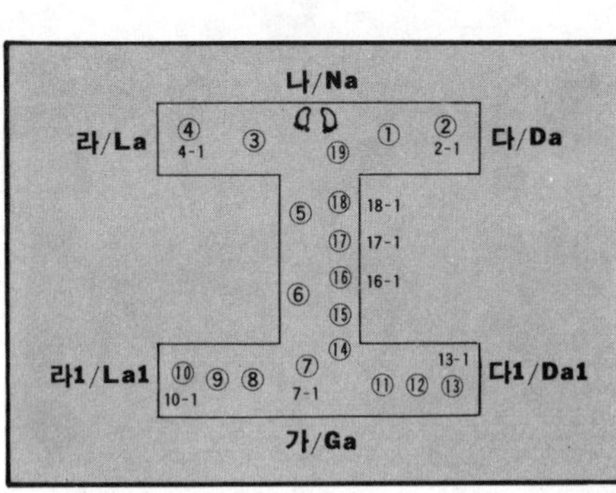

팔괘6장 품세 진행 연무선(총27동작)

나/Na ↑

라/La ←

라1/La1 ←

가/Ga ↓

Palgwe 6 Jang Line and Direction of Movement (27)

다/
Da
→

다1/
Da1
→

팔괘 6장은 팔괘(八卦)의 감(坎)의 원리를 토대로 엮어졌으며, 감은 물을 상징한다. 물은 액체이며 따라서 형체가 일정하지 않다. 또한 결코 거슬러흐르는 일이 없으니 순리에 따른다. 그러나 물에는 「홍수」라는 두려움, 즉 어려운 상태에 직면함을 나타낼 수도 있다. 그러한 때 어떻게 처신하는가에 따라 그 사람의 진가가 결정된다. 해낼 수 있다는 신념을 갖고 격류에 맞서 싸우는 도리밖에 성공의 길은 없는 것이다.

그러한 의미에서 팔괘 6장은 제비품 목치기, 제비품 턱치기의 특수 동작과 막고 치고, 차고 치는 동작들로 품세가 구성되어 있다. 특히 차기와 치기는 지금까지 배운 동작들을 종합적으로 익힐 수 있도록 했다. 그 상세한 내용은 다음과 같다.

기본서기	회수	품							
		지르기	회수	차기	회수	치기	회수	막 기	회수
오른 앞굽이	4	오른주먹 몸통 반대지르기	1	오른발 앞차기	4	제비품목치기	1	오른손날 아래막기	1
왼앞굽이	6	왼주먹 몸통 반대지르기	1	왼발 앞차기	3	오른등주먹 거들어 앞에 치기	1	왼손날 아래막기	1
오른 뒷굽이	5	오른주먹 왼주먹 몸통 두번지르기	1	오른발 옆차기	1	오른 등주먹 얼굴앞에치기	1	오른손날 몸통막기	2
왼뒷굽이	3	왼주먹 오른주먹 몸통 두번지르기	1			제비품 턱치기	1	왼손날 몸통막기	3
꼬아서기	1							왼팔목 아래막기	1
								왼팔목 얼굴막기	1
								두 바깥팔목 몸통 헤쳐막기	2

이상과 같은 팔괘 6장은 총 19품, 27동작으로 구성되며 제 5, 6, 14 동작에서는 막고 치는 기술의 훈련에 중점을 둔다. 또한 제16, 17, 18동작에서는 방어와 공격, 공격과 방어가 물흐르듯 엮어질 수 있도록 한다.

Palgwe 6 Jang is a series of actions applying the Gam Principle of Palgwe. Gam represents water; the element that is flexible, dangerous, formless, and mysterious(the symbol of persistence and fidelity). The symbol therefore shows us that the execution of the actions are to be done with a flowing and powerful movement,that danger and difficulties can be overcome, and that to face the enemy and fight is the most effective method.

Palgwe 6 Jang consists of such as the Swallow Shape Knife Hand Neck Strike (Jebipum Mok Chigi) and the Swallow Shape Knife Hand Jaw Strike (Jebipum Teok Chigi). These strikes are new movements. Combination techniques such as; block then kick and kick then strike are taught. The sequence of movements for this Jang is as follows:

Stances	# of Times in Stance	Movements (Poom)							
		Punching	# of Punches	Kicking	# of Kicks	Striking	# of Strikes	Blocking	# of Blocks
Right Forward Stance	4	Right Fist Middle Section Reverse Straight Punch	1	Right Front Snap Kick	4	Swallow Shape Knife Hand Neck Strike	1	Right Knife Hand Low Section Block	1
Left Forward Stance	6	Left Fist Middle Section Reverse Straight Punch	1	Left Front Snap Kick	3	Right Back Fist Guarding Front Strike	1	Left Knife Hand Low Section Block	1
Right Back Stance	5	Right then Left Fist Middle Section Double Punch	1	Right Side Kick	1	Right Back Fist Face Front Strike	1	Right Knife Hand Middle Section Block	2
Left Back Stance	3	Left then Right Fist Middle Section Double Punch	1			Swallow Shape Knife Hand Jaw Strike	1	Left Knife Hand Middle Section Block	3
Cross Stance	1							Left Wrist Low Section Block	1
								Left Wrist High Section Block	1
								Double Outer Wrist Middle Section Wedge Block	2

The Palgwe 6 Jang has 19 Poom and 27 movements. The combination, block then kick within the 5th, 6th, and 14th movements, should be practiced. The 17th and 18th movements should be done in a flowing motion which makes the attack and defense more effective.

- **차 려**
- **경 례**
- **준비서기**
- **제 1 동작**

발 : 오른발 제자리, 몸 왼쪽으로 돌아 왼발 "다"방향으로

서기 : 오른 뒷굽이

팔 : 왼손날 몸통막기

- **제 2 동작**

발 : 왼발 제자리, "다" 방향으로 오른발 앞차고 내딛어

서기 : 오른 앞굽이

팔 : 오른주먹 몸통 반대 지르기

준비서기 / Ready Stance 1

1

2의 용법/Using step 2

2 2-1

- **Attention** *(Cha Ryeo)*
- **Bow** *(Kyung Ye)*
- **Ready Stance** *(Joonbi Seogi)*

Movements: With the right foot fixed, move the left foot to the left and face the direction of "Ga".

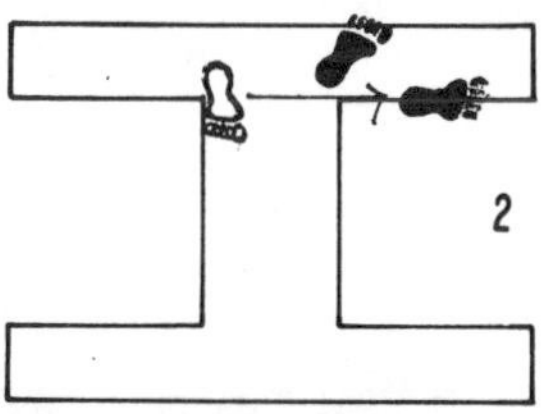

1. The Left Knife Hand Middle Section Block in the Right Back Stance

(Oreun Dwitkubi, Oen Sonnal Momtong Makki)

Movements: With the right foot fixed, move the left foot to the "Da" direction. Assume the Right Back Stance then execute the Left Knife Hand Middle Section Block.

2. The Right Front Snap Kick and the Right Fist Middle Section Reverse Straight Punch in the Right Forward Stance

(Oreun Apchagi, Oreun Apkubi, Oreun Jumeok Momtong Bandae Jireugi)

Movements: With the left foot fixed, execute the Right Front Snap Kick so that the right foot lands to the front ("Da" direction). Assume the Right Forward Stance then execute the Right Fist Middle Section Reverse Straight Punch.

2-1의 용법/Using step 2-1

4-1　　　　　　　　　　4

- **제 3 동작**

발 : 왼발 축으로, 몸을 오른쪽으로 돌아 오른발 "라" 방향으로 옮겨

서기 : 왼 뒷굽이

팔 : 오른손날 몸통막기

- **제 4 동작**

발 : 오른발 제자리, "라" 방향으로 왼발 앞차고 내딛어

서기 : 왼 앞굽이

팔 : 왼주먹 몸통 반대지르기

3

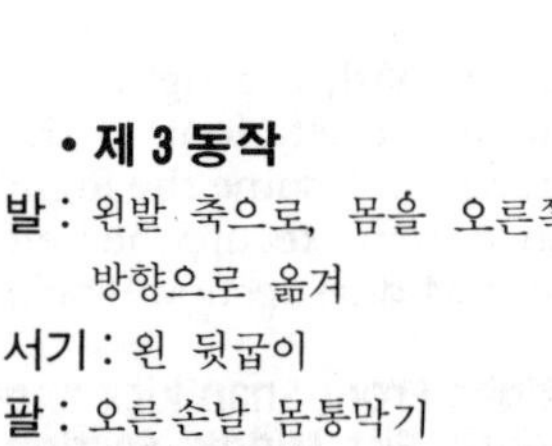

4

3

3. The Right Knife Hand Middle Section Block in the Left Back Stance

(Oen Dwitkubi, Oreun Sonnal Momtong Makki)

Movements: Using the left foot as the axis, turn the body to the right while moving the right foot to the "La" direction. Assume the Left Back Stance then execute the Right Knife Hand Middle Section Block.

4. The Left Front Snap Kick and the Left Fist Middle Section Reverse Straight Punch in the Left Forward Stance

(Oen Apchagi, Oen Apkubi, Oen Jumeok Momtong Bandae Jireugi)

Movements: With the right foot fixed, execute the Left Front Snap Kick so that the left foot lands to the front ("La" direction). Assume the Left Forward Stance then execute the Left Fist Middle Section Reverse Straight Punch.

• 제 5 동작

발 : 오른발 축으로, 몸 왼쪽으로 돌아 왼발 "가" 방향으로 옮겨

서기 : 왼 앞굽이

팔 : 왼팔목 아래막기

• 제 6 동작

발 : 두 발 제자리에 두고, 몸 왼쪽으로 틀며 "가나"의 선상에 일치되도록

서기 : 왼 앞굽이

팔 : 제비품 목치기

• 제 7 동작

발 : 왼발 제자리, 오른발 앞차고 뛰어나가 "가"방향으로

서기 : 오른 꼬아서기

팔 : 오른 등주먹 거들어 얼굴 앞에치기, "기합"

6의 용법/Using step 6

5

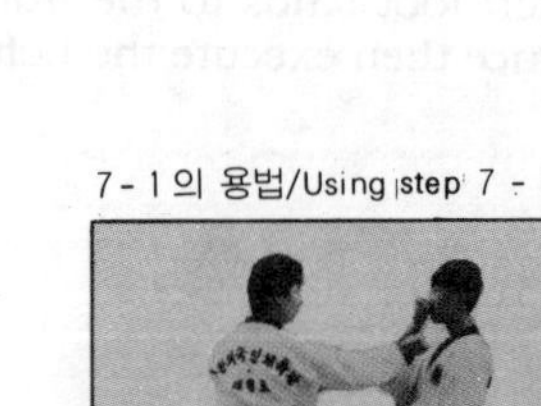

7의 용법/Using step 7

7-1의 용법/Using step 7-1

5. The Left Wrist Low Section Block in the Left Forward Stance

(Oen Apkubi, Oen Palmok Arae Makki)

Movements: Using the right foot as the axis, turn the body to the left while moving the left foot to the "Ga" direction. Assume the Left Forward Stance then execute the Left Wrist Low Section Block.

6. The Swallow Shape Knife Hand Neck Strike in the Left Forward Stance

(Oen Apkubi, Jebipum Mok Chigi)

Movements: Keeping both feet fixed, turn the body to the left then execute the Swallow Shape Knife Hand Neck Strike (using the left hand for the High Section Block and the right hand for the Neck Strike).

7. The Front Snap Kick and the Right Back Fist Guarding Face Front Strike in the Right Crossed Stance

(Oreun Apchagi, Oreun Koa Seogi, Oreun Deungjumeok Geodeureo Eolgul Ape Chigi)

Movements: Execute the Right Front Snap Kick so that both feet spring forward and the right foot lands to the front. Assume the Right Crossed Stance then execute the Right Back Fist Guarding Face Front Strike. Yell (Kihap).

7-1
기합 /
Yell

6

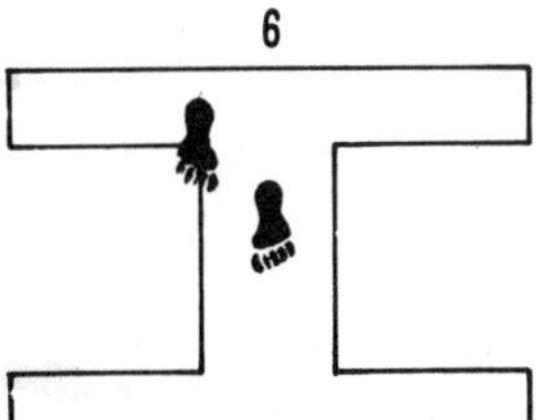

7

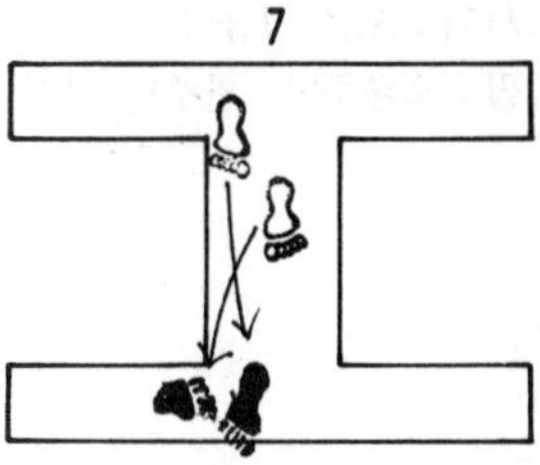

10-2　　10-1　　10

8

• **제 8 동작**

발 : 오른발 축으로, 몸 왼쪽으로 돌아 왼발 "라1" 방향으로

서기 : 오른 뒷굽이

팔 : 왼손날 아래막기

9

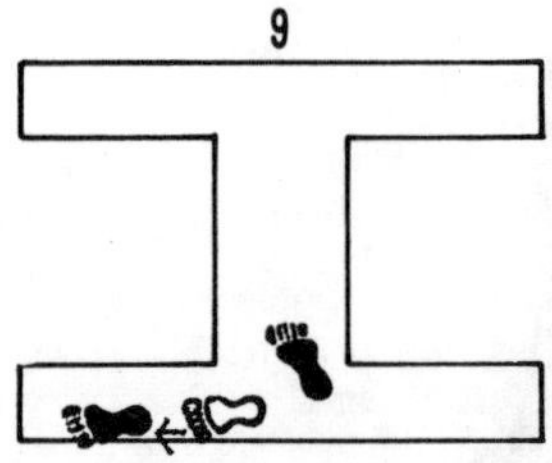

• **제 9 동작**

발 : 오른발 제자리, 왼발 "라1"방향으로 내딛어

서기 : 왼 앞굽이

팔 : 두 바깥팔목 몸통 헤쳐막기

10

• **제 10 동작**

발 : 왼발 제자리, "라1"방향으로 오른발 앞차고, 내딛어

서기 : 오른 앞굽이

팔 : 오른주먹, 왼주먹 몸통 두번지르기

9 8

8. The Left Knife Hand Low Section Block in the Right Back Stance

(Oreun Dwitkubi, Oen Sonnal Arae Makki)

Movements: Using the right foot as the axis, turn the body to the left. Assume the Right Back Stance then execute the Left Knife Hand Low Section Block.

9. The Outer Wrist Middle Section Wedge Block in the Left Forward Stance

(Oen Apkubi, Bakat Palmok Momtong Hechyeo Makki)

Movements: With the right foot fixed, move the left foot slightly forward. Assume the Left Forward Stance then execute the Outer Wrist Middle Section Wedge Block.

10. The Right Front Snap Kick and the Middle Section Double Straight Punch in the Right Forward Stance

(Oreun Apchagi, Orun Apkubi, Oreun Jumeok Oen Jumeok Momtong Doobeon Jireugi)

Movements: With the left foot fixed, execute the Right Front Snap Kick so that the right foot lands to the front (''La 1'' direction). Assume the Right Forward Stance then execute the Right then the Left Fist Middle Section Double Straight Punch.

11　　12

• 제 11 동작

발 : 왼발 축으로, 몸 오른쪽으로 돌아 오른발 "다1" 방향으로 옮겨

서기 : 왼 뒷굽이

팔 : 오른손날 아래막기

• 제 12 동작

발 : 왼발 제자리, 오른발 약간 내딛어 "다1"방향으로

서기 : 오른 앞굽이

팔 : 두 바깥팔목 몸통 헤쳐막기

• 제 13 동작

발 : 오른발 제자리, "다1" 방향으로 왼발 앞차고, 내딛어

서기 : 왼 앞굽이

팔 : 왼주먹, 오른주먹 몸통 두번지르기

11

12

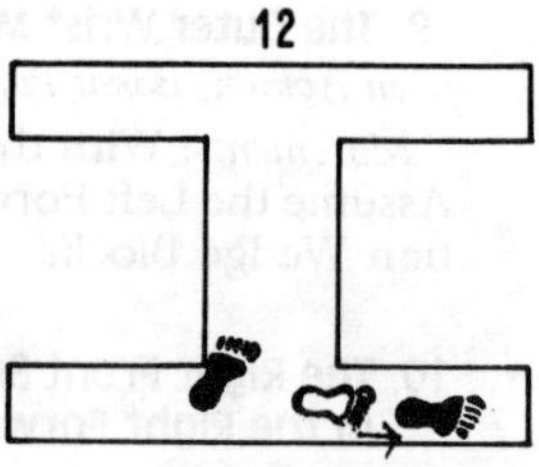

13

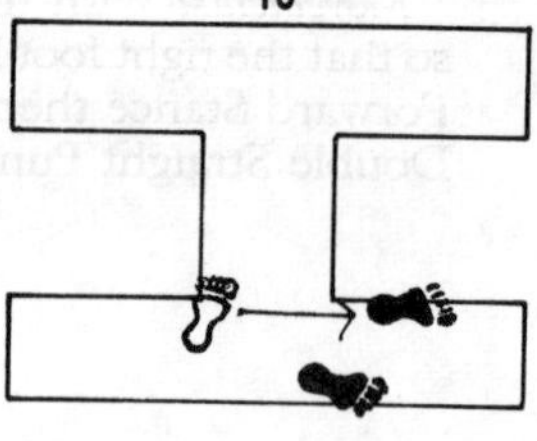

13 13-1 13-2

11. The Right Knife Hand Low Section Block in the Left Back Stance

(Oen Dwitkubi, Oen Sonnal Arae Makki)

Movements: Using the left foot as the axis, turn the body to the right while moving the right foot to the "Da 1" direction. Assume the Left Back Stance then execute the Right Knife Hand Low Section Block.

12. The Outer Wrist Middle Section Wedge Block in the Right Forward Stance

(Oreun Apkubi, Bakat Palmok Momtong Hechyeo Makki)

Movements: With the left foot fixed, move the right foot slightly to the "Da 1" direction. Assume the Right Forward Stance then execute the Outer Wrist Middle Section Wedge Block.

13. The Left Front Snap Kick and the Middle Section Double Straight Punch in the Left Forward Stance

(Oen Apchagi, Oen Apkubi, Oen Jumeok Oreun Jumeok Momtong Doobeon Jireugi)

Movements: With the right foot fixed, execute the Left Front Snap Kick so that the left foot lands to the front ("Da 1" direction). Assume the Left Forward Stance then execute the Left then the Right Fist Middle Section Double Straight Punch.

• **제 14 동작**

발 : 오른발 축으로, 몸 왼쪽으로 돌아 왼발 "나"방향 으로 옮겨

서기 : 오른 뒷굽이

팔 : 왼손날 몸통막기

• **제 15 동작**

발 : 오른발 제자리, "나"방향으로 왼발 약간 내딛어

서기 : 왼 앞굽이

팔 : 제비품 턱치기

• **제 16 동작**

발 : 왼발 제자리, "나" 방향으로 오른발 앞차고 내딛어

서기 : 오른 앞굽이

팔 : 오른 등주먹 얼굴 앞에치기 "기합"

• **제 17 동작**

발 : 오른발 제자리, "나" 방향 으로 왼발 앞차고 내딛어

서기 : 왼 앞굽이

팔 : 왼 팔목 얼굴막기

17

16-1
기합 / Yell

15 16

14

14

14. The Left Knife Hand Middle Section Block in the Right Back Stance

(Oren Dwitkubi, Oen Sonnal Momtong Makki)

Movements: Using the right foot as the axis, turn the body to the left while moving the left foot to the "Na" direction. Assume the Right Back Stance then execute the Left Knife Hand Middle Section Block.

15. The Swallow Shape Jaw Strike in the Left Forward Stance

(Oen Apkubi, Jebipum Tek Chigi)

Movements: With the right foot fixed, move the left foot forward ("Na" direction). Assume the Left Forward Stance then execute the Swallow Shape Jaw Strike(using the left hand for the High Section Block and the right hand for the Jaw Strike).

16. The Right Front Snap Kick and the Right Back Fist Face Front Strike in the Right Forward Stance

(Oreun Apchagi, Oreun Apkubi, Oreun Deungjumeok Eolgul Ape Chigi)

Movements: With the left foot fixed, execute the Right Back Fist Face Front Strike. Yell (Kihap)

17. The Left Front Snap Kick and the Left Wrist High Section Block in the Left Forward Stance

(Oen Apchagi, Oen Apkubi, Oen Palmok Eolgul Makki)

Movements: With the right foot fixed, execute the Left Front Snap Kick so that the left foot lands to the front ("Na" direction). Assume the Left Forward Stance then execute the Left Wrist High Section Block.

15

16

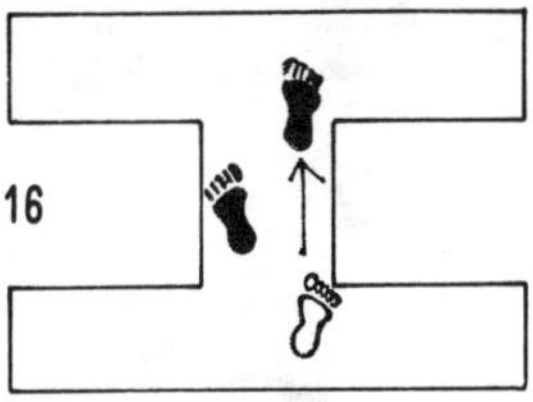

17

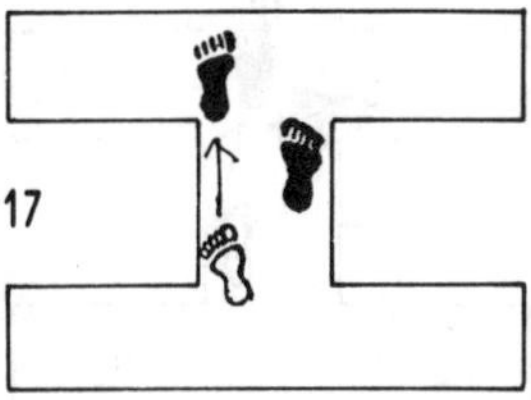

그만/End

19

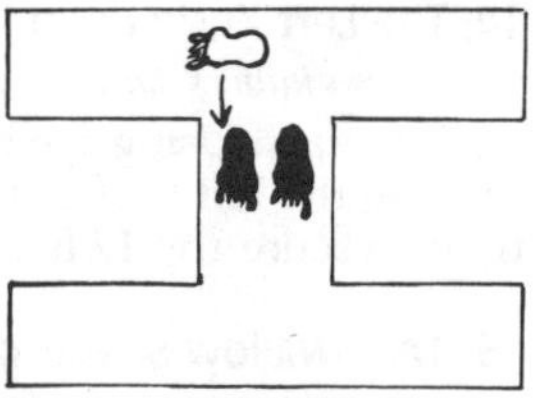

그만/End

19

• **제 18 동작**

발 : 왼발 제자리, "나" 방향으로 오른발 옆차고 내딛어

서기 : 왼 뒷굽이

팔 : 오른손날 몸통막기

• **제 19 동작**

발 : 두발 제자리, 몸 왼쪽으로 돌아 "가"의 방향으로

서기 : 오른 뒷굽이

팔 : 왼손날 몸통막기

■**그만**

왼발 제자리, 오른발 앞으로 끌어 준비 자세

18-1

18

17-1

18

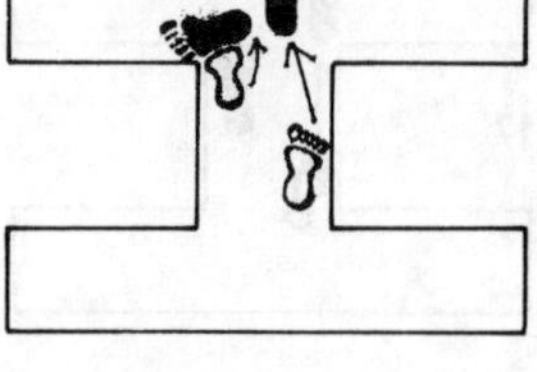

16－1의 용법 / Using step 16－1

18의 용법/Using step 18

18－1의 용법 / Using step 18－1

18. The Right Side Kick and the Right Knife Hand Middle Section Block in the Left Back Stance

(Oreun Yeop Chagi, Oen Dwitkubi, Oreun Sonnal Momtong Makki)

Movements: With the left foot fixed, execute the Right Side Kick so that the right foot lands to the front (''Na'' direction). Assume the Left Back Stance then execute the Right Knife Hand Middle Section Block.

19. The Left Knife Hand Middle Section Block in the Right Back Stance

(Oeun Dwitkubi, Oen Sonnal Momtong Makki)

Movements: Keeping both feet fixed, turn the body to the left and face the direction of ''Ga''. Assume the Right Back Stance then execute the Left Knife Hand Middle Section Block.

- **End** *(Geuman)*

Movements: With the left foot fixed, move the right foot to the front and assume the Ready Stance.

- **Attention** *(Cha Ryeo)*
- **Bow** *(Kyung Ye)*

7.

팔괘 7 장

PALGWE 7 JANG

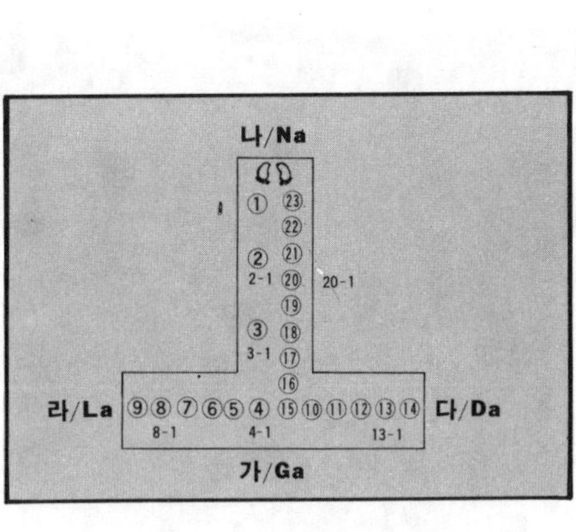

팔괘7장 품세 진행 연무선(총29동작)

나/Na ↑

라/
La
←

라1/
La1
←

가/Ga ↓

Palgwe 7 Jang Line and Direction of Movement (29)

다/
Da
→

다1/
Da1
→

팔괘 7장은 팔괘(八卦)의 간(艮)의 원리를 토대로 하여 엮어졌다. 간은 산(山)을 상징한다. 지표(地表)로부터 표표히 솟아나 움직임이 없는 산은 우리에게 다시 한번 생각해 보는 자세, 그러나 결코 머뭇거리지는 않는 자세를 가르쳐 준다. 즉 멈춰야 할 때는 멈추고, 앞으로 나가야 할 때는 나가야만 하는 것이다.

팔괘 7장의 품세는 아래 헤쳐막기, 차고 몸통 헤쳐막기, 차고 엇걸어 얼굴막기, 차고 손날 몸통막기 등의 막고 지르고, 막고 차는 다양한 기법으로 짜여져 있으며, 힘의 부하를 주어 강한 힘과 절도있는 기술을 발휘하도록 구성되었다. 그 상세한 내용은 다음과 같다.

기본서기	회수	품					
		차기	회수	지르기	회수	막기	회수
오른 앞굽이	4	오른발 옆차기	2	오른주먹 얼굴 바로지르기	2	팔목 아래 헤쳐막기	1
왼 앞굽이	10	왼발 옆차기	1	왼주먹 얼굴 바로지르기	1	안팔목 몸통 헤쳐막기	1
오른 뒷굽이	3	오른발 표적차기	1	오른주먹 몸통 바로지르기	2	팔목엇걸어 얼굴막기	2
왼 뒷굽이	3	오른발 앞차기	1	왼주먹 몸통 바로지르기	1	오른손날 몸통막기	1
주춤서기	3	왼발 앞차기	1			왼손날 몸통막기	1
						오른 안팔목 몸통 바깥막기	1
						왼 안팔목 몸통 바깥막기	1
						오른팔목 얼굴막기	1
						왼팔목 얼굴막기	1
						오른손날 아래막기	1
						왼손날 아래막기	1
						팔목 엇걸어 아래막기	1
						오른팔목 아래막기	1
						외산틀막기	

이상과 같은 팔괘 7장의 전체 품세는 23품 29동작으로 새로운 동작인 표적차기와 외산틀막가, 팔목 엇걸어막기의 수련은 유의해서 하도록 한다.

Palgwe 7 Jang is a series of actions applying the Gan principle of Palgwe. Gan represents mountains. The mountains symbolize solemn majesty and tranquility by the way they stand upright in their surroundings. The principle teaches that a man should have good judgement, should have contemplation, and should not act hastily. The principle is applied when the wisdom of knowing when to stop, and when to proceed with an action is used, and the rhythm of movements and timing are attained. The Palgwe 7 Jang consists of the Low Section Wedge Block (Arae Hechyeo Makki), the Kick then Middle Section Wedge Block (Chago Momtong Hechyeo Makki), the Kick then Knife Hand Middle Section Block (Chago Sonnal Momtong Makki).

The techniques within this Jang consist primarily of combination blocks then punches or blocks then kicks. The combinations should be done with controlled power and speed. The sequence of movement for Palgwe 7 Jang is as follows:

Stances	# of Times in the Stance	Movements (Poom)					
		Kicking	# of Kicks	Punching	# of Punches	Blocking	# of Blocks
Right Forward Stance	4	Right Side Kick	2	Right Fist High Section Straight Punch	2	Wrist Low Section Wedge Block	1
						Inner Wrist Middle Section Wedge Block	1
						Wrist Cross High Section Block	2
Left Forward Stance	10	Left Side Kick	1	Left Fist High Section Straight Punch	1	Right Knife Hand Middle Section Block	1
						Left Knife Hand Middle Section Block	1
						Right Inner Wrist Middle Section Outward Block	1
Right Back Stance	3	Right Target Kick	1	Right Fist Middle Section Straight Punch	2	Left Inner Wrist Middle Section Outward Block	1
Left Back Stance	3	Right Front Snap Kick	1	Left Fist Middle Section Straight Punch	1	Right Wrist High Section Block	1
						Left Wrist High Section Block	1
						Right Knife Hand Low Section Block	1
Riding Stance	3	Left Front Snap Kick	1			Left Knife Hand Low Section Block	1
						Wrist Cross Low Section Block	1
						Right Wrist Low Section Block	1
						Part Mountain Shape Block	1

There are 23 Poom and 29 movements in this Jang. The new movements within this Jang are the Target Kick (Pyojeok Chagi), the Part Mountain Shape Block (Owesanteul Makki), and the Wrist Cross Block (Palmok Eotgeoreo Makki).

- **차 려**
- **경 례**
- **준비서기**
- **제 1 동작**

발 : 오른발 제자리, 왼 발 한 걸음 나가 "가"방향으로

서기 : 왼 앞굽이

팔 : 두 팔목 헤쳐 아래 막기

- **제 2 동작**

발 : 왼발 제자리, 오른 발 앞차고 내딛어 "가"방향으로

서기 : 오른 앞굽이

팔 : 안팔목 몸통 헤쳐막 기

준비서기
Ready
Stance

1

2

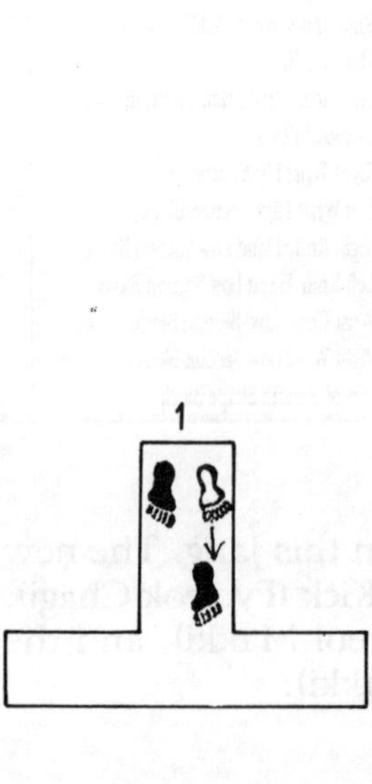

- **Attention** *(Cha Ryeo)*
- **Bow** *(Kyung Ye)*
- **Ready Stance**
  (Joonbi Seogi)

Movements: With the right foot fixed, move the left foot to the left and face the direction of "Ga"

1. The Wrist Wedge Low Section Block in the Left Forward Stance

(Oen Apkubi, Doopalmok Hechyeo Arae Makki)

Movements: With the right foot fixed, move the left foot one step forward ("Ga" direction). Assume the Left Forward Stance then execute the Wrist Wedge Low Section Block.

2. The Right Front Snap Kick and the Inner Wrist Middle Section Wedge Block in the Right Forward Stance

(Oreun Apchagi, Oreun Apkubi, Anpalmok Momtong Hechyeo Makki)

Movements: With the left foot fixed, execute the Right Front Snap Kick so that the right foot lands to the front("Ga" direction). Assume the Right Forward Stance then execute the Inner Wrist Middle Section Wedge Block.

2-1

2

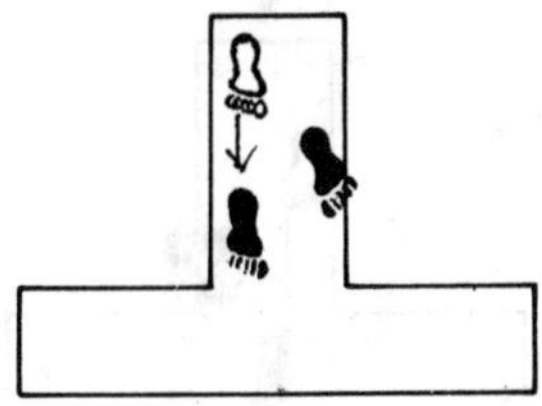

• 제 3 동작

발 : 오른발 제자리, 왼발 앞차고 내딛어 "가"방향으로

서기 : 왼 앞굽이

팔 : 팔목 엇걸어 얼굴막기

• 제 4 동작

발 : 왼발 제자리, 오른발 옆차고 내딛어 "가"방향으로

서기 : 왼 뒷굽이

팔 : 오른손날 몸통막기

3

3-1

3

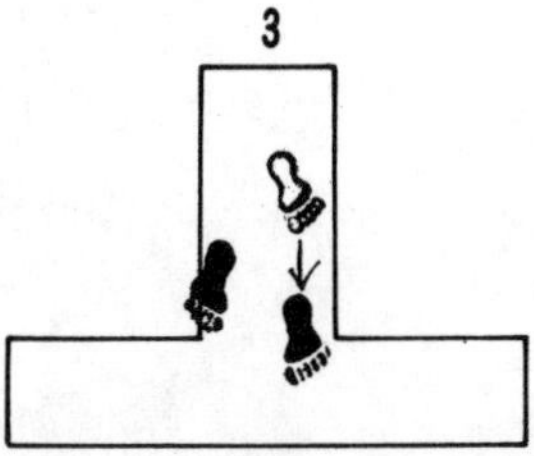

4

3. The Left Front Snap Kick and the Wrist Cross High Section Block in the Left Forward Stance

(Oreun Apchagi, Oen Apkubi, Palmok Eotgeoreo Eolgul Makki)

Movements: With the right foot fixed, execute the Left Front Snap Kick so that the left foot lands to the front ("Ga" direction). Assume the Left Forward Stance then execute the Wrist Cross High Section Block.

4. The Right Side Kick and the Right Knife Hand Middle Section Block in the Left Back Stance

(Oreun Yeop Chagi, Oen Dwitkubi, Oreun Sonnal Momtong Makki)

Movements: With the left foot fixed, execute the Right Side Kick so that the right foot lands to the front ("Ga" direction). Assume the Left Back Stance then execute the Right Knife Hand Middle Section Block.

4

4-1

5의 용법/Using step 5

7

6의 용법/Using step 6

5

6

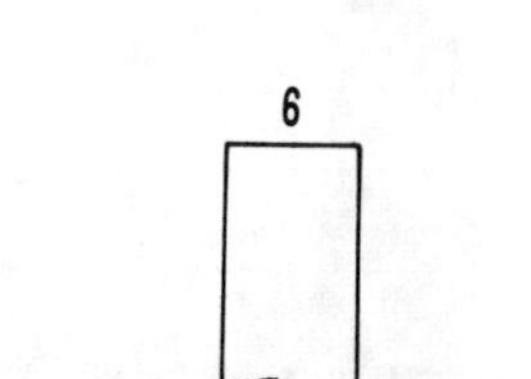

7

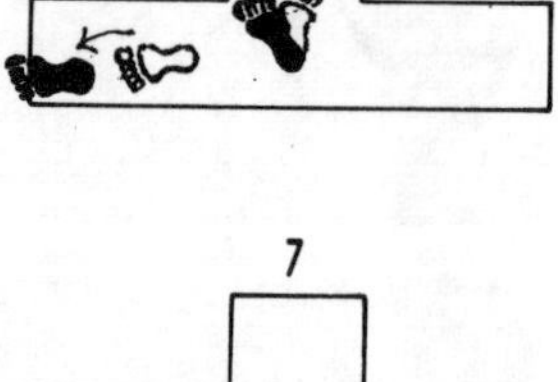

• 제 5 동작

발 : 오른발 축으로, 몸 왼쪽으로 돌아 "라"방향으로 옮겨

서기 : 오른 뒷굽이

팔 : 왼 안팔목 몸통 바깥막기

• 제 6 동작

발 : 오른발 제자리, 왼발 약간 내딛어 "라"방향으로

서기 : 왼 앞굽이

팔 : 오른주먹 얼굴 바로지르기

• 제 7 동작

발 : 두 발 제자리

서기 : 서기 그대로

팔 : 왼팔목 얼굴막기

6

5

5. The Left Inner Middle Section Outward Block in the Right Back Stance
(Oreun Dwitkubi, Oen Anpalmok Momtong Bakat Makki)

Movements: Using the right foot as the axis, turn the body to the left while moving the left foot to the ''La'' direction. Assume the Right Back Stance then execute the Left Inner Wrist Middle Section Outward Block.

6. The Right Fist High Section Straight Punch in the Left Forward Stance
(Oen Apkubi, Oreun Jumeok Eolgul Baro Jireugi)

Movements: With the right foot fixed, move the left foot slightly forward (''La'' direction). Assume the Left Forward Stance then execute the Right Fist High Section Straight Punch.

7. The Left Wrist High Section Block in the Left Forward Stance
(Oen Apkubi, Oen Palmok Eolgul Makki)

Movements: Keeping both feet fixed, execute the Left Wrist High Section Block.

8

9

9

8-1

7의 용법/Using step 7

8의 용법/Using step 8

• 제 8 동작

발 : 왼발 제자리, "라"방향으로 오른발 옆차고 내딛어

서기 : 왼 뒷굽이

팔 : 오른손날 아래막기

• 제 9 동작

발 : 왼발 제자리, 오른발 약간 내딛어 "라"방향으로

서기 : 오른 앞굽이

팔 : 왼주먹 몸통 바로 지르기

8

8. The Right Side Kick and the Right Knife Hand Low Section Block in the Left Back Stance

(Oreun Yeop Chagi, Oen Dwitkubi, Oreun Sonnal Arae Makki)

Movements: With the left foot fixed, execute the Right Side Kick so that the right foot lands to the front ("La" direction). Assume the Left Back Stance then execute the Right Knife Hand Low Section Block.

9. The Left Fist Middle Section Straight Punch in the Right Forward Stance

(Oreun Apkubi, Oen Jumeok Momtong Baro Jireugi)

Movements: With the left fixed, move the right foot slightly forward ("La" direction). Assume the Right Forward Stance then execute the Left Fist Middle Section Straight Punch.

10

11

• 제 10 동작

발 : 왼발 축으로, 몸 오른쪽으로 돌아 오른발 "다"방향으로 옮겨

서기 : 왼 뒷굽이

팔 : 오른 안팔목 몸통 바깥막기

• 제 11 동작

발 : 왼발 제자리, 오른발 약간 내딛어 "다"방향으로

서기 : 오른 앞굽이

팔 : 왼주먹 얼굴 바로지르기

• 제 12 동작

발 : 두 발 제자리

서기 : 서기 그대로

팔 : 오른팔목 얼굴막기

10

11

12

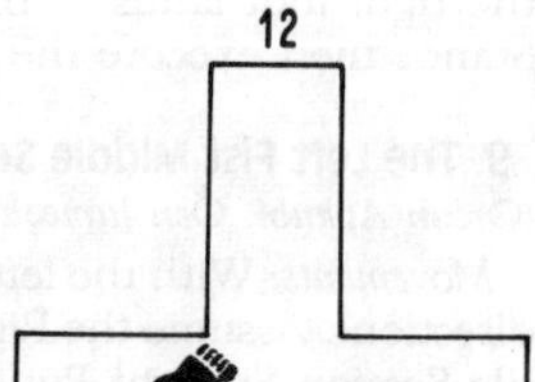

12

10. The Right Inner Wrist Middle Section Outward Block in the Left Back Stance
(Oen Dwitkubi, Oreun Anpalmok Momtong Bakat Makki)

Movements: Using the right foot as the axis, turn the body to the right while moving the right foot as the ''Da'' direction. Assume the Left Back Stance then execute the Right Inner Wrist Middle Section Outward Block.

11. The Left Fist High Section Straight Punch in the Right Forward Stance
(Oreun Apkubi, Oen Jumeok Eolgul Baro Jireugi)

Movements: With the left foot fixed, move the right foot slightly forward (''Da'' direction). Assume the Right Forward Stance then execute the Left Fist High Section Straight Punch.

12. The Right Wrist High Section Block in the Right Forward Stance
(Oreun Apkubi, Oreun Palmok Eolgul Makki)

Movements: Keeping both feet fixed, execute the Right Wrist High Section Block.

13

• **제 13 동작**

발 : 오른발 제자리, 왼발 옆차고 내딛어 "다" 방향으로

서기 : 오른 뒷굽이

팔 : 왼손날 아래막기

• **제 14 동작**

발 : 오른발 제자리, 왼발 약간 내딛어 "다"방향으로

서기 : 왼 앞굽이

팔 : 오른주먹 몸통 바로지르기

13

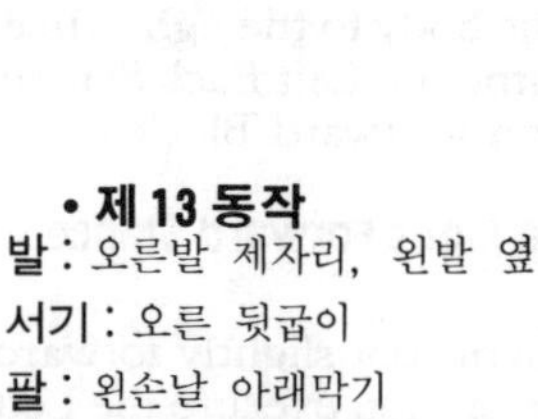

14

13-1

14

13. The Left Side Kick and the Left Knife Hand Low Section Block in the Right Back Stance

(Oen Yeop Chagi, Oreun Dwitkubi, Oen Sonnal Arae Makki)

Movements: With the right foot fixed, execute the Left Side Kick so that the left foot lands to the front ("Da" direction). Assume the Right Back Stance then execute the Left Knife Hand Low Section Block.

14. The Right Fist Middle Section Straight Punch in the Left Forward Stance

(Oen Apkubi, Oreun Jumeok Momtong Baro Jireugi)

Movements: With the right foot fixed, move the left foot slightly forward ("Da" direction). Assume the Left Forward Stance then execute the Right Fist Middle Section Straight Punch.

• 제 15 동작

발 : 오른발 축으로, 몸 왼쪽으로 돌아 왼발 "나"방향으로 옮겨

서기 : 왼 앞굽이

팔 : 팔목 엇걸어 아래막기

• 제 16 동작

발 : 두 발 제자리

서기 : 서기 그대로

팔 : 팔목 엇걸어 얼굴막기

• 제 17 동작

발 : 두 발 제자리

서기 : 서기 그대로

팔 : 막은 손을 비틀어 잡아 당기며
오른주먹 얼굴 바로지르기 "기합"

16

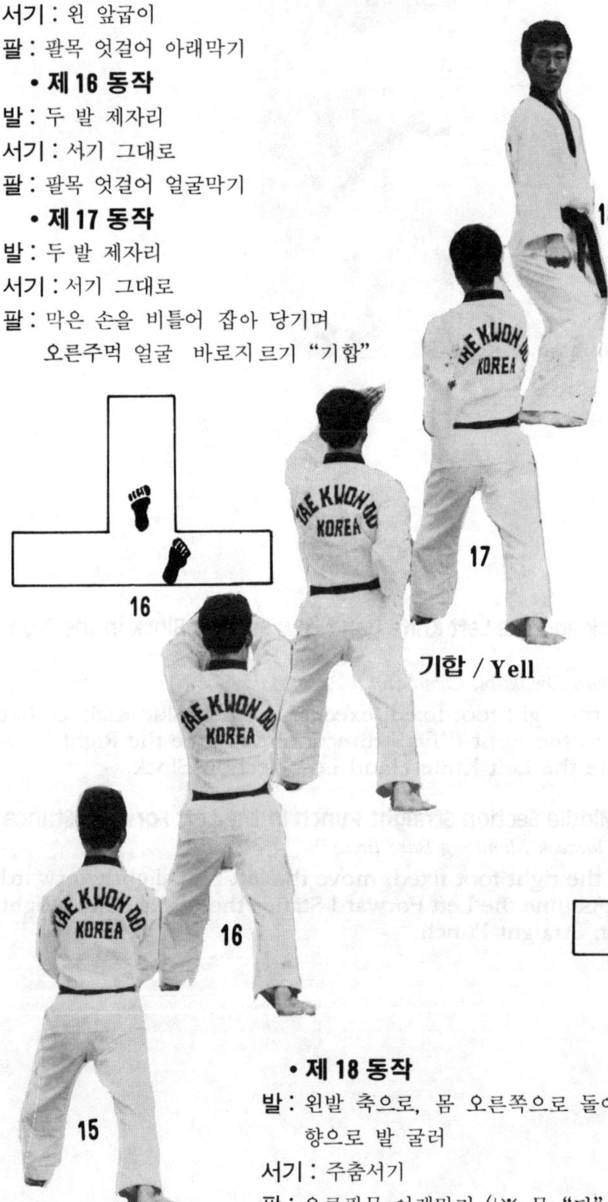

기합 / Yell

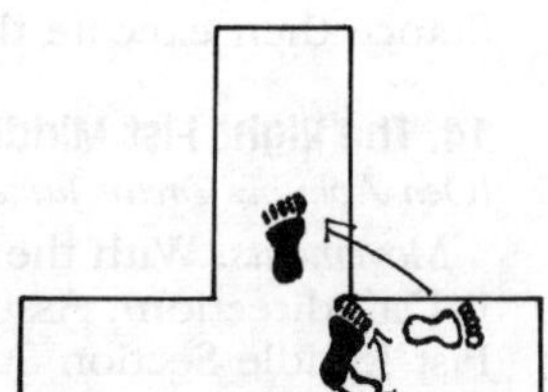

15

• 제 18 동작

발 : 왼발 축으로, 몸 오른쪽으로 돌아 오른발 "가"방향으로 발 굴러

서기 : 주춤서기

팔 : 오른팔목 아래막기 (※ 몸 "다" 방향, 시선 "가"방향)

15. The Wrist Cross Low Section Block in the Left Forward Stance

(Oen Apkubi, Palmok Eotgeoreo Arae Makki)

Movements: Using the right foot as the axis, turn the body to the left while moving the left foot to the "Na" direction. Assume the Left Forward Stance then execute the Wrist Cross Low Section Block.

16. The Wrist Cross High Section Block in the Left Forward Stance

(Oen Apkubi, Palmok Eotgeoreo Eolgul Makki)

Movements: Keeping both feet fixed, execute the Wrist Cross High Section Block.

17. The Right Fist High Section Straight Punch in the Left Forward Stance

(Oen Apkubi, Oreun Jumeok Eolgul Baro Jireugi)

Movements: Keeping both feet fixed, move both hands to the hips then execute the Right Fist High Section Straight Punch. Yell(Kihap).

18. The Right Wrist Low Section Block in the Riding Stance

(Juchum Seogi, Oreun Palmok Arae Makki)

Movements: With the left foot fixed, turn the body to the right and with power place the right foot on the floor. Assume the Riding Stance then execute the Right Wrist Low Section Block.

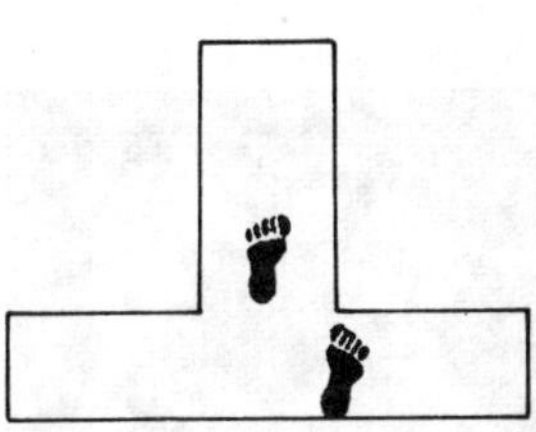

17

18

• 제 19동작

발: 오른발 축으로, 몸 왼쪽으로 돌아 왼발 "나"방향으로 옮겨

서기: 왼 앞굽이

팔: 왼 엎은 손날 바깥치기

• 제 20동작

발: 왼발 제자리, 오른발 "나"방향으로 표적차기

서기: 주춤서기

팔: 오른팔굽 표적치기 (※ 몸 "라"방향)

• 제 21동작

발: 두 발 그대로, 미끄럼 발로 "나"방향으로 반 걸음 물러서

서기: 주춤서기

팔: 외산틀 막기 (※ 시선 "가"방향)

21

20-1

19

20

19

19의 용법/Using the step 19

19. The Left Flat Knife Hand Outward Strike in the Left Forward Stance

(Oen Apkubi, Oen Eopeun Sonnal Bakat Chigi)

Movements: With the right foot fixed, turn the body to the left while moving the left foot slightly to the ''Na'' direction. Assume the Left Forward Stance then execute the Left Flat Knife Hand Outward Strike with the palm oriented downward.

20. The Right Target Kick and the Right Elbow Target Strike in the Riding Stance

(Oreun Pyojeok Chagi, Juchum Seogi, Oreun Palgup Pyojeok Chigi)

Movements: Using the left foot as the axis, execute the Right Target Kick from the outside inward and strike the left hand so that the right foot lands to the front (''Na'' direction). Assume the Riding Stance then execute the Right Elbow Target Strike.

21. The Part Mountain Shape Block in the Riding Stance

(Juchum Seogi, Oesanteul Makki)

Movements: Shift the body weight to the rear and assume the Riding Stance then execute the Part Mountain Shape Block (using the left wrist for the Low Section Block and the right wrist for the High Section Block).

20

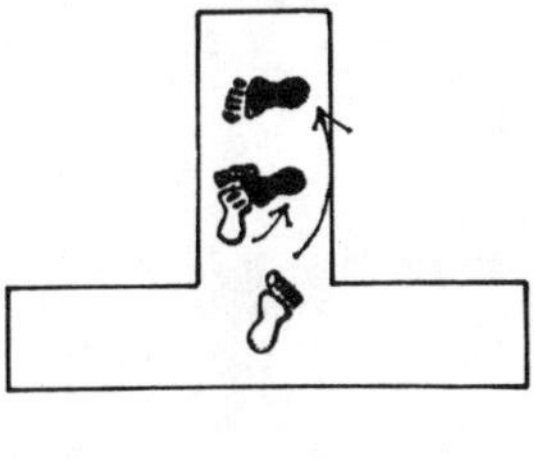

21

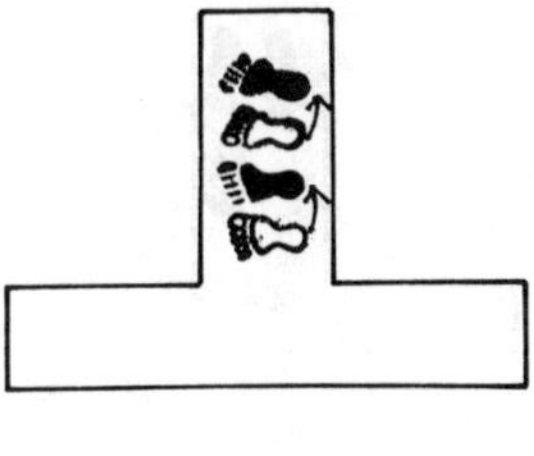

• 제 22동작

발 : 두 발 미끄럼발로 "나" 방향으로 반 걸음 물러서 "가"방향으로

서기 : 오른 뒷굽이

팔 : 왼손날 몸통막기

• 제 23동작

발 : 오른발 제자리, 왼발 약간 내딛어 "가"방향으로

서기 : 왼 앞굽이

팔 : 오른주먹 몸통 바로지르기 "기합"

■그만

오른발 제자리, 왼발 뒤로 끌어 준비 자세

그만/End

22

기합 / Yell

23

22

그만/End

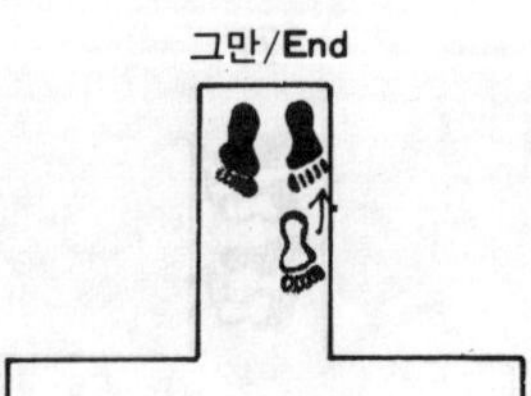

22. The Left Knife Hand Middle Section Block in the Right Back Stance

(Oreun Dwitkubi, Oen Sonnal Momtong Makki)

Movements: Shift the body weight to the rear and assume the Right Back Stance then execute the Left Knife Hand Middle Section Block.

23. The Right Fist Middle Section Straight Punch in the Left Forward Stance

(Oen Apkubi, Oreun Jumeok Momtong Baro Jireugi)

Movements: With the right foot fixed, move the left foot slightly forward (''Ga'' direction). Assume the Left Forward Stance then execute the Right Fist Middle Section Straight Punch. Yell(Kihap)

- **End** *(Geuman)*

Movements: With the right foot fixed, move the left foot to the rear and assume the Ready Stance.

- **Attention** *(Cha Ryeo)*
- **Bow** *(Kyung Ye)*

8.

팔괘 8 장

PALGWE 8 JANG

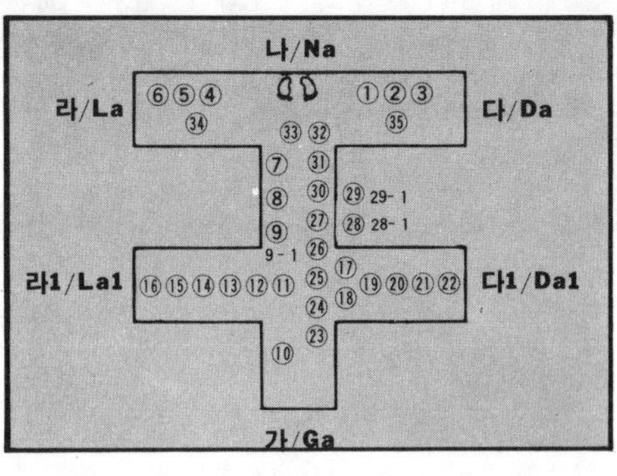

팔괘8장 품세 진행 연무선(총40동작)

Palgwe 8 Jang Line and Direction of Movement (40)

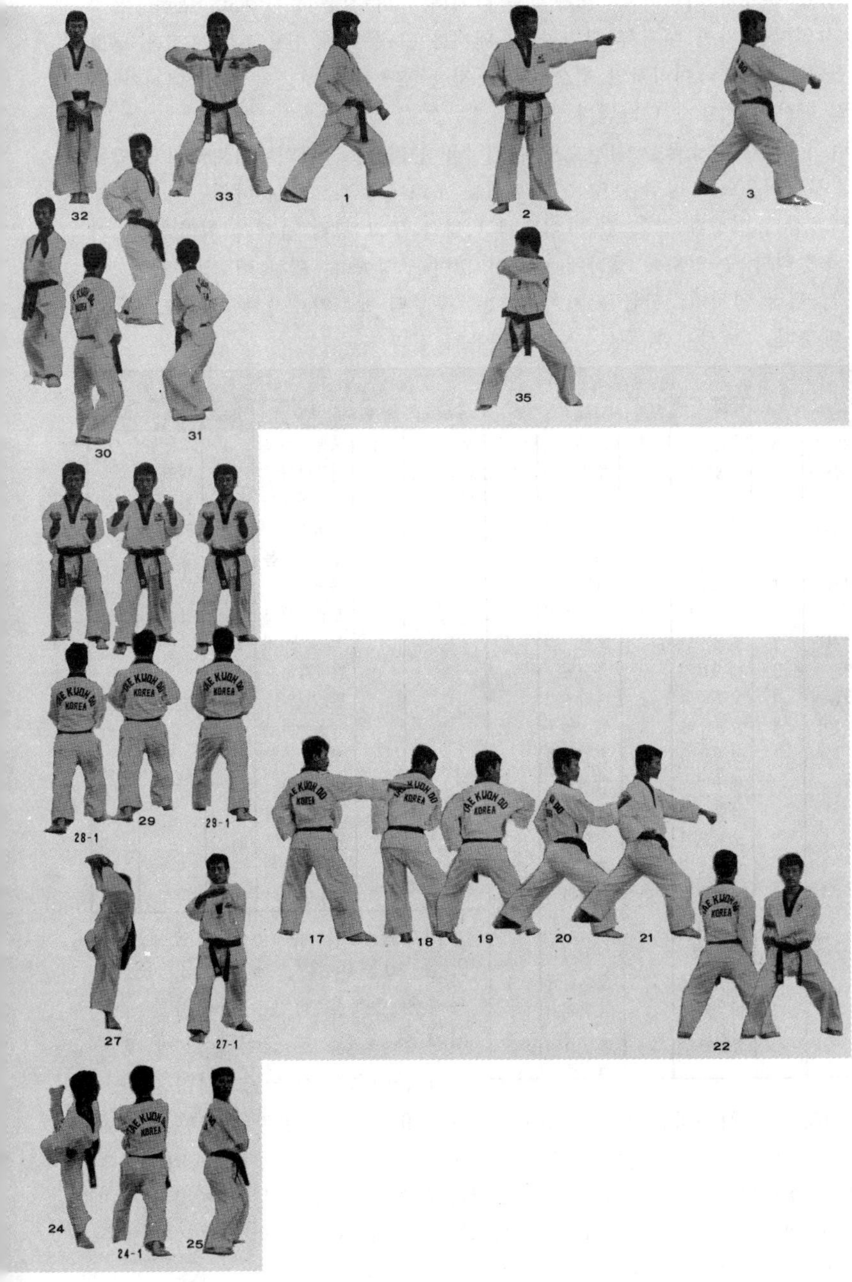

다/
Da
→

다1/
Da1
→

팔괘 8장은 팔괘(八卦)의 곤(坤)의 원리를 근본으로 하여 엮어졌다. 곤은 위대하며, 모든것의 시작이고, 모든것을 감싸며, 모든것을 능가하고 또한 유함속에 강인함을 가진 대지를 의미한다. 대지는 그 무한한 힘으로 모든것을 낳고 육성한다. 또한 그 여성적인 힘으로 모든것을 포용하니 하늘의 힘도 대지가 받아들일 때에야 비로소 나타난다.

따라서 이 괘는 소극을 지킴으로써 적극을 능가하고, 뒤떨어짐으로써 앞에 서고, 부드러움으로 강함을 누르는 자세를 우리에게 가르쳐 준다.

팔괘 8장은 이상과 같은 깊은 이념에 바탕을 두고 팔괘 품세의 여러 가지 기법을 총정리할 수 있도록 동작에 반복이 없이 구성했다. 또한 이 장에서는 멍에빼기, 팔굽 옆치기, 팔굽 뒤치기, 겹손, 두주먹 제쳐지르기 등의 새로운 동작도 배운다. 그 상세한 품세 구성은 다음과 같다.

기본서기	회수	품									
		지르기	회수	치기	회수	찌르기	회수	막기	회수	기타	회수
오른 앞굽이	8	오른주먹 몸통 반대지르기	1	오른 메주먹 내려치기	1	오른 편손끝 세워찌르기	1	오른팔목 아래막기	1	오른돌쩌귀	2
왼 앞굽이	6	왼주먹몸통 반대지르기	1	왼메주먹 내려치기	1			왼팔목 아래막기	1	왼 돌쩌귀	3
주춤서기	9	오른주먹 얼굴 반대지르기	1	왼등주먹 바깥치기	1			왼손날 몸통막기	1	멍에빼기	1
오른 학다리 서기	1	오른주먹 몸통 바로지르기	1	오른 엎은손날 바깥치기	1			오른 안팔목 몸통 바깥막기	1	겹손	1
왼 학다리 서기	1	왼주먹 몸통 바로지르기	1	왼 엎은 손날 바깥치기	1			왼 안팔목 몸통 바깥막기	1		
모아서기	1	오른 뒤지르기	1	오른팔굽 옆치기	1			바깥팔목 몸통 헤쳐막기	2		
모서기	2	왼 뒤지르기	1	왼팔굽 옆치기	1			왼 한손날 몸통안막기	1		
오른뒷굽이	4	두주먹끌어들여제쳐지르기	2	오른팔굽 뒤치기	1						
왼 뒷굽이	1			오른팔굽 표적치기	1						
				왼팔굽 표적치기	1						

이상과 같은 팔괘 8장의 품세는 총 35품 40동작이며, 제12, 13, 18, 19동작은 손목을 제치며 팔꿈치를 구부려서 가슴 앞으로 끌어들이는데 발이 따라 들어오는 것을 가상하여 한다. 제14, 15, 20, 21동작은 빠르게 하고, 제28, 29동작의 바깥팔목 몸통 헤쳐막기와 두 주먹 제쳐 지르기는 두 주먹을 끌어들여 공격하도록 한다. 제31동작은 왼손으로 상대의 손목을 잡아 비틀어 옆구리에 끼고 하며, 몸 뒤돌아 팔굽 뒤치기는 중심과 힘의 균형을 잘 유지하도록 한다. 제34, 35 동작의 뒤지르기는 주춤서기로서 미끄럼 발로 들어가 공격한다.

8 Jang applies the principles of positive power, passiveness over being complacent as a result. Palgwe 8 Jang has a lot of basic techniques because it is the last step in formalized training. It allows the student to brush up on the basic techniques. There are some new movements also. Palgwe 8 Jang consists of the Raise Elbow Escape (Moengeo Poaegi), the Elbow Side Strike (Palgup Yeop Chigi), the Elbow Back Strike (Palgup Dwi Chigi), the Pile of Palm Fist (Gyeopson), and the Double Fist Upper Punch (Doojumeok Jecheo Jireugi). The sequence of movements for the Palgwe 8 Jang is as follows:

Stances	# of Times in Stance	Movements (Poom)									
		Puching	# of Punches	Striking	# of Strikes	Thrusting	# of Thrusts	Blocking	# of Blocks	Miscellaneous	# of Misc.
Right Forward	8	Right Fist Middle	1	Right Hammer Fist	1	Right Spear	1	Right Wrist Low	1	Right Hinge	2
Stance		Section Reverse Straight		Downward Strike		Finger Straight		Section Block		Shape	
Left Forward	6	Punch		Left Hammer Fist	1	Thrust		Left Wrist Low	1	Left Hinge	3
Stance		Left Fist Middle Section	1	Downward Strike				Section Block		Shape	
Riding Stance	9	Reverse Straight Punch		Left Back Fist Outward	1			Left Knife Hand Middle	1	Raise Elbow	1
Right Crane	1	Right Fish High Section	1	Strike				Section Block		Escape	
Stance		Reverse Straight Punch		Right Flat Knife Hand	1			Right Inner Wrist	1	Pile of Palm	1
Close Stance	1	Right Fist Middle	1	Outward Strike				Middle Section		Fist	
Slant Stance	2	Section Straight Punch		Left Flat Knife Hand	1			Outward Block			
Right Back	4	Left Fist Middle Section	1	Outward Strike				Left Inner Wrist Middle	1		
Stance		Straight Punch		Right Elbow Side Strike	1			Section Outward Block			
Left Back Stance	1	Right Back Punch	1	Left Elbow Side Strike	1			Outer Wrist	2		
		Left Back Punch	1	Right Elbow Back Strike	1			Middle Section			
		Double Fist Pull	2	Right Elbow	1			Wedge Block	2		
		Upper Punch		Target Strike				Left Knife Hand Middle	1		
				Left Elbow	1			Section Inside Block			
				Target Strike							

There are 35 Poom, 40 movements in this Jang. In the Side Strike, the wrist should be pointed upward with the elbow bent. The arm is placed in front of the chest. This is used for blocking a kick or strike to the chest. These movements should be done with speed.

In the 28th and 29th movements, when executing the Outer Wrist Middle Section Wedge Block (Bakat Palmok Momtong Hechyeo Makki) and the Double Fist Upper Punch, both fists should be pulled toward the body prior to attacking.

In the 31st movement, grasp the opponent's wrist with the left hand, and pull it to the side, then execute the Back Turning Elbow Back Strike (Mom Dwi Dola Palgup Dwi Chigi).

준비서기 / Ready Stance

1

- **차 려**
- **경 례**
- **준비서기**
- **제 1 동작**

발 : 오른발 제자리, 몸 왼쪽으로 돌아 왼발 "다"방향으로 옮겨

서기 : 왼 앞굽이

팔 : 왼팔목 아래막기

1

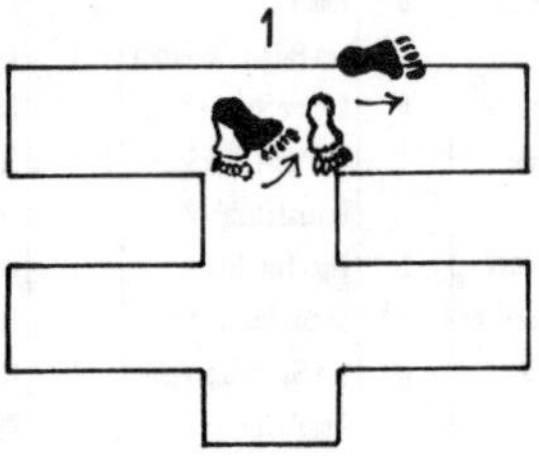

- **제 2 동작**

발 : 오른발 제자리, 왼발 오른쪽으로 약간 끌어 한 발 길이로 무릎을 펴 서면서(뒷굽이 각도로)

서기 :

팔 : 왼 메주먹 빼어 머리위로 올려 "다"방향을 향하여 왼 메주먹 내려치기 (※ 메주먹의 높이는 어깨 높이)

2

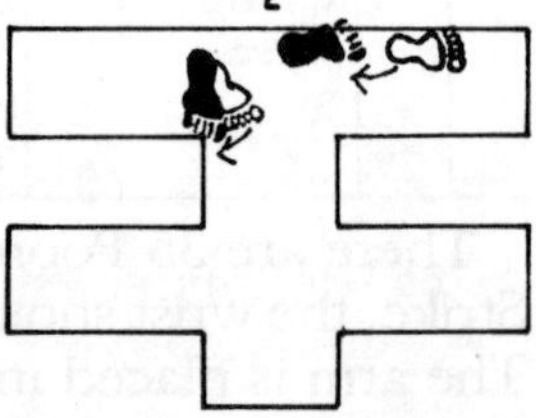

- **제 3 동작**

발 : 왼발 제자리, 오른발 한 걸음 나가 "다"방향으로

서기 : 오른 앞굽이

팔 : 오른주먹 몸통 반대지르기

3

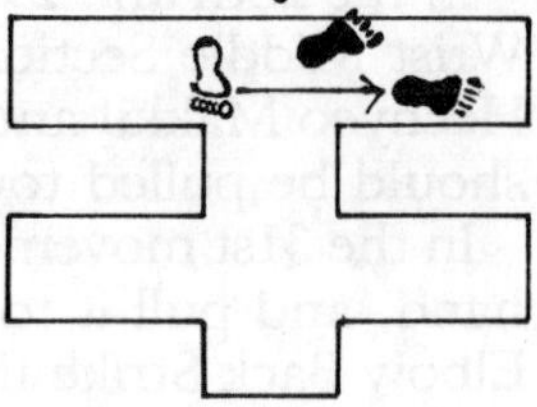

2 3

- **Attention** *(Cha Ryeo)*
- **Bow** *(Kyung Ye)*
- **Ready Stance** *(Joonbi Seogi)*

Movements: With the right foot fixed, move the left foot to the left and face the direction of "Ga".

1. The Left Wrist Low Section Block in the Left Forward Stance

(Oen Apkubi, Oen Palmok Arae Makki)

Movements: Using the right foot as the axis, turn the body to the left while moving the left foot to the "Da" direction. Assume the Left Forward Stance then execute the Left Wrist Low Section Block.

2. The Left Hammer Fist Downward Strike in the Left Ease Stance

(Oen Pyeonbi Seogi, Oen Mejumeok Naeryo Chigi)

Movements: With the right foot fixed, turn the body to the right while moving the left foot rearward and moving the left arm in a circular motion over the head to the front of the body. Assume the Left Ease Stance then execute the Left Hammer Fist Downward Strike.

3. The Right Fist Middle Section Reverse Straight Punch in the Right Forward Stance

(Oreun Apkubi, Oreun Jumeok Momtong Bandae Jireugi)

Movements: With the left foot fixed, move the right foot one step forward ("Da" direction). Assume the Right Forward Stance then execute the Right Fist Middle Section Reverse Straight Punch.

6　　　　5

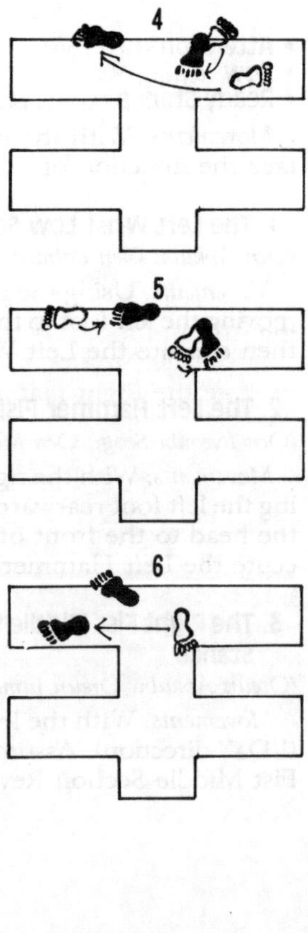

• 제 4 동작

발 : 왼발 축으로, 몸 오른쪽으로 돌아 오른발 "라"방향으로 옮겨

서기 : 오른 앞굽이

팔 : 오른팔목 아래막기

• 제 5 동작

발 : 왼발 제자리, 오른발 왼쪽으로 끌어 한 발 길이로 무릎을 펴 서면서(뒷굽이 각도)

서기 : 오른 편히서기

팔 : 오른 주먹을 빼어 머리 위로 올려 "라"방향을 향하여 오른 메주먹 내려치기

• 제 6 동작

발 : 오른발 제자리, 왼발 "라"방향으로 한 걸음 나가

서기 : 왼 앞굽이

팔 : 왼주먹 몸통 반대지르기

4

4. The Right Wrist Low Section Block in the Right Forward Stance

(Oreun Apkubi, Oreun Palmok Arae Makki)

Movements: Using the left foot as the axis, turn the body to the right while moving the right foot to the "La" direction. Assume the Right Forward Stance then execute the Right Wrist Low Section Block

5. The Right Hammer Fist Downward Strike in the Right Ease Stance

(Oreun Pyeonhi Seogi, Oreun Mejumeok Naeryeo Chigi)

Movements: With the left foot fixed, turn the body to the left while moving the right foot rearward and moving the right arm in a circular motion over the head to the front of the body. Assume the Right Ease Stance then execute the Right Hammer Fist Downward Strike.

6. The Left Fist Middle Section Reverse Straight Punch in the Left Forward Stance

(Oen Apkubi, Oen Jumeok Momtong Bandae Jireugi)

Movements: With the right foot fixed, move the left foot one step forward ("La" direction). Assume the Left Forward Stance then execute the Left Fist Middle Section Reverse Straight Punch.

- **제 7 동작**

발 : 오른발 축으로, 몸 왼쪽으로 돌아 왼발 "가"의 방향으로 옮겨

서기 : 오른 뒷굽이

팔 : 왼손날 몸통막기

- **제 8 동작**

발 : 왼발 제자리, 오른발 한 걸음 나가 "가" 방향으로

서기 : 오른 앞굽이

팔 : 오른 편손끝 세워 찌르기

- **제 9 동작**

발 : 손목이 잡힌 것을 가상, 오른손을 앞으로 밀어 빼면서 오른발 축으로, 왼쪽으로(뒤로) 몸을 돌면서 왼발 "가" 방향으로 옮겨

서기 : 오른 뒷굽이

팔 : 왼 등주먹 바깥치기

- **제 10 동작**

발 : 왼발 제자리, 오른발 한 걸음 나가 "가"방향으로

서기 : 오른 앞굽이

팔 : 오른주먹 얼굴 반대 지르기 "기합"

기합 / Yell

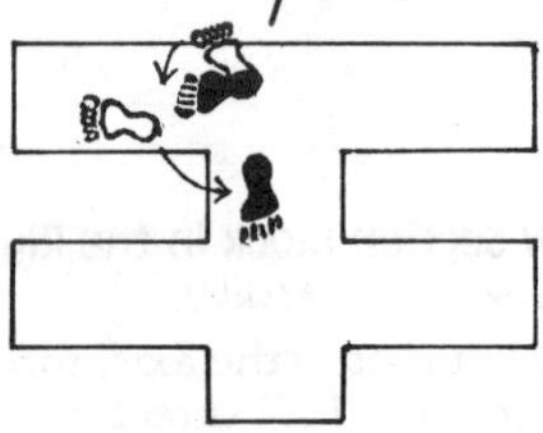

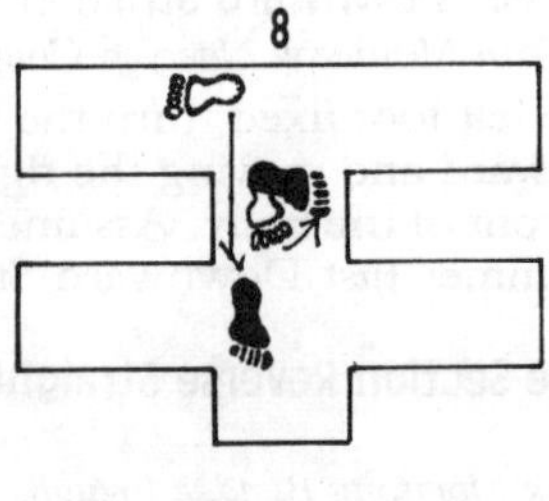

7. The Left Knife Hand Middle Section Block in the Right Back Stance

(Oreun Dwitkubi, Oen Sonnal Momtong Makki)

Movements: Using the right foot as the axis, turn the body to the left while moving the left foot to the "Ga" direction. Assume the Right Back Stance then execute the Left Knife Hand Middle Section Block.

8. The Right Spear Finger Straight Thrust in the Right Forward Stance

(Oreun Apkubi, Oreun Pyeonsonkeut Seweo Chireugi)

Movements: With the left foot fixed, move the right foot one step forward ("Ga" direction). Assume the Right Forward Stance then execute the Right Spear Finger Straight Thrust.

9. The Left Back Fist Outward Strike in the Right Back Stance

(Oreun Dwitkubi, Oen Deungjumeok Bakat Chigi)

Movements: With the right foot fixed, place the right arm near the lower back to avoid being grabbed then turn the body to the left and move the left foot to the "Ga" direction. Assume the Right Back Stance then execute the Left Back Fist Outward Strike.

10. The Right Fist High Section Reverse Straight Punch in the Right Forward Stance

(Oreun Apkubi, Oreun Jumeok Eolgul Bandae Jireugi)

Movements: With the left foot fixed, move the right foot one step forward ("Ga" direction). Assume the Right Forward Stance then execute the Right Fist High Section Reverse Straight Punch. Yell (Kihap).

8의 용법/Using step 8

9의 용법/Using step 9

10의 용법/Using step 10

• 제 11 동작

발 : 오른발 축으로, 몸 왼쪽으로 돌아 왼발 "라1"방향으로 옮겨

서기 : 오른 뒷굽이

팔 : 왼손날 바깥치기

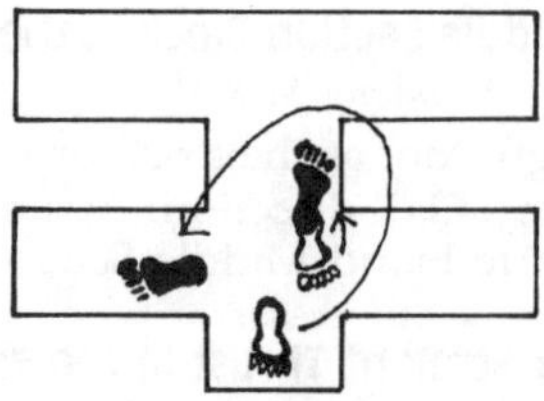

11

13

• 제 12 동작

발 : 오른발 제자리, 왼발 약간 끌어들여

서기 : 모로 섬과 동시에

팔 : 왼손목을 제치며, 팔꿈치를 구부려 가슴 앞으로 끌어들인다.
(※ 발이 따라 들어오는 것을 가상, 손을 빼는 동작 "빨리 하는 동작")

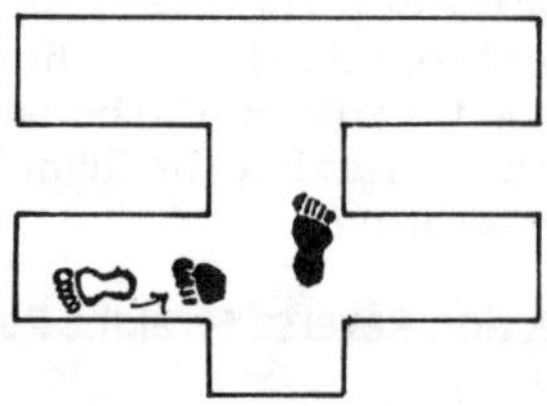

12

• 제 13 동작

발 : 오른발 제자리, 끌어들인 왼발을 다시 "라1"방향으로 옮겨

서기 : 주춤서기

팔 : 왼팔굽 옆치기
(※ 손은 제친손 "빨리 하는 동작")

11의 용법/Using step 11

13

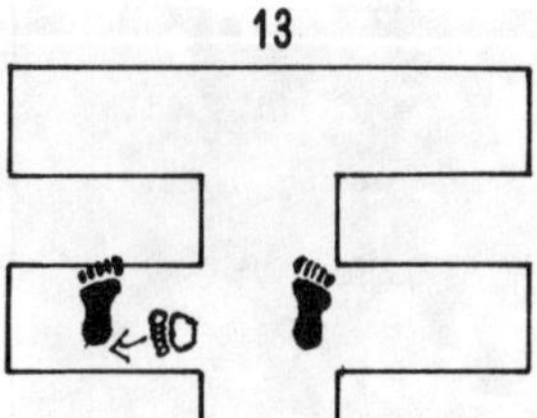

12

11

11. The Left Knife Hand Outward Strike in the Right Back Stance

(Oreun Dwitkubi, Oen Sonnal Bakat Chigi)

Movements: Using the right foot as the axis, turn the body to the left while moving the left foot one step forward to the ''La 1'' direction. Assume the Right Back Stance then execute the Left Knife Hand Outward Strike.

12. The Pulling Left Wrist in the Slant Stance

(Moseogi, Oen Sonmok Paegi)

Movements: With the right foot fixed, turn the body to the right and move the left foot inward. Assume the Slant Stance then execute the Pulling Left Wrist across the body. Place the left knife hand near the right shoulder to avoid being grabbed.

13. The Left Elbow Side Strike in the Riding Stance

(Juchum Seogi, Oen Palgup Yeop Chigi)

Movements: With the right foot fixed, move the left foot slightly to the ''La 1'' direction. Assume the Riding Stance then execute the Left Elbow Side Strike.

• 제 14 동작

발 : 오른발 제자리, 왼발을 "라1"방향으로 옮겨

서기 : 왼 앞굽이

팔 : 왼 안팔목 몸통 바깥막기(※ "빨리 하는 동작")

• 제 15 동작

발 : 두 발 제자리

서기 : 서기 그대로

팔 : 오른주먹 몸통 바로 지르기

12의 용법/Using step 12

13의 용법/Using step 13

14

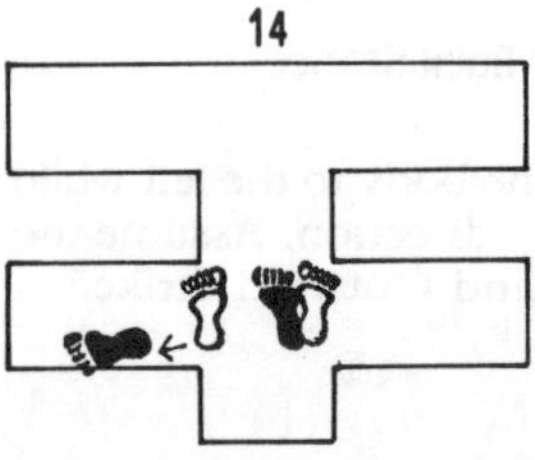

15

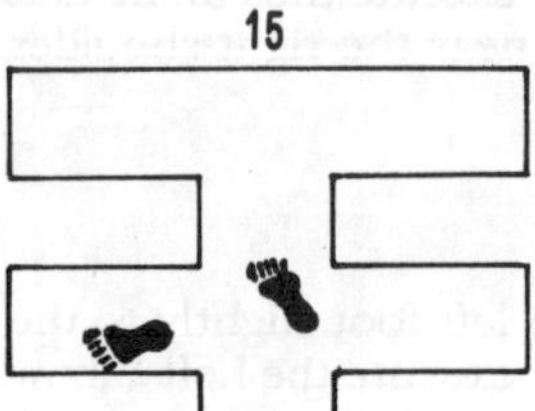

15 14

14. The Left Inner Wrist Middle Section Outward Block in the Left Forward Stance
(Oen Apkubi, Oen Anpalmok Momtong Bakat Makki)

Movements: With the right foot fixed, move the left foot slightly forward ("La 1" direction). Assume the Left Forward Stance then execute the Left Inner Wrist Middle Section Outward Block.

15. The Right Fist Middle Section Straight Punch in the Left Forward Stance
(Oen Apkubi, Oreun Jumeok Momtong Baro Jireugi)

Movements: Keeping both feet fixed, execute the Right Fist Middle Section Straight Punch.

16

16

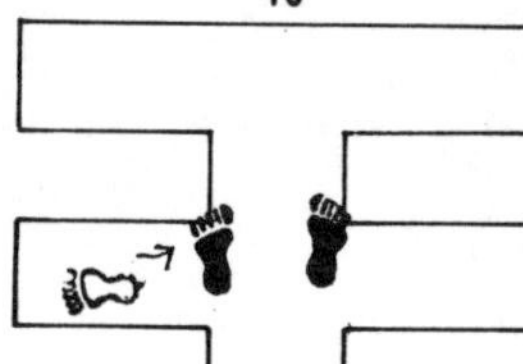

17

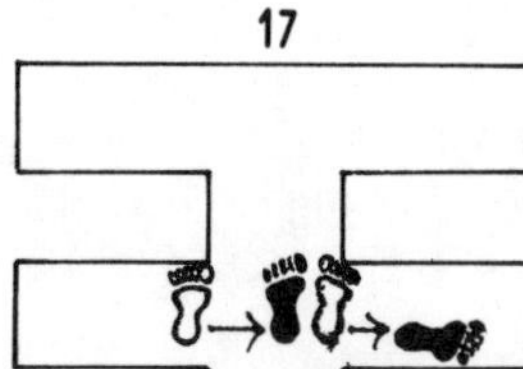

18

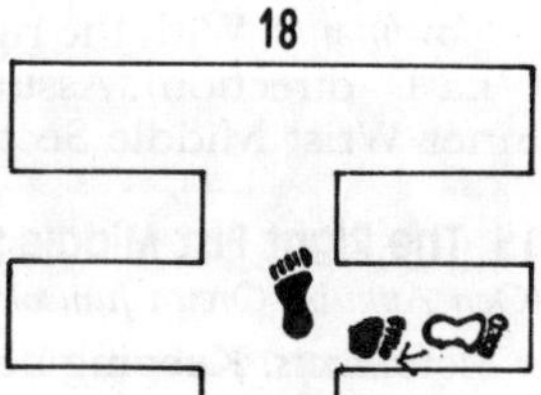

• 제 16 동작

발 : 오른발 제자리, 왼발 옮겨(몸 "나"방향)

서기 : 주춤서기

팔 : 왼 작은 돌쩌귀 (※ 시선 "다1"방향)

• 제 17 동작

발 : 오른발 제자리, 왼발 오른발에 붙이고 다시 "다1" 방향으로 옮겨

서기 : 왼 뒷굽이

팔 : 오른손날 바깥치기

• 제 18 동작

발 : 왼발 제자리, 오른발 약간 앞쪽으로 끌어

서기 : 모서기

팔 : 오른손목 제치며 팔굽을 구부려 가슴 앞으로 끌어 들인다.

※ "빠르게"(발이 따라 들어 오는 것을 가상, 손을 빼는 동작)

17

18

16. The Left Small Hinge Shape in the Riding Stance

(Juchum Seogi, Oen Jageun Dolcheogi)

Movements: With the right foot fixed, turn the body to the right while moving the left foot slightly rearward. Assume the Riding Stance then execute the Left Small Hinge Shape (move the right fist to the left side).

17. The Right Knife Hand Outward Strike in the Left Back Stance

(Oen Dwitkubi, Oreun Sonnal Bakat Chigi)

Movements: Move the left foot toward the right and move the right foot to the "Da 1" direction. Assume the Left Back Stance then execute the Right Knife Hand Outward Strike.

18. The Pulling Right Wrist in the Slant Stance

(Moseogi, Oreun Sonmok Paegi)

Movements: With the left foot fixed, turn the body to the left and move the right foot inward. Assume the Slant Stance then execute the Pulling Right Wrist. Place the right knife hand near the left shoulder to avoid being grabbed.

19 20 21 22

• **제 19 동작**

발 : 왼발 제자리, 오른발 끌어들인 다음 다시 "다1"방향으로 옮겨

서기 : 주춤서기

팔 : 오른팔굽 옆치기

(※ "빠르게", 손은 제친손)

• **제 20 동작**

발 : 왼발 제자리, 오른발을 "다1" 방향으로

서기 : 오른 앞굽이

팔 : 오른 안팔목 몸통 바깥막기 "빠르게"

• **제 21 동작**

발 : 두 발 제자리

서기 : 서기 그대로

팔 : 왼주먹 몸통 바로지르기 "빠르게"

• **제 22동작**

발 : 왼발 제자리, 오른발 옮겨 몸 "나" 방향

서기 : 주춤서기

팔 : 오른 작은 돌쩌귀

19

20

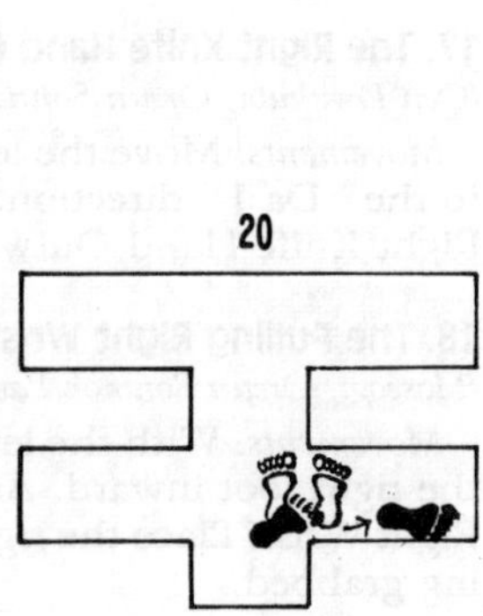

19. The Right Elbow Side Strike in the Riding Stance

(Juchum Seogi, Oreun Palgup Yeop Chigi)

Movements: With the left foot fixed, move the right foot slightly to the "Da 1" direction. Assume the Riding Stance then execute the Right Elbow Side Strike.

20. The Right Inner Wrist Middle Section Outward Block in the Right Forward Stance

(Oreun Apkubi, Oreun Anpalmok Momtong Bakat Makki)

Movements: With the left foot fixed, move the right foot slightly forward("Da 1" direction). Assume the Right Forward Stance then execute the Right Inner Wrist Middle Section Outward Block.

21. The Left Fist Middle Section Straight Punch in the Right Forward Stance

(Oreun Apkubi, Oen Jumeok Momtong Baro Jireugi)

Movements: Keeping both feet fixed, execute the Left Fist Middle Section Straight Punch.

22. The Right Small Hinge Shape in the Riding Stance

(Juchum Seogi, Oreun Jageun Dolcheogi)

Movements: With the left foot fixed, turn the body to the left and move the right foot slightly inward. Assume the Riding Stance then execute the Right Small Hinge Shape while moving the left fist to the right side.

21

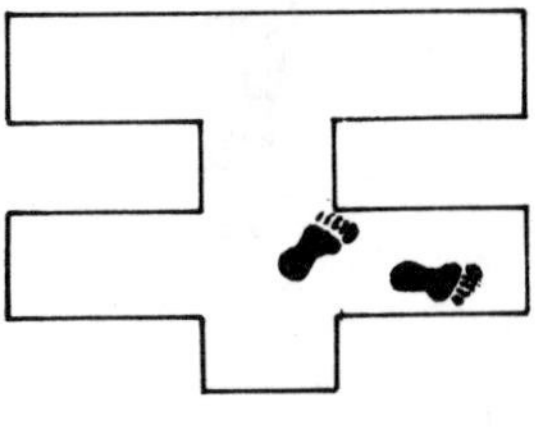

22

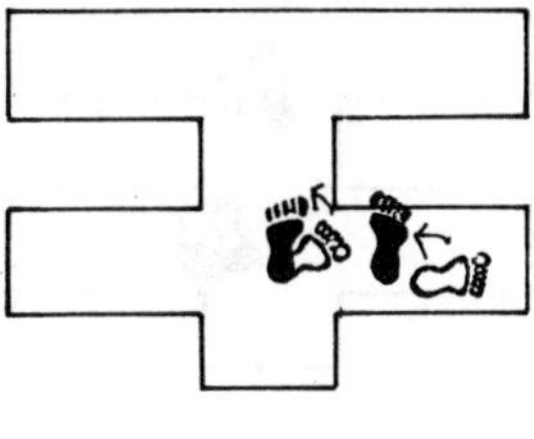

• **제 23 동작**

발 : 왼발 제자리, 오른발 왼발에 붙여 "나" 방향으로

서기 : 오른 학다리서기

팔 : 오른 작은 돌쩌귀

• **제 24 동작**

발 : 오른발 제자리, 왼발 "나"방향으로 옆차기 함과 동시에 왼주먹 지르고 내딛어

서기 : 왼 앞굽이

팔 : 오른팔굽 표적치기

• **제 25 동작**

발 : 오른발 제자리, 왼발을 "가나" 선상에 옮겨 (몸 "다"방향)

서기 : 주춤서기

팔 : 왼 돌쩌귀

23

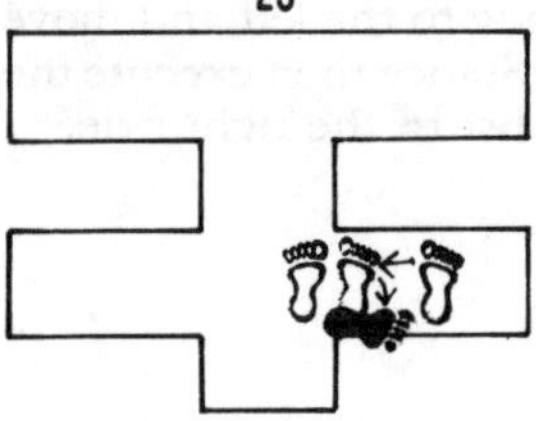

24

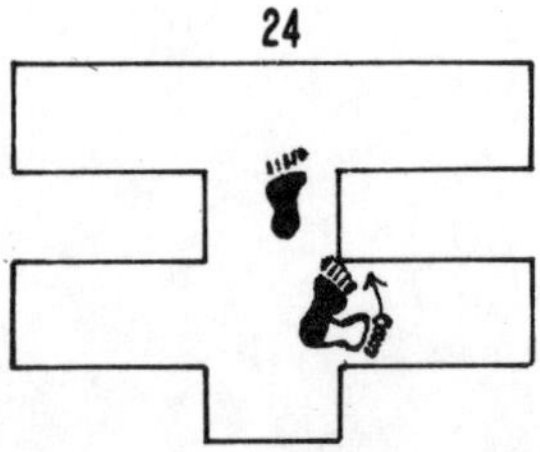

25

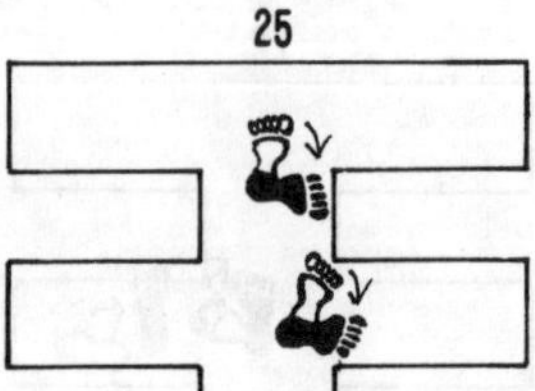

23

24

23. The Right Small Hinge Shape In the Right Crane Stance

(Oreun Hakdari Seogi, Oreun Jageun Dolcheogi)

Movements: Move the right foot swiftly toward the left foot and turn the body to the right. Assume the Right Crane Stance then execute the Right Small Hinge Shape.

24. The Left Side Kick and the Right Elbow Strike in the Left Forward Stance

(Oen Yeop Chagi, Oen Apkubi, Oreun Palgup Pyojeok Chigi)

Movements: With the right foot fixed, execute the Left Side Kick so that the left foot lands to the front (''Na'' direction). Assume the Left Forward Stance then execute the Right Elbow Strike.

25. The Left Small Hinge Shape in the Riding Stance

(Juchum Seogi, Oen Jageun Dolcheogi)

Movements: With the right foot fixed, turn the body to the right and move the left foot slightly inward. Assume the Riding Stance then execute the Left Small Hinge Shape (move both hands to the left side).

24 -1

25

26

27

27 -1

• **제 26 동작**

발 : 오른발 제자리, 왼발 끌어 오른발에 붙이고 "가"방향으로

서기 : 왼 학다리서기

팔 : 왼 작은 돌쩌귀

• **제 27 동작**

발 : 왼발 제자리, 오른발 "가"방향을 향해 옆차기 함과 동시에 오른주먹도 지르고 내딛어

서기 : 오른 앞굽이

팔 : 왼팔굽 표적치기

26. The Left Small Hinge Shape in the Left Crane Stance

(Oen Hakdari Seogi, Oen Jageun Dolcheogi)

Movements: Move the left foot to the right and assume the Left Crane Stance then execute the Left Small Hinge Shape.

27. The Right Side Kick and the Left Elbow Target Strike in the Right Forward Stance

(Oreun Yeop Chagi, Oreun Apkubi, Oen Palgup Pyojeok Chigi)

Movements: With the left foot fixed, execute the Right Side Kick so the right foot lands to the front ("Ga" direction). Assume the Right Forward Stance then execute the Left Elbow Target Strike.

26

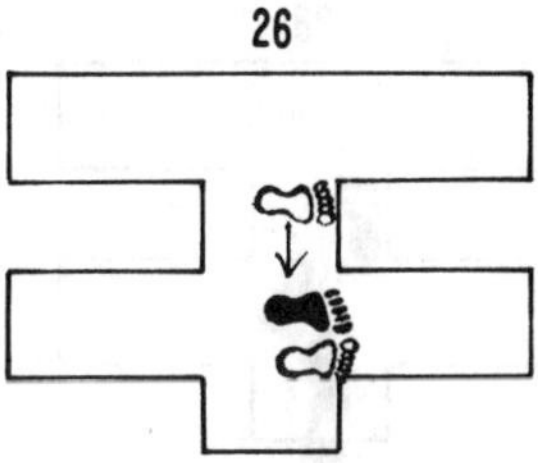

27

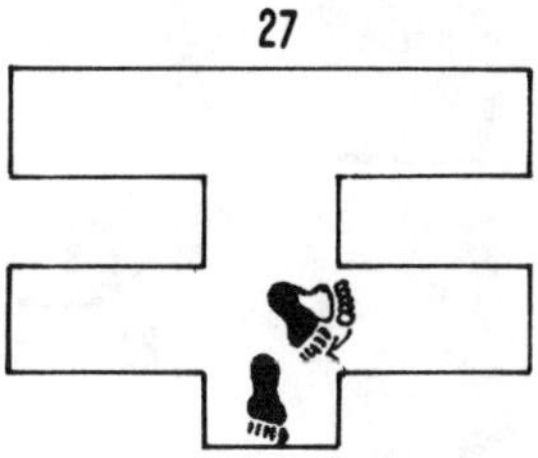

• 제 28 동작

발 : 오른발 축으로, 몸 왼쪽으로 돌아 왼발 "나"방향으로 옮겨

서기 : 왼 앞굽이

팔 : 바깥팔목 몸통 헤쳐막기하고 두 주먹 끌어들여 제쳐지르기

• 제 29 동작

발 : 왼발 제자리, 오른발 한 걸음 나가 "나" 방향으로

서기 : 오른 앞굽이

팔 : 바깥팔목 몸통 헤쳐막기하고 두 주먹 끌어들여 제쳐지르기

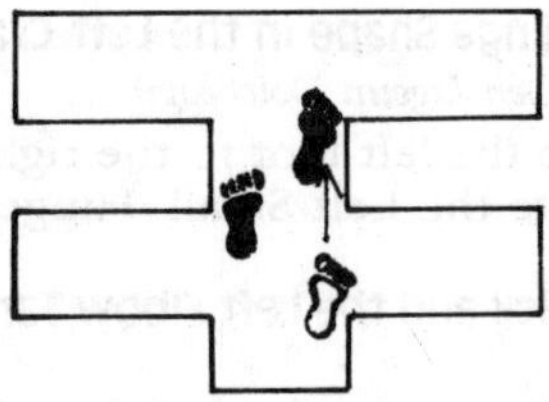

29

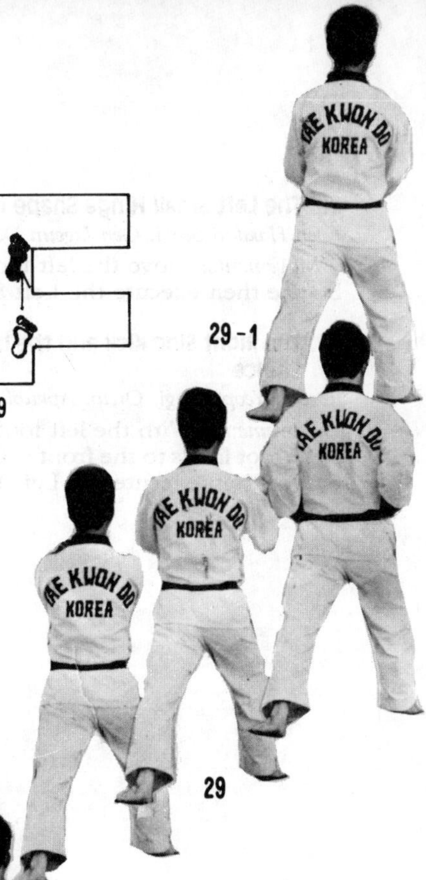

29-1

29

28-1

28

28

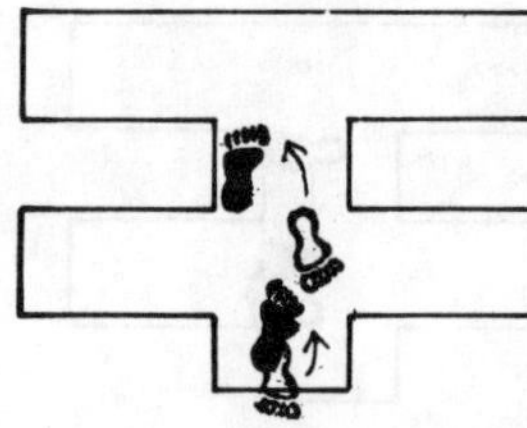

29의 용법 / Using the step 29

28. The Outer Wrist Middle Section Wedge Block and the Double Fist Upper Punch in the Left Forward Stance

(Oen Apkubi, Bakat Palmok Momtong Hechyo Makki, Doojumeok Jecheo Jireugi)

Movements: Using the right foot as the axis, turn the body to the left. Assume the Left Forward Stance then execute the Outer Wrist Middle Section Wedge Block then the Double Fist Upper Punch.

29. The Outer Wrist Middle Section Wedge Block and the Double Fist Upper Punch in the Right Forward Stance

(Oreun Apkubi, Bakat Palmok Momtong Hecheo Makki, Doojumeok Jecheo Jireugi)

Movements: With the left foot fixed, move the right foot one step forward (''Na'' direction). Assume the Right Forward Stance then execute the Outer Wrist Middle Section Wedge Block then execute the Double Fist Upper Punch.

29－1의 용법 / Using step 29－1

• 제 30 동작

발 : 오른발 제자리, 왼발 한 걸음 "나"방향으로 나가

서기 : 오른 뒷굽이

팔 : 왼 한 손날 몸통 안막기

• 제 31 동작

발 : 왼발 축으로, 왼손으로 상대 손목을 잡아 비틀어 옆구리에 끼고 몸을 오른쪽으로 돌아 오른발 "나"방향에 옮겨

서기 : 주춤서기 몸 "라"방향

팔 : 오른팔굽 뒤치기 (제친손)

• 제 32 동작

발 : 오른발 제자리, 몸 왼쪽으로 돌며 왼발 끌어 오른발에 붙여 "가"방향으로

서기 : 모아서기

팔 : 겹손

• 제 33 동작

발 : 몸은 그대로 오른발 제자리, 왼발을 "다"방향으로 옮겨

서기 : 주춤서기

팔 : 멍에치기

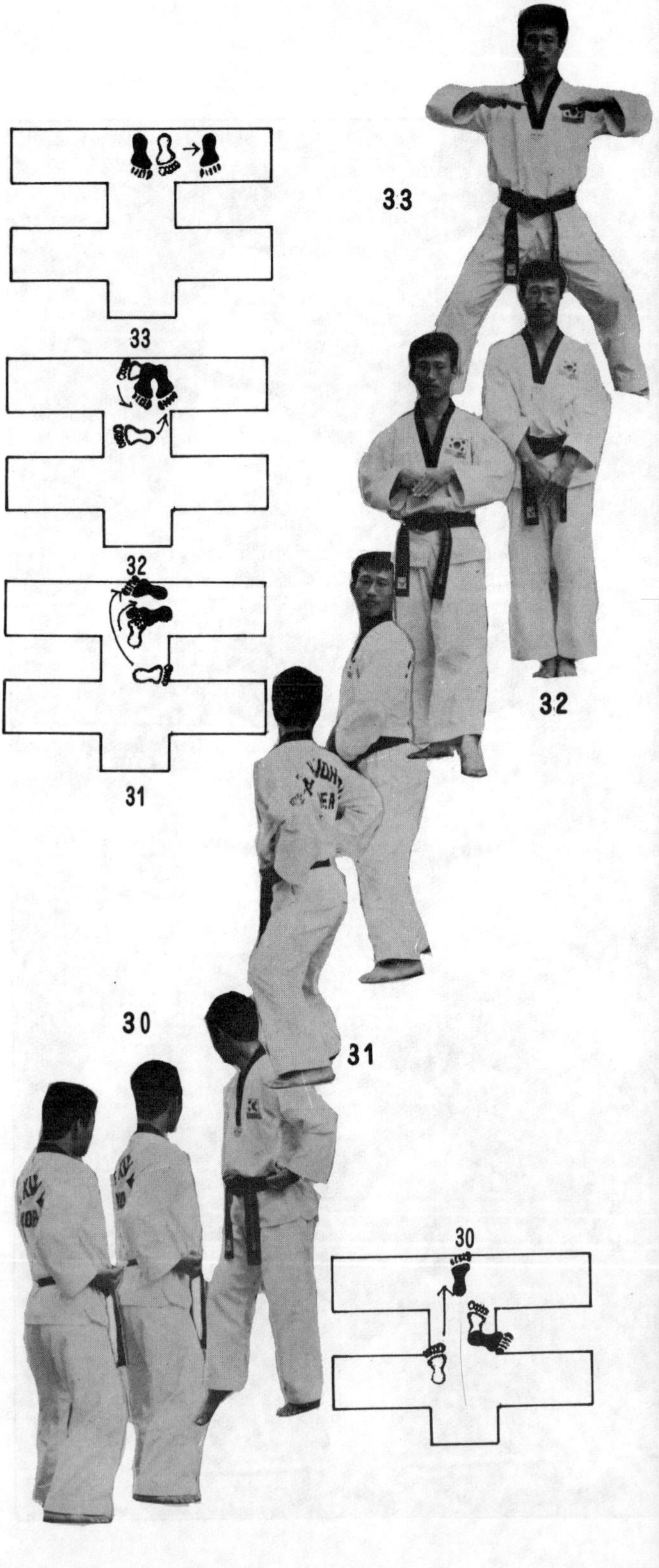

30. The Left Knife Hand Middle Section Inside Block in the Right Back Stance

(Oreun Dwitkubi, Oen Hansonnal Momtong Anmakki)

Movements: With the right foot fixed, move the left foot one step forward ("Na" direction). Assume the Right Back Stance then execute the Left Knife Hand Middle Section Inside Block.

31. The Right Elbow Back Strike in the Riding Stance

(Juchum Seogi, Oreun Palgup Dwi Chigi)

Movements: Using the left foot as the axis, turn the body to the right while moving the right foot one step forward ("Na" direction). Twist the left hand while moving it under the right arm. Assume the Riding Stance then execute the Right Elbow Back Strike.

32. The Pile of Palm Fist in the Close Stance

(Moa Seogi, Gyopson)

Movements: Using the right foot as the axis, turn the body to the left while moving the left foot toward the right foot. Assume the Close Stance then execute the Pile of Palm Fist (with the open hands crossed in front of the groin area with the left hand over the right)

33. The Raise Elbow Escape in the Riding Stance

(Juchum Seogi, Meonge Paegi)

Movements: With the right foot fixed, move the left foot to the "Da" direction. Assume the Riding Stance then execute the Raise Elbow Escape from a rear grab.

33의 용법 / Using step 33

• 제 34 동작

발 : 왼발 제자리, 오른 발을 들어 "라"방향을 향하여 미끄럼발로 들어가

서기 : 주춤서기

팔 : 왼주먹 뒤지르기

• 제 35 동작

발 : 오른발 제자리, 왼 발을 들어 "다" 방향으로 향하여 미끄럼발로 들어가

서기 : 주춤서기

팔 : 오른주먹 뒤지르기 "기합"

■그만

오른발 제자리, 왼발 끌어 준비 자세

34

34

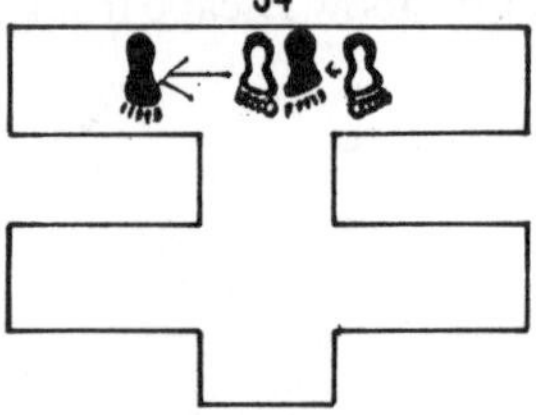

35

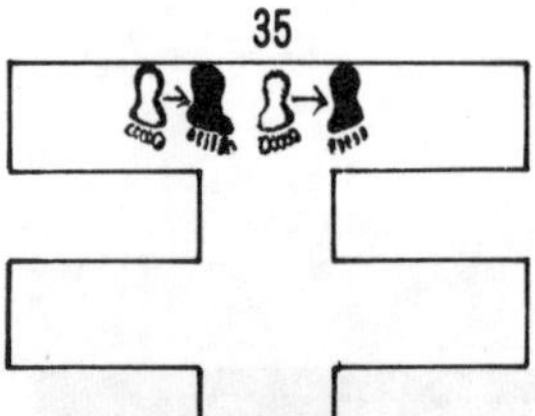

그만/End

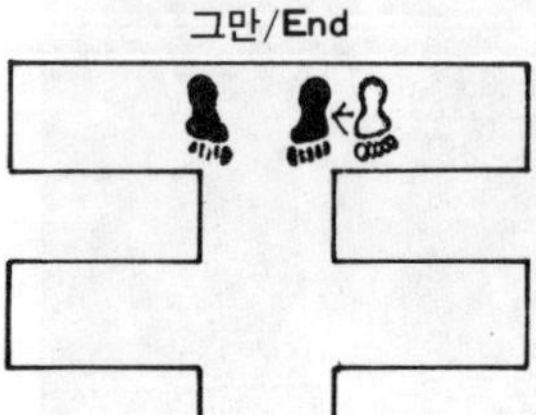

35의 용법 / Using step 35

35

기합 / Yell

그만/End

34. The Left Fist Back Punch in the Riding Stance
(Juchum Seogi, Oen Jumeok Dwi Jireugi)

Movements: While in the Riding Stance shift the body weight toward the "La" direction. Execute the Left Fist Back Punch over the right shoulder while looking over the right shoulder and execute the Right Elbow Back Strike.

35. The Right Fist Back Punch in the Riding Stance
(Juchum Seogi, Oreun Jumeok Dwi Jireugi)

Movements: While in the Riding Stance shift the body weight toward the "Da" direction. Execute the Right Fist Back Punch over the left shoulder while looking over the left shoulder and execute the Left Elbow Back Strike. Yell (Kihap).

- **End** *(Geuman)*

  Movements: With the right foot fixed, assume the Ready Stance.
- **Attention** *(Cha Ryeo)*
- **Bow** *(Kyung Ye)*

알 림

본 세계태권도연구소는 태권도에 관한 제반 학술 연구 및 연구 결과의 발표, 태권도의 경기, 품새, 겨루기, 시범 및 격파, 호신술 등에 관한 기술 분석 및 연구, 태권도 교육 자료의 개발 및 보급, 태권도 행정과 제도의 분석 평가 및 정책 개발, 태권도에 관한 도서 출판 및 문헌 자료 수집, 배포, 태권도 발전과 보급을 위한 연구는 물론 태권도에 관해 연구하고자 하는 회원간의 상호 침목 도모를 위한 순수 비영리 단체입니다.

본 연구소 회원으로 가입하고자 하는 사람은 다음 사항을 참조하여 가입하시기 바랍니다. 본 연구소 회원으로 가입하게 되면 본 연구소가 운영하는 각종 사업에 참여할 수 있으며 그 혜택을 받으실 수 있습니다.

1. 가입 자격

태권도 유단자 또는 태권도에 관해 연구 경험이 있거나 연구가 가능한 자.

2. 회원 구분

가) 명예 회원 : 덕망있고 사회적 국가적으로 지도층에 있는 인사로 본 연구소의 발전과 명예를 위해 크게 기여할 수 있는 자.

나) 정 회 원 : 태권도 유단자 또는 태권도 연구 경험이 있거나 연구 가능한 자.

다) 준 회 원 : 소정의 절차를 거쳐 입회한 자로 태권도에 관한 자료를 받아보는 통신 회원.

3. 입회비 및 월회비

가) 명예 회원 : 기부금 및 찬조금

나) 정 회 원 : 입회비 ₩100,000원 + 월회비 ₩20,000원

다) 준 회 원 : 입회비 ₩ 50,000원 + 월회비 ₩10,000원

* 월회비가 3회 이상 미납되면 자동으로 회원의 자격이 상실되며 월회비 납부 마감일은 매월 25일까지입니다.

4. 가입 방법

가입 희망자는 우표를 동봉하여 본 연구소로 보내 주시면 가입에 필요한 절차와 입회원서를 보내드립니다. 원하시는 회원의 종류 등 기재 사항을 명기하신 후 본 연구소로 우편으로 보내 신청하시면 됩니다.

입회비와 월회비 납부는 우체국 소액환 등기 송금, 우체국 수표 발행 등기 송금, 은행지로 구좌로 송금하시면 됩니다.

* 구좌번호

∘ 국민은행 : (김정록) 002－01－0548－969

∘ 농　　협 : (김정록) 097－01－183173

5. 보낼 곳

우편번호 140－212

서울특별시 용산구 한남2동 772번지 남산외국인아파트A빌딩 107호

세계태권도연구소 귀중

태권도 연구 기금 모금

본 세계태권도연구소에서는 태권도를 연구하는 데 많은 재정적, 물적 어려움을 겪고 있습니다. 태권도 연구와 발전에 기여할 여러분들의 따뜻한 성금과 실험에 필요한 과학장비, 사무 자동화(OA)에 필요한 기자재를 기탁하실 수 있는 여러분들을 기다리고 있습니다.

여러분들이 기탁하신 성금이나 과학 장비, 기타 기자재는 태권도의 밝은 미래와 태권도 발전에 크게 기여할 것입니다. 성금이나 과학 장비, 기자재 기타 등을 기탁하실 분들은 위 연락처로 보내 주시면 대단히 감사하겠습니다.

태권도 수련 안내

그동안 본 저자의 저서인「종합 태권도 전서」와「영·한 태권도 교범 Ⅰ, Ⅱ, Ⅲ」그리고「개정종합판 영·한 태권도 교본」을 애독하시고 성원해 주신 여러분께 본 지면을 통해 진심으로 감사를 드리는 바입니다.

저자는 국내를 비롯하여 세계 각국의 태권도 수련생과 애독자들로부터 태권도에 관한 문의 및 저자인 본인으로부터 직접 지도받기를 원하는 수많은 편지를 받고 있습니다. 그래서 저자는 금번에 애독자 여러분들의 성원에 보답하고자 태권도를 직접 배울 수 있는 기회를 드리고자 합니다.

그간 저자가 경영하는 주한 외국인 체육관(1972년 설립)은 세계 각국의 대사관 직원, 공관원, 주한 외국 무관, 주재상사 직원 및 자녀들에게만 가르치는 외국인 전용 체육관으로 한국인에게는 지도를 하지 않았으나 이번 기회에 모든 애독자들에게 문호를 개방하여 저자가 직접 지도해 드리고자 합니다.

그리고 세계 수 십개국의 사람들이 모여 태권도를 수련하기 때문에 세계 각국의 언어와 생활 풍습을 익힐 수 있고, 특히 외국인과 직접 접촉하기 때문에 초·중·고 및 대학생을 비롯한 일반인들의 외국어 교육에 대한 일석이조의 산교육이 될 것입니다.

아울러「종합 태권도 전서」와「영·한 태권도 교범 Ⅰ, Ⅱ, Ⅲ」,「개정종합판 영·한 태권도 교본」중 애독자 여러분이 가지고 계신 책과 주한외국인체육관의 소정 양식을 갖추어 등록하시면 최선을 다해 지도해 드리겠습니다. 태권도 수련생 및 애독자 여러분들의 많은 참여와 성원있으시길 부탁드리며 앞으로 무한한 발전과 영광이 있기를 기원합니다.

태권도 수련 및 지도 내용

· 태권도 기술 및 기법 · 태권도 품새
· 겨루기(대련 / 격투기법) · 태권도 경기(선수)
· 신체 보호 호신술 · 태권도 시범 및 격파
· 신체 보호 낙법 · 호흡법
· 태권도 수련생 지도법과 실습(만 18세 이상의 남녀로 고등학교 졸업 이상의 학력과 태권도 유단자에 한함).

태권도 수련 대상

· 3세 이상의 남녀 · 초·중·고 학생
· 대학생 및 일반 성인 남녀 · 초보자·유단자
· 타운동 수련자 · 신체 허약자 · 비만자(체중 조절)
· 군인·경찰 · 경호원 · 군입대자 · 해외 이민자
· 과중한 업무와 스트레스에 시달리는 직장인
· 남녀 노소 연령과 성별에 관계없이 누구나 할 수 있음.
· 건강 관리와 체력 향상을 원하는 자

소재지 및 연락처 : 서울특별시 용산구 한남2동 772번지 남산외국인아파트 A빌딩
주한외국인 체육관
관장(저자) 김 정 록 TEL. (02) 798-5833

駐韓外國人體育館

Guide for Taekwondo Training

I would like to take this opportunity to sincerely thank all the Taekwondo instructors and students of the world who have enjoyed "The Authentic Complete Taekwondo Guide", "English-Korean Taekwondo Textbooks, Vol. 1, 11 and 111", and the "English-Korean Taekwondo Textbook".

I have received numerous enquiries regarding Taekwondo and letters requesting direct guidance from readers both here and abroad, and I would like to repay those who have sent encouragement and support with an opportunity for direct instruction. Also, I request the pardon of those readers who have sent questions and letters in general in that I have not been quick in replying.

This time I would like to instruct directly, those students and readers wishing to learn Taekwondo. Any enquiries or questions pertaining to Taekwondo should be sent to the address below or telephone the number below.

All visitors are welcome! I would be more than happy to answer any questions that you may have, but visitors should be responsible for airfare, lodging, and other fees and expenses.

For : Beginners, non-beginners, athletes, group instruction, private tuition, competition, poomse, self-defense, military personnel, policemen, security guards and students, both male and female.

Please contact the author : Kim Jeong-Rok
President
The Foreigner's Gymnasium

Place(Location) : The Foreigner's Gymnasium
Namsan Foreigner's APT, A−107,
#772, Hannam-dong, Yongsan-ku,
Seoul, Korea, 140−212
TEL. (02) 798−5833

The Foreigner's Taekwondo Gymnasium

著者 金正祿

- 世界 武術 研究所 所長
- 駐韓 外國人 體育館 館長
- 世界 跆拳道 聯盟 公報委員會 委員
- 서울市 跆拳道 協會 研究分科 副委員長(89)
- 서울市 跆拳道 協會 編輯分科 副委員長(90, 91, 92)
- 駐韓 外國大使館 및 公館 跆拳道 師範
- 서울 國際女性會(SIWA) 跆拳道 講師
- 跆拳道 國際 審判

著書:
- 綜合 跆拳道 全書
- 跆拳道 教本(英韓對譯)
- 跆拳道 教範 第一卷 太極品勢篇(韓英對譯)
- 跆拳道 教範 第二卷 八封品勢篇(韓英對譯)
- 跆拳道 教範 第三卷 有段者品勢篇(韓英對譯)
- 跆拳道 競技 教本
- 씨름 教本
- 中國武術 螳螂拳 教本 小架武
- 中國武術 螳螂拳 教本 大架武
- 소련의 씨름 삼보 教本
- 토너먼트 作成法 理論과 實際

現在: "綜合 護身術 教本", "綜合 발차기(足技)教本", "日本空手道 教本", "中國武術 太極拳 教本 · 長拳 教本 · 螳螂拳 教本 · 少林拳 教本 · 氣功 教本 등 시리즈", "合氣道의 理論과 實察", "柔道의 理論과 實際" 외 健康과 體育에 關한 册을 著術中.

連絡處: 서울特別市 龍山區 漢南2洞 772番地 南山外國人 아파트 A빌딩 107호 駐韓外國人體育館

電 話: (02) 798-5833

THE AUTHOR KIM JEONG-ROK

Kim Jeong-Rok is the President of the World Martial Arts Research Institute, President of the Foreigner's Gymnasium(Seoul, Korea), Member of the Public Information Committee of the World Taekwondo Federation, Vice-Chairman of the Researth Committee of the Seoul City Taekwondo Assocation (1989), Vice-Chairman of the Editional Subcommittee of the Seoul City Taekwondo Association(1990, 91 · 92) and a Taekwondo International Referee.

He is an Instructor for an Embassy in Korea and a Taekwondo Instructor for the Seoul International Women's Assocation.

He is author of
* Synthetic Taekwondo complete Book
* Taekwondo Textbook (English-Korean)
* Taekwondo Textbook Vol. 1. Taegeuk Poomse (Korean-English)
* Taekwondo Textbook Vol. 2. Palgwe Poomse (Korean-English)
* Taekwondo Textbook Vol. 3. Black Belt Poomse (Korean-English)
* Taekwondo Competition Textbook.
* Korean Traditional Wrestling(Ssireum) Textbook
* Chinese Wushu(Kung-Fu) Praying Mantis Boxing Textbook Sogashikkwon
* Chinese Wushu(Kung-Fu) Praying Mantis Textbook Daegashikkwon
* Russian Traditional Sambo Wrestling Textbook
* Tournament Scheduling Theory and Practice

Kim Jeong-Rok is currently writing books abouk "Synthetic Self Defense Textbook", "Synthetic Kicking Textbook", "Chinese Wushu(Kung-Fu) Textbook Series", "Japanese Karate Textbook", "Hapkido's theory and practice", "Judo's Theory and Practice", "World Martial Arts", "Helth", "Physical Fitness", etc.

Mailing Address:
The Foreigner's Gymnasium
Namsan Foreigner's APT A-107, #772, Hannam2-Dong, Yongsan-Gu, Seoul, Korea, 140-212

Telephone:
(Gymnasium) (02) 798-5833

영 · 한 태권도 교범 Ⅱ (팔괘 품세편)

TAEKWONDO TEXTBOOK Ⅱ (PALGWE POOMSE)

값 7,000원

1986년 10월 10일 초판 발행
1994년 4월 25일 2판 2쇄 인쇄
1994년 4월 30일 2판 2쇄 발행

저 자 • 金正祿
편집자 • 鄭 和

발행인 • 신종호

발행처 • 서림문화사
서울 종로구 종로 6가 213－1(영안빌딩 1층 1호)
전화 : 763－1445, 742－7070
팩시밀리 : 745－4802

등 록 • 제 1－218호 (1975. 12. 1)

ISBN 89-7186-226-2
ISBN 89-7186-002-2 (세트)